江苏省 2017 年度高校哲学社会科学资助立项成果(2017SJB0926)
中国矿业大学 2017 年度校级网络在线开放课程资助立项建设成果(2017KCPY10)
中国矿业大学 2016 年度校级精品课程资助立项建设成果
中国矿业大学第九批青年学术带头资助学术成果

汉语言文学课程教学研究

中国矿业大学出版社

内容简介

本书稿依托高校课堂，从教材、课堂、教师、学生等多个维度，对汉语言文学专业的“文学理论”“中国古代文学”“实用美学”“写作学”等主要课程展开教学研究，这在国内尚属首次。书稿以改善课堂教学成效、提高专业教学质量、提高学生能力水平为目标，在当前教育大变革时代探讨适宜的教学方法，并逐步形成自己的教学风格和教育理念。书稿对数门主要课程的教学研究，具有较强的典范性和可操作性，值得当前高校人文社科专业教师参考和借鉴，也可供广大文学爱好者领悟和学习。

图书在版编目(CIP)数据

汉语言文学课程教学研究/邓心强著.—徐州：中国矿业大学出版社，2017.11

ISBN 978-7-5646-3682-1

Ⅰ.①汉… Ⅱ.①邓… Ⅲ.①汉语—教学研究—高等学校 Ⅳ.①H19

中国版本图书馆CIP数据核字(2017)第207323号

书　　名　汉语言文学课程教学研究
著　　者　邓心强
责任编辑　徐　玮　郭　玉
出版发行　中国矿业大学出版社有限责任公司
　　　　　　(江苏省徐州市解放南路　邮编221008)
营销热线　(0516)83885307　83884995
出版服务　(0516)83885767　83884920
网　　址　http://www.cumtp.com　**E-mail**:cumtpvip@cumtp.com
印　　刷　徐州中矿大印发科技有限公司
开　　本　880×1230　1/32　**印张** 8.25　**字数** 208千字
版次印次　2017年11月第1版　2017年11月第1次印刷
定　　价　28.00元
(图书出现印装质量问题，本社负责调换)

自　序

在母校师范大学中接受高等教育，庆幸自己遇到了很多学高为师、身正为范的好教师，他们的道德品质、专业素养、授课技能都给了我极大的熏陶和滋养，他们对教育由衷的热爱之心、对学生发自肺腑的关爱之情，也给了自己极大的鼓舞和启迪。因此，本书的付梓出版是他们多年培育的结晶，谨将此书先献给远在山城母校文学院的各位辛勤园丁吧！

硕、博期间遇到的数位导师，也是教学和科研齐头并进的老前辈，他们在各自工作岗位中兢兢业业、言传身教，自然对晚生有莫大的影响，加之自己先天的禀赋资助及兴趣爱好，这使自己踏入大学教书的第一天起，就发誓绝不能只是“单条腿”走路，只重视科研而轻视教学，与其那样倒不如进科研院所干脆利落。大学的首要功能在于“教书育人”，培养社会需求的各类人才，虽然平时身在这种学术体制中，愈发感到周边环境中多数人都一心干科研，对于“教学”并不十分投入，甚至数年用一套“万能”教案，换汤不换药，只要不出教学事故，就无所谓教学改革和课堂创新，得过且过就罢了。他们普遍认为教学是“基础”，科研才是“发展”，是硬道理，一味追逐各种课题申报、项目审批，压根无暇顾忌教学。我在求学与工作期间，对这种现象也是深恶痛绝、倍感惋惜的。

在现行项目化生存和量化考评的学术体制下，一个人如何看待高校教学和科研的关系，几乎完全“事在人为”。也许自己先天就不是一个在保守教学中安于现状、不思进取的人，我始终觉得当前教学和科研是辩证统一的关系，如果处理得当，就可相互促进，相得益彰。我的几位导师也是这么做的，数十年来几乎寻求到了“科研”和“教学”的平衡，他们对弟子起了一定的表率作用。在我自己陆续写作本书的过程中，对于“科研为教学带来智力、武器和思想资源，教学为科研寻求话题、扩大传播”的理念，有着更加深切的体验和领悟。本书有些篇章如没有平时学术的探索和积淀，是无法写就的，离开了科研成果的充实，所谓的教改文章就会显得空洞苍白、干瘪无力；反之，单纯停留于学术的积淀和科研成果的叠加，也无法使自己的学术耕耘得到分享和传播，无法使更多的学生在思维、方法、视野各方面真正受益。因此，这部专著与其说是多年来教学经验的积累，教学成果的结晶，教学探索的体现，倒不如说是自己在试图寻找“教学”与“科研”的互动与平衡。

之所以写作本书，除了形成“两条腿”稳妥走路的志向和数位导师的表率作用外，还与自己对大学教师的职责和功用的认识有关。高校教师不仅是创新知识、传播思想的智囊团，更是传道授业、教书育人的急先锋。据自己经验来看，在学生多年以后回校聚会，或者平时谈论当年的任课教师时，能留给他们很深印象、至今难忘的，往往不是其“教授”的头衔和“院长”“书记”的官位，因为这些对学生来说都只是外表和皮毛，在求学四年中往往是那些最有责任感、最懂得鼓励和关爱学生，或者上课最有个性和特色，学生最能得到收获和启发的老师们，最让他们难忘。往往一名老师在课堂上的某种观点、某次谈话会直接影响到学生后来的人生观和价值观，其陶冶和感染是潜移默化的。如教学无特色，听讲无收获，学生对老师的印象会渐渐淡去，甚至连他（她）的名字也记不住了。因此，我认为大学教师要想使课堂让学生难忘，对其有启发，必须及时进行改革，因材施教，才不至于在学生脑海中“泯灭”；只有通过教改和总结，逐渐形成自己独特的教学风格和教学理念，才能在学生毕业后永远“活”在他们心中。

作为上有老、下有小的青年教师，虽然平时教学、科研工作极为繁忙，但本人依然大刀阔斧、毫不松弛地进行本次教学改革，以期在个人小小的“责任田”里进行实验，种出较茂盛的庄稼。本书便是多次教改的产物，写作动因得益于三个方面的内、外原因。

一是由当前高校普遍重视教学方法改革和人才培养模式探索的现实背景决定。自20世纪末大学普遍扩招以来，已培养出十余届毕业生，从他们在学校的学习面貌和踏入社会后的工作表现来看，普遍感到培养质量的下滑。这引起相当一批从事教育学的专家的重视，并提出了很多警醒的意见。本人身边同行常有每况愈下、“一届不如一届”的无奈感叹。当反思何以如此时，当前高校教学方法的陈旧和落伍是导致这种状况的重要原因。基于此，才有2009年在江苏南京“首届中国大学教学论坛”的召开，议题明确定位“大学教学方法的改革”，很多成果与呼声引发了国内高校教师的共鸣。近年来，各高校教务处关于教学方法的改革也日益受到重视，从督导、立项、评估等方面加大了支持的力度。

二是本人所在高校——中国矿业大学的教务处，自2013年以来尤其重视对青年教师教学技能提高的管理，先后推出教学沙龙、教学观摩、“百佳”评选、教案比赛、讲课比赛、教学立项等系列活动，四年多来进行得如火如荼。在学校本科生教学质量大会上，校领导在结合校史深刻、系统反思了学校百年来尤其是近十年来人才培养的影响力下滑后，愈加重视教学的力度也是空前的。自2014年起，学校设立教学贡献奖，对长期在教学岗位上进行教学改革，默默奉献与追求并取得显著成效的教师予以重奖，最高可达10万元。这是继2013年浙江大学高额奖励教学成就突出的教师之后，国内高校中又一家，在当前高校中也许具有一定的倾向性和必要性吧！此后，学校开展“教学名师培育工程”，每位获奖者可获得30万元经费资助，这在国内也属个例。211工科大学尚且如此，那些培养专门型人才的地方高校对教学的重视，便可想而知。

从我常年查阅相关“学科教学”的论文来看，几乎85%的文章都是2009年以后发表的，且多标明有各学校教务处教改资助课题编号。

三是自己的深刻反思和初步尝试。在写作过程中，笔者不时地在网上看得到清华大学方艳华老师被体制“非升即走”、学生竭力挽留也无济于事的消息，看到四川大学历史专业周鼎老师发帖畅论当前高校教学一石激起千层浪的消息，心中五味杂陈，状态一度非常低迷，常在内心拷问：“当前大学究竟怎么了？难道这就是一个最好的时代同时也是最坏的时代?!”

入职最初两年来，由于教学经验方面存在欠缺，年度教学评估中并不理想，与付出不成正比，这个结果一度让我有些失望。但自幼喜爱师范的我绝不甘休，在全面反思个中原因后开始着手寻求改进之策，从备课、讲授、批改作业、师生关系等各个方面进行调试，数载探寻路走得并不平坦。在近五年围绕课堂提问、师生互动、教学方法、教学艺术等主题查阅、研习了千余篇文章后，开始筹划一次又一次的教学改革，付诸寒暑易节的每个学期转换中去。在大的高校体制、社会环境方面，个人很渺小，无能为力，但在自己每学期所站立的三尺讲坛上，在自己这方小小的“试验田”中，还是可以有一些作为的。2013年以来至今，是我生命历程中转变教学认识、重新做人并积极投入课堂进行改革的转折性阶段。

十多年前攻博时，为缓解学业经济压力，我便开始在武汉大学新闻学专业讲授文学理论、中国古代文化、基础写作等课程。工作后常年稳定地主讲自己爱好的几门专业课：中国古代文论、美学概论、古代文学和比较文学。每学年课程结束后及时阅卷改分、统计登分、上传成绩，接着便利用寒暑假抽空对课程教学进行及时总结。因此，这本书是十多年来陆续写成的，是一部多年教学的经验积累与点滴谈。

需要说明的是，关于文学理论课程的两篇，是研二跟随导师进行问卷调查后写就的，均已发表，是自己接触教改的最初练笔和尝试；中国古代文学是工作后最常讲的课程，相对而言思考最成熟，探索力度也很大，故多写了几节；实用美学课是全校公选课，常年开课，每届学生爆满，先后有近 300 名学生选修，他们的热情感染着我。我一直在思考工科大学如何培养学生的审美技能，提升其审美素养，毕竟他们很多毕业后都进入煤矿集团、各种公司企业或政府部门，于是我着重从联系生活现实、增强其操作性入手进行教改。而比较文学、基础写作是后来在徐海学院上过三届的，每轮下来都有很多感慨和体验，所写文字可能不及前文成熟和深入，权当一份送给自己的人生答卷吧！

入职几年后，为不断充电改进教学方法，我陆续辗转南昌、合肥、深圳、苏州、燕山、北京等地，听取了“中国教师发展研究中心”举办的教学理念改革、教学技能提升等报告，收获良多。2014 年 6 月，我辗转乘车 26 小时前往深圳参加慕课、微课与大学精品公开课、资源共享课建设的学术研讨，更是成为生命中的美好记忆。

我的本行是中国古代文论，关于其学术研究也一直在有条不紊地进行。搞“教学研究”属于敲边鼓，自己科研之外的爱好，这条路并不平坦，自己将继续走下去。后面十几年在“研有余力”的情况下，会继续写一写。

是为序。

作　者

2017 年 11 月于徐州

目　录

第一编　高校文学理论课程教学研究

文学理论课程是高校汉语文学专业主干课之一，在学生学习中外文学史的过程中，帮助他们掌握基本的文艺理论知识，自觉运用文艺学理论与方法来分析中外作家作品和各种文学现象。这门课程对提升学生的理论思维、增强专业素养，极有帮助。然而一代代中文人也有深刻印象，大二开设这门课程时，相当长的时间里会听得云里雾里，比较抽象难懂。课程的特点决定了它在高校被众多主讲教师所关注，从而调动团队力量编写相关教材，竭力改进教学方法。据学者统计，目前国内文学理论课程的教材已达 200 种左右，这在汉语言文学专业诸多课程中是罕见的，引起了教学界的关注，可见一斑。而作者在“中国知网”查阅，20 世纪 90 年代以来关于此课程的教学文章已涌现出 100 多篇，也有专著对此课程进行过审视与研究。① 这在单门课程教学史上是不多见的。作者和团队成员斗胆在调研的基础上，做出了些许思考，兹抛砖引玉供学界参考。

第一节　高校文学理论课程教学的调查与分析

近 20 年来，随着西方文艺理论与思潮的大量涌入，我国高校

① 参见程正民：《中国现代文学理论知识体系的建构——文学理论教材与教学的历史沿革》，北京大学出版社 2005 年版；毛庆耆、董学文、杨福生：《中国文艺理论百年教程》，广东高等教育出版社 2004 年版。

文学理论课程建设取得了许多阶段性的成果，但仍存在吸收而未消化、融合不够创新等许多不足，加之理论学科自身的特点，其发展在现实面前存在很大滞后性。目前，各高校有关文学理论课程教学改革的呼声日益强烈。为此，作者在杨星映先生的指导下，对重庆师范大学文学院大二大三本科生及全体研究生共550余名同学进行了一次问卷调查(见本编后附)。

一、调查问卷设计

为了解文学理论课程对高校中文系学生整体知识构建是否具有重要的作用，是否有利于构建当代大学生的人文理想，是否有利于增强大学生的自身综合素质，以及在学生文学欣赏、审美素质、理论修养等方面发挥了怎样的作用，作者集思广益，几经商讨与推敲，最终设计出一份科学合理的调查问卷(见本章附录)，以总体了解不同年级、不同专业与不同层次的调查对象对该课程的看法、认识及评价。该问卷共两套，分别面向本科生和研究生，其中有11道相同的客观题，而主观题则各3道，这在设问深度与广度上拉开了一定距离。客观题除对学生的学习基础、兴趣爱好、知识来源、收获效果等有一个总体的了解外，还可听取学生关于课程教材与教学的真实声音。本科生主观题通过回忆教材做出反馈评点，除结合新的文学现象阐述该门课程的不足外，并就教学手段——多媒体课件的设置阐述观点。而研究生主观题相对要深广一些，除评点以前所涉相关教材外，还需对课程改革与建设提出若干意见，并要求总结近几十年来我国在构建文艺理论体系时存在的诸多问题。为确保获取信息的有效度，问卷设计既有定量的数据，又有定性的分析。从反馈结果看，该问卷总体上设计较翔实可靠，科学合理。除个别尚需完善(如“对文学理论的授课方式”一题宜用多选题)外，初步实现了调查的目的，为创建学院文学理论精品课程及申报相关课题提供了科学依据，也使作者从中获取有关教材改编和教学改革的第一手宝贵资料，为促进学科建设打下坚实的基础。

二、调查结果分析

学生们都充分利用机会，对于问卷调查参与积极性都很高，回答也较认真，并提出了许多富有启迪性的宝贵意见，不论对主观题还是客观题都谈出了自己的真实看法。所有专业总共收回问卷550余份，回收率达90%，符合本次调查要求。随后，作者对所有问卷按年级(大二/大三/研究生)、按专业(汉教/新闻、文秘、对外汉语/文艺学/非文艺学)进行了初步统计，并从中分析比较，发现问题。概括起来，学生对该门课程的各种看法及建议有如下几方面：

(一) 关于学生对文学理论课兴趣爱好、知识来源、自觉运用、学后收获及对其他课程的指导作用等

1. 在兴趣爱好上

根据调查结果，有72%的学生表示学习以前不了解文学理论课程，学了以后有些兴趣，有些学生觉得很有用，对自己帮助很大。

2. 在知识来源上

学生获取文学理论相关知识的主要途径来自大二开设的该门课程，也有25%的学生不限于教师讲授，在课余钻研与他人介绍中还获取了相当一部分理论知识。

3. 在自觉运用上

抽查学生学以致用的情况时，30%的学生认为当前一些文学理论比较空洞，不能指导阅读和写作，23%的学生认为一遇到新现象就无法解释，即使理论对现实文本有解释作用，但自己主动运用也不够，在迁移上止步不前。

4. 在学后收获上

在谈到修完该课后，84%的学生认为文学理论课程对增强自身审美能力、提高文学修养“有些提高”或“很有帮助”。当然，文学理论课程不单是一门仅供老师讲授的知识，更重要的是该课程可以通过教学来提高学生的理论素养，在师生互动中能够启发学生

去鉴赏，以便在课外阅读或今后的生活中自觉地加以运用，变成“活”的方法。

5. 在对其他课程的指导作用上

调查显示，在对其他课程的指导上59%的学生“根本没注意”或“没引起重视”。对初学者来说，融会贯通的意识还不是很强。

（二）对教师教学的看法与意见

谈到教师，广大学生更是异口同声地呼吁要对教师的讲授方式进行改革。学生不满意教师仅限于教材而缺少拓展，反对照本宣科，认为这样无法将理论和文学史、文学作品很好地结合。而教师也像教材一样，同样对当下的文学现象缺乏应有的关注。文学理论过于滞后，不能与时俱进，毕竟社会发展使文学正“悄悄地”发生变化。通过问卷调查可见，目前高校文学理论课程的改革，势在必行。

（三）对本校采用教材的看法

根据教育部推荐，本校采用指定教材——童庆炳主编的《文学理论教程》和吴中杰的专著《文艺学导论》。学生普遍对这两部教材谈出了自己的看法。

对童庆炳主编的《文学理论教程》，学生认为它整合了古今中西的各种理论，体系性强；对某些理论的讲解很深入、很详细；能就某一问题旁征博引，进行论证；但缺点也非常明显：其一，各章节联系不太紧密，有些就像豆腐块的拼凑，很难在心中构建起完整的理论结构，学生对教材中的传统“五分法”均不满意。其二，框架“大杂烩”，看似整合了各种理论，应有尽有，但似乎过于西化，缺乏消化；而学生又因功底之限，开此课时对西方新理论根本不太了解，学起来如“硬着头皮啃骨头”，纯理论性的东西太多，而活生生的感性例子相对较少，学生普遍感到深奥难懂，若不是老师讲解，很多地方难以理解。其三，结合现实不够，缺乏实用性，有些章节跟不上文学新时代，与新现象脱节，现实中许多事物如网络文学、80

后、少年作家微信写作等无法找到阐释，学生很茫然。其四，语言精练，但晦涩难懂，超过了初学者的接受水平和理解能力，让人看得压抑，加之内容较深，理论空洞。老师教起来困难，学生学起来提不起兴趣，枯燥而难受；其五，泛政治化色彩浓厚，一切围绕马克思主义哲学展开，无视其他各家各派，丧失了文学应有的丰富性和多样性，方法上过于单一，形式上有板起面孔灌输的嫌疑，似乎"独尊儒术"，而拒绝探讨。

对吴中杰的专著《文艺学导论》，相对而言赞赏多于否定。学生认为，虽然不及《文艺学导论》新颖、深奥，但较适合初学者，结构和体系清晰，讲了什么，一目了然。内容上，该书能对理论进行系统阐述，能历史地纵深剖析，将枯燥的理论与生动的作品联系起来（这种结合比童本要好），深入浅出，显得充实，不空洞，而且能引起学生兴趣。语言上，该书较简练干脆，不艰涩，其不足除著作自身原因外，多受时代限制。书中有些观点争议很大，如将"结构"归入作品"内容"来讲解；有些理论深入不够，显得有些模糊；体系和内容好理解，但显得有些散，举的例子经典但老套，缺乏鲜活性。该书把理论成果当成条条框框，便于学生背诵记忆，是典型的应试教育的产物，最关键的是该书出版已经快二十年①了，对许多当下变化着的现象"无能为力"，一些内容有脱节苍白之嫌，不能与时俱进。

（四）关于文学理论与现实的关系

在调查中，我们试图就理论与实践（文学理论现状与社会生活实际）着手了解两个问题：第一，究竟有多大比例的学生认为当今文学理论滞后，对文学现象缺乏关注和阐释？第二，又有哪些具体现象是现行教材尚未具体涉及或无从找到理论根据的？结果显示，学生对该课不太满意或没有兴趣，除认为理论性过强、缺少感

---

① 吴中杰：《文艺学导论》，江苏文艺出版社1998年版。

性材料支撑，教师照本宣科、缺乏拓展外，35%的学生认为理论严重滞后，一片空谈，缺乏实用性和现实指导性，没有实际解决现实问题，并且有些理论早已过时，语境大变，理论也应与时俱进。调查对象中，本科生普遍对改革开放后的新事物、新现象感受更敏锐，而研究生中亦有不少出生和成长是跨时代的，也能强烈地感受到理论在现实面前的苍白和脆弱。归纳起来，他们认为有如下文学现象是过去或当前的文学理论尚未涉猎而又急需关注的：

(1) 当下中西文学现象：网络文学、武侠小说、影视文学、短信文学，以及西方的后现代主义。

(2) 文学商业化带来的问题：美女作家，20 世纪 80 年代的少年作家（如韩寒、郭敬明等），大众文化传播以及很大程度上的炒作成分。

(3) 中国古代文学与西方文学的结合问题：有的编者偏重中国古代文学，而有的编者又只注重西方文学。

(4) 在信息时代的冲击下，文学日趋边缘化之后的出路问题。

对于以上问题，学生虽然在实际生活中通过各种方式有所认识，但比较肤浅，而且正确与否也还值得商讨，而前面谈到的文学理论教材尚未涉及这些方面的问题，这一切，都还是本门课程教学中有待开垦的“处女地”。

(五) 关于该课程与多媒体课件的设置

被调查学生中，对 PPT 课件有以下几种看法：87%的学生赞成使用，这不仅与他们中学时代就已经习惯图展、文字有关，更在于可以发挥多媒体的视听效果，图文并茂，直观形象，为理论课教学带来便利。老师省时省力，不至于口念诗文显得单调，也可寓教于乐，活跃气氛，学生则可大大调动积极性和趣味性，有利于提高教学质量，增强教学效果。在多媒体使用与课件设置上，他们的看法大体如下：

(1) 在讲解理论时，可将 PPT 课件与相关作品一同展示，图文并茂，师生共同赏析，在作品中找出理论依据，从具体文本中理解理论，加深印象。课程往往限于教材篇幅，举例多是诗词，很简短，而且只是局部，多媒体则可展示全貌，不至于以偏概全，理解也更丰富。学生反映许多熟悉的作品只能记住大概情节，而展示细节可以唤醒记忆。这样，理论和实际联系得更紧密，使空洞的理论显得更“柔软”些。

(2) 教师备课时可以先查出各种对某一理论的不同认识，然后进行讨论和简要评价，让学生在对比中形成自己的观点，不至于一开始就被硬性强行“灌输”进某种观点。

(3) 学习某章之前和之后，分别将大纲和总结性的文字标识一同展出，促进预习或加强复习，让学生有一个概况式的认识。

(4) 适当精选一些文学性较强的影碟供欣赏，然后讨论，课堂互动，教师由此指导如何写文评和影评。

(5) 媒体内容不一定非要与该堂课内容直接相关，哪怕拓宽视野，加强兴趣也可，如展示或播放近期文坛动态、文学趣事、文学思潮、文化争鸣等。

而有13％的学生认为不应该使用多媒体课件或者持无所谓的态度。他们觉得多媒体对于理论课程来说很大程度上只是一个形式，并无实际的用处。

总之，学生认为要从多样性、灵活性和实用性等方面着手改革教学方式，反对多媒体使用只图虚名，走形式，或者观而不析，看而不评，要使这种改革真正地落到实处。

三、课程改革方向与思路

课程改革的目标：发挥文学理论课程的功能，增强大学生的理性思维能力，培养他们的人文修养，真正学有所获，获有所用。这一目标的实现有赖于教材的编著和教师教学两个核心环节，而当今文艺学课程改革的思路和方向宜从这两个方面深入展开。我们从以上分析中可以大致看出一些眉目，作者不吝浅见，现抛砖引玉如下。

（一）教材编著方面

调查中发现，学生普遍对该门课程“不太满意”或“没感觉”。他们认为教材有些落伍，重新编著时，主张“仍偏重理论知识”的占40%，主张“着重文本解读”的占17%，主张要“两者兼顾”的占50%，主张“需要对当下现象进行解释”的占29%。鉴于此，我们建议：

(1) 著作一定要充分考虑读者对象的知识基础和接受能力。作为面向高校的教材，大二学生（中文系多为擅长形象思维的女生）仅有一年的专业积累，为便于理解，宜在坚持学科理论性的同时，增添一些感性材料作辅助。一是多举一些鲜活感性的例子，二是加入一些图片，增加直观形象性和生动活泼性。理论的构建一定要与时俱进，与实际紧密联系，关注并紧密联系当下文学现象，作出科学的阐释，力争在整合中有所创新。

(2) 教材编著应根据学生身心特点，建议在每一章节后设置一些趣味性的练习题或开放性的讨论题，宜把文学性与思考性有机结合起来。

(3) 教材政治意识不宜过强，一定要有包容与争论的色彩，凸显学术个性。

教材的编著和修订是一项完整的工程，应知己知彼，它绝不是几个“学院式”或“书斋式”的学者凭借个人知识和才华写成，而应在编者修订之前召集一线教师，听取反馈意见后执笔。

（二）教师教学方面

(1) 部分学校发放的是一本教材，而老师使用的是另外一种，学生反映较强烈。上课变成了抄写笔记，课后复习固然可将所发教材作为补充以拓展，可无法预习，师生缺乏一个共同的凭托。尽管老师对学生手中的教材不太满意，但任何一部教材都有其不完善之处，关键在于师生协调，不致使教材和讲稿完全脱节。

(2) 部分教师要改变导向性错误，在课堂上批驳其他教材而并未理性客观地指出其缺点和原因何在，易在学生中产生误导。教师应有宽容之心，在评点各部教材时应本着客观理性的原则，对学生作出表率和指导作用。

(3) 教师素养方面，应博学、善学，发现并结合新事物灵活教学。如有的学生反映，老师在课堂上一味批驳反对网络文学，只是抓住了网络带给人们的负面影响，并未对这一新现象作出客观而公正的分析，以让学生们心服口服，而书上的理论又未涉及，学生感到十分茫然。

(4) 教师应在授课方式上多琢磨，改变传统的观念和手段，可结合多媒体教学，增强直观形象性与生动趣味性，结合当下最新文学现象，反映最新文学前沿。

当然，这些陋见只是提示和引子，深入探讨尚有待专家学者及教师编者们共同努力，各高校可结合自身实际作出一些创新。以上教材与教学改革二者应同时着力，否则，单单注重一个方面，都是“一条腿”走路，高校文学理论课程的建设将事倍功半，或束之高阁。

任何改革与建设之路都不是平坦的，对积贫积弱的现行文学理论课程而言，莫不如此，但只要我们意识到改革的必要性和紧迫性，并找到问题的症结所在，呼唤同仁们共同努力，决心做一番尝试，相信总会有新的突破，给新世纪的文学理论建设带来新的生机！

第二节　对高校文学理论课程的三维思考

我国高校文学理论课程经过“古今对话”与“中西交融”，取得了不少新的成果。各类教材如雨后春笋①，纷纷以不同的方式从不同

① 据毛庆耆、董学文、杨福生等所著《中国文艺理论百年教程》(广东高等教育出版社2004年版，第356页)统计，近二十年全国涌现出文学理论教材及相关著作书目数量猛增，1980～1989年共136种，1990～1999年共63种，2000～2003年共9种。

的侧重点试图构建文学理论的完整体系。但在教学使用中，学生反映教材存在诸多不足。21世纪，我们的文学理论该以怎样的面目呈现？为了积极推进该课程的教学与建设，了解不同年级、专业、层次的学生对该门课程的看法、意见及要求，作者曾对所在院校中文系学生进行了一次问卷调查，从而为课程改革提供科学的学理依据。统计结果实现了我们的初衷，学生反映在教材、教学及学生自身三方面的情况让人深思。现结合报告实况及深入采访，就以上三方面做一透视，希望能引起文学理论相关工作者的思考和关注。

一、关于教材编著

显然，教材是文学理论建设成果的集中体现，是教师教学与学生学习的有效依托。调查显示，学生对中国各高校目前所使用的各种教材都不太满意，甚至颇有微词。当然，这与教材使用对象、编写原则、时代局限和编者水平等因素密切相关。

目前，很多教材受到苏联模式的制约，陷入本质主义泥潭。几乎绝大多数都采用传统的五分法，有拼凑的嫌疑，每次修订或改编，要么调换顺序，要么略做增删，换汤不换药，缺乏一种体系张力和理论活性。各章节呆板的条条框框式阐释，武断地下定义，盲目地列条目，显得本质而僵化。“这是一种僵化、封闭、独断的思维方式与知识生产模式”，“似乎文学是已经定型且不存在内部差异、矛盾与裂隙的实体，从中可以概括出可以放之四海而皆准的一般规律或本质特点。否认文艺活动的特点与本质是历史的变化，因地方的不同而不同”。[①] 例如以群的《文学的基本原理》中把诗歌的特征概括为“饱含着丰富的想象和情感”，“集中地反映社会生活”，“语言精练而形象、有鲜明的节奏和韵律”。[②] 这种概括缺乏历史性的考虑，已经远不能涵盖当今新诗的一些特点。以伊沙、于坚等

① 陶东风：《文学理论基本问题》，北京大学出版社2004年版，第3页、第471页。

② 以群：《文学的基本原理》，上海文艺出版社1984年版，第388～390页。

为代表的一批当代诗人，就故意打破传统诗歌的“清规戒律”，在语言、风格上都有明显的变化。因此，作者认为，新教材必须首先从打破形而上学的本质主义思维方式入手，争取在体例及内容上都有所创新，让理论更加开放，具有包容性。

学生们认为所使用的教材过于重视纯理论而轻视实用性，一些新的文学现象在书本中根本找不到理论依据或说明。从调查问卷中反映出，教材对新鲜事物如当下网络文学、武侠小说、影视文学、短信文学、传媒文化以及文学商业化带来的相关问题——美女作家、少年作家等不够重视。

近几十年来，西方思想的确影响了我国人文社会科学的许多领域，文学理论莫不如此。现有教材吸收了不少西方的新成果，洋为中用，给学生们带来了许多宝贵的启迪，使他们的文学理论视野更开阔。但笼统的移植普遍存在一个消而不化的弊端，未必都适应本土气候，且理论的研究与输入有一种“跟风”的嫌疑。众多流派理论在教材中显得过少，且其现代转换工作也做得不够完善，教材在中西与古今的结合上应该找到一个平衡点。

学生们反映该门课程枯燥艰涩，除有学生自身的特点与原因外，教材也存在许多不足急需在编订时改进：一是关注当下现实太少，与生活结合不太紧密①；二是流于概念定义和阐释，举例太少、太简、太老套；三是没有提供思考和讨论的空间；四是语言过于教科化，太冷静、太理性，作为文学理论，应是文学与理论（即“情感”与“理性”）的结合，而目前教材缺乏生动形象性，呆板有余，而活泼不足，学术味太浓，不能够调动学生们的兴趣。教材的编写应该高度弘扬我国古代文论的传统，即在“保持文学理论的本真状态时也

① 调查中反映，有35%的本科生和44%的研究生认为理论严重滞后，一片空谈，缺乏实用性和现实指导性，没有着手解决当今问题。

揭示文学的审美意蕴”。[①] 如《文心雕龙》便是精美的骈文：

“水沓山匝，树杂云合。目既往还，心亦吐纳。春日迟迟，秋风飒飒。情往似赠，兴来如答。”（《物色》）

在诗化的语言中表达了深刻的理论观点。不管是《诗品》还是《二十四品》往往都是文学性语言的经典体现，为当今堆砌辞藻注重逻辑和理性的学人所借鉴。此外，经典例证的高频率使用使学生失去了对它的新鲜感，举例宜多采用一些当今作品中的新例子，或更多关注新的文学现象，让学生感受到理论是与时俱进的，而不是在刻舟求剑。

对于高校教材的编著，首先宜考虑其使用对象，是面对高校中文系学生，还是一般社会青年或供研究查询的专业学者。若为前者，则应顾及学生现有知识范围、专业基础和接受水平，在编写或修订之前应广泛征求学生及教师的意见，以充分有利于教学，不至于让教材“书斋化”而与教学脱节。

部分高校中文系因地制宜地进行了改革，并取得了很好的成效。如20世纪80年代初华中师范大学就率先作出此种尝试，后编著出《文学文本解读》、《文学理论》、《文学批评原理》等三种教材作为文艺学的三门基础性课程（供大一使用），经过试点教学后，学生普遍反映效果良好。可见，一本（一套）好的教材是至关重要的，教材上的创新改革是值得努力尝试的。

二、关于教师教学

作为沟通教材和学生之间的桥梁，教师教学是改革中至关重要的一环。该课教师的功能在于站在宏观理论的高度，以教材为依托，并结合自身的长处，来提高学生的理论修养，启发他们去进行作品鉴赏，把抽象的理论变成活生生的方法，从学生反映出的诸多问题中，我们可以看出当今文学理论教师应当积极努力的方向。

① 王南：《再谈文艺学的“呈现”性》，载人大复印资料《文艺理论》2002年第2期。

其一，教学风格上，一些教师过于依赖课本而缺乏适当拓展，上课照本宣科。我们呼吁教师在不脱离教材的前提下，对之作出独特的理解，教师可以打乱教材的顺序，广博采纳众家之言，根据教学需要上得灵活点、轻松点，而不能陷入教条主义和本质主义。当然，适度而必要的拓展本身就是对教师知识的深广度提出了一定要求。教师应当在厚积薄发和不断钻研中吸收学习，进行知识更新而不至于成为新的时代教书匠。

其二，在教学内容上，有的老师只把文学理论当作一种纯理论来传授，而忽略了学生的思维方法训练。“把文学理论教学活动变成一堆死知识——流派、体系、观念、范畴、术语等——的陈列和介绍”。[①] “大学教师的工作，则在于诱导学生的研究的兴趣，再进一步去指导帮助学生做研究工作，培养学生的创造能力。”[②]事实上，任何理论从来都不是呆板的面孔，关键是靠教师如何启发学生进行迁移，能够客观地去分析生活中的一个个文学现象，鉴赏文学上的一篇篇优秀作品，真正培养一种鉴赏、领悟、评价的能力，“引导学生学会对文学各种问题的思考”。[③] 另外，存在教师为理论而理论的上课现象，缺乏一种吐故纳新、重新阐释的能力。抽象的理论，从定义到概念，从“理式”到“意识流”，整个儿在“玄谈”，致使课堂沉闷，学生听起来如坐针毡，兴趣锐减。

其三，关于多媒体教学手段的使用。调查显示，87％的学生赞成使用。他们认为可以发挥多媒体的视听效果，图文并茂，直观形象，给课程教学带来便利，也使空洞的理论显得更“柔软”些，可大大调动学生的积极性和趣味性，有利于提高教学质量，增强教学效

---

① 董学文:《文学理论学导论》，北京大学出版社 2004 年版，第 124 页。

② [德]冯·威廉·洪堡的看法，转引自《云南大学学报》2003 年第 2 期，第 11 页。

③ 董学文:《文学理论学导论》，北京大学出版社 2004 年版，第 124 页。

果。在具体使用与课件设置上，他们提出了很多宝贵的建议：

其一，在讲解理论时，将之同相关作品一同课件展示，甚至图文并茂，师生共同赏析，在作品中找出理论依据，从具体文本中来理解理论，加深印象；

其二，归纳出各家对某一理论的不同认识，然后进行讨论和简要评价，让学生在对比中形成自己的观点；

其三，媒体内容也可不一定非要与该堂课内容直接相关，可以拓宽视野，加强兴趣，如展示或播放近期文坛动态、文学趣事、文学思潮、文化争鸣等。学生认为要从多样性、灵活性和实用性等方面着手改革教学方式，反对多媒体使用只限于形式主义。

其四，在观念上，教师不够开放，具体表现在对新鲜事物持不屑一顾或全盘否定的态度，在课堂上指斥或否定一些新的文学现象，过于夸大其负面因素，不予接纳和分析。如对网络文学及现代传媒，学生反映有的老师只管批评、驳斥，并未说出其中原因，没有一分为二地辨证看待这种科技带来的新现象。学生对此不能心服口服，颇多微词。

其五，对于现行文学理论课程考试制度（如传统的填空、解释题型），学生极为反感，认为凭考前抢记硬背便可得高分的试卷不能反映出学生的真正收获和真实水平，认为这是中学高强度应试体制的延续。这种对分数的极力追求，使学生无法把理论变成武器去解说一篇篇鲜活的作品，去分析一个个新的文学现象，这是背离该课初衷的，建议在考试内容和方式上进行改革，这个指挥棒直接关涉学生的学习兴趣和动机。

三、关于学生学习

课程建设与改革的最终目的是为了学生，而学生研习在于充分发挥各自主观能动性，实现潜力的最大效能化。要想做好这项建设和改革工作，不单单要在教材与教学上下功夫，作为学习主体的学生，更应该在自身上找原因，注意总结和反省，改进学习方法，增强学习效率，而班主任和辅导员在平时的管理中更应该循循善诱。

其一，学习文学理论非常有必要加强历史和哲学的学习。不论在东方还是在西方，最初文、史、哲是合为一家的，三者关系密切。后来虽然因学科分化，但历史对切入文本解读，哲学对加深文论理解仍是两把必要而有用的钥匙。譬如，文学理论中文学观念的演变无不与历史相关，而各种文学思潮与风格的形成也以哲学思潮的变更为基础。

其二，当今学生普遍功利色彩浓厚，有一种鲜明的实用倾向。表现在学习文学理论的过程中，在反感理论抽象枯燥的同时，责怨即便学了也没有什么用，心态浮躁，讲究学了就立竿见影，能快速派上用场，这是一种实用、功利甚至鼠目寸光的心态。不管是学校管理或学生个人，都应该清醒地意识到，任何理论都是一把开启思维的钥匙，在于你知道后去活用，在于怎样去提高你的理论素养和专业水准，而不是所谓“小窍门”。这种普遍的心态在当前学习中应该有所转变。

其三，在读书问题上，反映出学生们的迷茫心态，这其中有教师和学生双方面的原因。一些高校中文系对学生群体在面上督促不力，有的院校给学生开出长长的书单，发到学生手中就完事了，学生又缺乏自制力，意识不够重视。对于这些书，如何分阶段看，怎样去看等，学生知之甚少、缺乏安排。而有的院校采取组织学生撰写读书报告、成立读书沙龙、定期召开读书研讨会、实行导师制等方式，很受学生欢迎。而学生方面的原因占主导，这是一个“证书”的时代，固然有各种压力，但在看书与时间上，在自我管理与调整上，仍存在一些不足。一是计划性不强；二是重难点不突出，主次不分；三是自我意识与督促力不够。在看书的内容及方法上，一是陷入“读图”的诱惑而对语言文本缺乏关注，甚至在内容上过于偏重时尚、流行、消费性的快餐文化，而对经典有所冷淡；二是保守封闭、缺乏交流，读书遇到困难茫然时请教学长或彼此切磋的风气不够；三是在看书的专与博、精读与泛览等，总结和体验有待加强。这一切都使学生缺少作品积累，缺乏知识底蕴，在学习抽象的文学理论时，自然极易陷入云里雾里，又有何乐趣可言？

通过以上对教材、教学、学生三翼的梳理和分析，我们会发现，当前文学理论课程建设与教学改革的确存在许多问题，这预示着将有很长一段路有待文学理论工作者去跨越，但只要我们意识到改革的必要性和急迫性，并找到了问题的症结所在，然后切实采取措施，高校文学理论课程的现状总会得到改观的。

文学理论课程包含的内容是博大精深、丰富多元的。随着信息时代读图的变化和新生代大学生接受心理与知识结构的变化，其教学也“永远在路上”没有止境。探索如何将这门相对抽象的理论课程讲得深入人心，必须着力于教师、课堂、教材和学生多维度的研究。作者所论也只是“盲人摸象”罢了，尚需要在实际的、长期的课程教学中去摸索和总结。

附

文学理论课程问卷调查

单选题(共 11 题)：

1. 对文学理论课程(　　)

A. 学与不学都没有兴趣

B. 学习以前不了解，学习以后有点兴趣

C. 学习以后非常感兴趣，认为有用

2. 你对现行文学理论课程的满意程度(　　)

A. 满意　　B. 较满意　　C. 不太满意　　D. 没感觉

3. 目前，你获得文学理论相关知识主要从(　　)

A. 教材课堂上

B. 课余钻研上

C. 他人介绍中

4. 在你的文学理论结构中，来自课堂老师讲解的比例约占(　　)

A. 100％　B. 80％　　C. 50％以下

5. 你认为文学理论课程的学习，对增强自身审美能力，提高文学修养的作用(　　)

A. 很有帮助

B. 有些提高

C. 几乎没有

6. 你认为现行文学理论教材能否解释当下新的文学现象(　　)

A. 不能解释

B. 不能完全解释

C. 因不了解新的文学现象所以不太清楚

7. 你认为文学理论课的讲授方式(　　)

A. 教材以外缺乏拓展

B. 不能将理论、文学史和作品很好地结合

C. 对当下文学现象缺乏关注

8. 你从文学理论课程上所收获的知识(　　)

A. 认为完全是空理论，不能指导写作和阅读

B. 认为能够解释经典文学作品，但是学后不能自觉加以运用

C. 认为理论滞后，不能与时俱进

D. 能满足实际的运用

9. 你认为文学理论教材的编著，应如何与当下文学现象结合(　　)

A. 偏重理论知识

B. 着重作品文本解读

C. 两者兼顾

D. 用理论对当下文学现象进行解释

10. 你认为文学理论课程授课老师的讲授方式应在（　　）方面加强

A. 深入浅出，便于学生理解

B. 注重实践性，指导学生应用

C. 方法手段多样化

11. 你认为文学理论课程能不能指导你对其他课程的学习（　　）

A. 也许有帮助，但自己没有注意和重视

B. 有一定帮助，但遇到新现象就不行

C. 没用

本科生问答题：

1. 你所学的文学理论教材作者是谁？试对其教材的长短处作一评析。

2. 在过去或当前的各种文学现象中，哪些是目前文学现象还没有解决的？

3. 你认为文学理论课程教学需不需要多媒体课件？如果需要，怎么设置？

研究生问答题：

1. 你认为我国近几十年来在构建文学理论体系时存在哪些问题？

2. 你以前使用了哪些文学理论教材（列出编著者和书名），还涉及哪些相关的文学理论教材？对它们是否满意？

3. 你能否对当前文学理论课程改革与建设提出一些意见？

第二编　当前高校中国古代文学课程教学的多维思考

中国古代文学是高校汉语言文学专业最核心、最重要的“拳头”课程，一般开设先秦两汉、魏晋南北朝、唐宋、元明清四段，并依阶段编著四本配套教材。目前，很多高校开设此门课程的师资队伍最庞大、力量最雄厚，并成为很多学校或省份的“精品课程”。作为一门积淀深厚的传统学科，它在高校已形成了独特的教学法。然而关于如何处理古代文学作品和文学史之间的关系，如何将此门课程讲得深受学生欢迎，还引发过极大的争鸣。作者在教学中曾将其作为一块“试验田”，自行播种、浇水和施肥，探索这门老课程的教学之路。现将部分心得汇编，以与诸多高校同行交流。

第一节　近30年中国古代文学教学研究综述

中国古代文学是高校中文系汉语言文学专业的一门核心专业课，通过对三千多年来传统经典作家作品的系统学习，对建构学生深厚的知识底蕴和牢固的专业基础起着极其关键的作用，历来受到高校文学院或中文系教师的高度重视。近年来，在教育部相关政策和纲领的推动下，各高校对教学改革日趋重视，很多专业课教师纷纷就古代文学教改撰写论文。据作者初步查阅中国知网，近30年来先后涌现出相关论文100余篇，大学教师们纷纷结合自己的教学实践就该课程教改畅所欲言、各抒己见，发表自己的经验，对推动当前古代文学课在各类高校(重点、省属、高职等)的发展起了重要作用。虽然2011年已有学者对21世纪初十年来的古代文学教学进行过评析①,但这是侧重在教学方法这一维度,对其余方面则未曾涉及。况且,学术史需要不断地反思和审视才能不断前进,通观这些成果,大致形成如下四大范式,或者说是从如下四个方面来展开。

一、对教学不足、缺陷的反思

古代文学作为一门传统学科在中文系具有无可撼动的基础性地位,教学周期最长,课时最多。然而"这门传统课程在现代教学中却正处于一种焦灼的瓶颈状态:一方面传统教学方法的沿用、大量文学知识的灌输容易使学生产生厌倦感,从而丧失学习的兴趣"②,其在高校近乎鸡肋。众多学者结合自身多年教学实践,深入分析过其中存在的问题与不足。

张昌红对当前部分高校古代文学教学情况进行了抽样调查和梳理分析后指出,在古代文学教学在长期实践中仍存在三大误区,并就其成因和危害进行了详细分析。③ 这些误区主要表现在:其一,以史为纲,忽视文学原典,危害表现在舍本逐末、以偏概全;观点成就,非出己意;涉猎狭窄,忽视原典。其二,独学不用,教学目标得不到落实,危害表现在只讲不练,忽视实践进行;隔绝古今,对古代文学敬而远之。其三,避重就轻,讲授内容存在片面性。危害表现在存在驾轻就熟、重俗就雅等情形。作者结合教学实践就每一种误区带来的危害进行了深入分析,值得吸取和借鉴。作者在

① 王洪泉:《中国古代文学教学方法研究述评》,载《福建论坛(社科教育版)》2011年第8期,第99～100页。

② 李新宇:《中国古代文学教学改革反思》,载《山西大同大学学报(社会科学版)》2009年第4期,第83～85页。

③ 张昌红:《当前高校古代文学教学误区举隅及反思》,载《教育探索》2011年第5期,第48～50页。

反思中指出，当前应充分重视此门课程教学，以提升学生的写作能力和人文素养，毕竟古代文学反映现实的深度和广度以及具有的审美性是其他学科无法比拟的。当前对古代文学进行教学改革势在必行，任重道远。我们对此提出了四点建议：首先，要编出内容全面、雅俗比例得当、重点突出、应用性强、有针对性的文学史教材。其次，古代文学课程教师要有传承与发扬中华传统文化的使命感与整体眼光。“这门课程不应被当成‘史’或‘论’来讲解，而应重点讲授文学作品，引导学生多读和细读经典文学原著，使学生通过阅读感受中国文学的艺术魅力，从而培养学生典雅的气质与高尚的情趣，并进一步体悟中国文化的深厚底蕴。”再次，要改革古代文学的教学方法，加强师生互动，培养学生的参与意识，在课堂讲授的同时辅以背诵与模仿训练。通过学习和借鉴古典名篇的语言艺术，将其转化为一种实用的技能，以达到“学以致用”的目的。最后，在学习古代文学时，应消除白话文与古文、雅与俗的人为界线，同时也应消除贵古贱今、以今非古、重雅轻俗等错误观念。

甘松等指出，许多古代文学教师普遍存在的难题和困惑主要有：课程教学容量大与课时日益压缩之间的矛盾；课堂教学效果不佳对教师授课积极性的挫伤；受功利实用思想的干扰，学生学习兴趣整体不高，教师自身也产生了对课程意义的质疑。①

张克锋撰文指出，目前高校中国古代文学教学处于困境的最大原因是大学生对古代文学逐渐失去兴趣，他分析原因在于四点：实利主义观念的盛行；图像阅读；娱乐化、低俗化文化思潮的影响；教学方法的陈旧等。②

① 甘松、袁晓薇：《应对挑战：对中国古代文学教学的几点思考》，载《柳州师专学报》2011年第1期，第98～100页。

② 张克锋：《高校古代文学教学的困境与对策》，载《龙岩学院学报》2011年第1期，第70～73页。

王早娟将当前古代文学教学模式的不足概括为三点：其一，教学以教师为主，强调教师本身素质的提高，忽视了对培养对象的理解和关注，这无异于缘木求鱼，最终学校培养了教师而非学生。其二，讲解内容以传授知识为主，忽视了文学中人文主义思想的传授。其三，考查学生以试卷成绩或论文成绩为主，未能全面考查学生的接受情况。①

李英然反观多年的古代文学传统教学，认为存在着种种不尽如人意之处，归纳起来大致有四：一是教学目标的界定缺乏现代含量，多满足于文学史知识的介绍和文学现象生成的一种可知性追求，而与现代人的生存缺少必要的和有效的关联。二是教学资源的处理方面，重视“史”的梳理，轻视“作品”的个性化解读；重视文学知识的静态传授，忽视古与今的动态对接、知识与能力的意义建构、继承与创新的有效衔接、文学与文化及人的生存的密切相关。三是教学方法单一、陈旧，学生作为学习主体的作用凸显不出来，师生之间缺少有效交流。四是教学评价循规蹈矩、类型单一，缺少对学生多元化的综合考量。②

宋娟指出，传统的中国古代文学教学评价一直深陷评价功能的甄别化、评价目的的功利化、评价主体的单一化的怪圈，轻视教师评价乃为促进教师专业发展的发展性功能等弊端。③ 此外，王双梅等学者也对当前古代文学教学中普遍存在的缺陷和不足进行了反思与总结，值得学界深思和改进。

前辈学人的看法都基于社会教学实践有感而发，或充分观照

---

① 王早娟：《古代文学课堂教学模式改革探索》，载《大众商务：教育版（民办教育研究）》2010 年第 7 期，第 90～92 页，第 85 页。

② 李英然：《高校中国古代文学教学改革的思考与实践》，载《石家庄学院学报》2012 年第 1 期，第 119～123 页。

③ 宋娟：《论中国古代文学教学设计与实施》，载《黑龙江高教研究》2011 年第 12 期，第 185～187 页。

当下语境而及时指点问题、把脉诊断，所论切中肯綮。

二、教学方法的尝试与探索

传统的古代文学学科在当前大学陷入了一种尴尬局面，其教学陷入困局是内、外等多方面原因造成的，比如信息时代读图化的盛行、新时期的快节奏生活、商业社会带来功利性追逐、低俗文化的盛行与泛滥等。学界一致认为教师应从内因——教学的方式与手段、教师的素养与要求等——来寻找原因并进行教学改革，才能与时俱进并从根本上扭转现有被动局面。众多观点值得注意，引人思考。

姚红、崔霞结合作品集中分析了启发式、情景式、研究式、演讲辩论、参与表演以及分类式共六种教学法在古代文学教学中的运用①，对促进师生交流、活跃课堂氛围、提高学习效率均起了重要作用，极具启发性。

北京师范大学过常宝借鉴叶嘉莹观点，将古代文学教学方式概括为“能感之”和“能言之”两种，既重视体验和感悟，也重视理性话语的表达。②

黄桂婵倡导讨论式教学法，将之分为课堂随机讨论和专题讨论两种形式并分析了其优点。课堂随机讨论一般是在讲课中穿插进行，它是根据教学的实际需要而灵活安排讨论的一种形式，即在讲课过程中，教师提出一些可以引发讨论的问题，让学生随堂讨论或留到课后议论。而专题讨论则是由任课教师在课前写出计划，拟好题目，列出讨论提纲，提供阅读书目，让学生事先经过准备之后，撰写发言稿或发言提纲，然后进行课堂讨论。专题讨论往往是就某个专题进行的讨论，如某种文学现象、文学流派、文学体裁、文

---

① 姚红、崔霞：《中国古代文学课程教学方法探讨》，载《浙江师范大学学报（社会科学版）》2011 年第 1 期，第 104～107 页。

② 过常宝：《关于古代文学作品选课程建设的几点设想》，载《中国大学教学（社会科学版）》2011 年第 8 期，第 44～47 页。

学论争以及某个作家或某部作品的产生、成败、风格、影响等。[1]此外，王双梅、李琨在教学过程中探索使用再创作式教学法，即将古代文学中矛盾冲突鲜明的叙事性作品改编为小说、剧本等，将古代诗词作品改编为现代诗歌或现代散文，还可以对古代戏曲和小说中的人物形象进行舞台上的角色演绎，或者现场朗诵抒情性作品，通过回味作品去感受和体验，调动学生学习的积极性和主动性，通过亲自参与和现场演绎来激发学生阅读作品的兴趣，锻炼、提升其综合能力。[2] 应该说，这种探索极大地调动了学生学习的积极性。

此外，刘伟提出在教学中融入教师自己的研究成果或学术界前沿及有争议性的话题。[3] 李世忠分析了比较法在古代文学教学中的应用，具体表现在以下几个方面：同时代作家、同题材（体裁）作品之间的比较，同一作家不同体裁作品的比较，不同时代作家作品的比较。[4] 曾大兴提出还原式教学法，即在解读作品时把与作品的时代背景、个人背景、作品本身所包含的知识、内容和信息呈现出来。[5] 另有学者总结出多媒体教学法、鉴赏式教学法、自学指导式教学法、研究式教学法等方法[6]，亦具有一定的可行性，此处

① 黄桂婵：《古代文学教学方法论》，载《广西民族学院学报》2000 年第 4 期，第 88～91 页。

② 李琨：《浅谈再创作式教学法在古代文学教学中的应用》，载《科教文汇》2009 年第 36 期，第 95～96 页。

③ 刘伟：《关于古代文学课程教学改革的几点思考》，载《盐城师范学院学报》，2010 年第 5 期，第 98～101 页。

④ 李世忠、王长顺、贺岩：《论古代文学课程比较教学的材料组织方法》，载《咸阳师范学院学报》2009 年第 4 期，第 80～83 页。

⑤ 曾大兴：《古代文学教学的五个目的与五种方法》，载《广州大学学报（社会科学版）》2004 年第 2 期，第 82～86 页。

⑥ 王洪泉：《中国古代文学教学方法研究述评》，载《福建论坛（社科教育版）》2011 年第 8 期，第 99～100 页。

不再赘述。

三、教学模式及理念的思考

教学模式不同于教学方法,它是在一定教学理念指导下所形成的较稳定的教学框架,是整个教学活动的外化与体现,最有利于形成独特的教学风格。近三十年来,随着教育内外环境的巨大变化,古代文学教学改革的呼声日渐高涨,一批学者对如何上好此课、怎样突破传统"填鸭"式教学局面进行了多元思考,尤其是在西方多种教学理念涌入国内并受到高度重视以来,关于古代文学教学模式的思考便不断趋向深入。

王早娟基于当前古代文学教学存在的不足,提出在此门课程中引入讨论式教学,其步骤可分为分组讨论汇报模式及课堂自由讨论模式。此模式在课堂教学中的运用可以培养学生自主动手能力,培养学生独立思考问题并形成创建性结论的能力,同时也有利于师生交流。作者就分组讨论的步骤、实施要领和自由讨论注意事项等进行了详细的分析。宋娟提出改革当前教学模式的三条途径:变学生课前盲视现状为定向准备式的积极蓄积;变教师课中主讲为导学感悟式的有效引领;变师生以下课为终点的教学状态为训练迁移式的深入拓展。[①] 余丹撰文从优化教学内容、丰富课堂组织形式、改革评价机制等方面分析了"研讨式教学模式",认为它既可培育学生的传统文学知识和文化素养,也有利于提升学生的实际能力,并提出在此教学模式实施过程中需要以作品为基础,以能力培养为中心,注意凸显课程的特色。[②]

涂承日主张引入自主学习的教学理念,即通过培养学生的自

---

① 宋娟:《论中国古代文学教学设计与实施》,载《黑龙江高教研究》2011 年第 12 期,第 185～187 页。

② 余丹:《中国古代文学课程研讨式教学模式的实践与思考》,载《宁波大学学报(教育科学版)》2011 年第 3 期,第 86～89 页。

主意识，利用网络平台，创设自主学习的有效环境，改革现行的成绩评定方式，建立科学的自主学习评价体系等，来推动的当前古代文学课程教学改革，以解决单靠传统教学模式和思路无法解决的问题。在自主学习理念的指导和支配下，还要强调教师的主导作用和审慎推介教学参考书与“网络”资源话语。[①]

徐建芳认为，古代文学教师在教学中应根据自己的知识背景、兴趣爱好、阅历经验等综合条件独自体悟出最适合自己的教学方法，不能生搬硬套、机械模仿他人的教学方法。基于此，她通过在超星学术视频上借鉴、比较和吸收名家们关于此课教学中所采用的方法，并适当进行加工与处理形成“知人论世”切入作品的教学方法。此外，她认为教师在教学过程中要有问题意识，以提问的形式把各个要点提示出来，既有助于教师理清讲课思路，又有助于加强学生对所学内容的关注。对于教学作品文字上的障碍，可适当播放一些根据作品内容创制的动画、音乐、绘画等，既可调动学生的学习兴趣，又可培养学生高雅的审美情趣、健全的人格心灵，不失为一种有效的教学辅助手段。[②]

张丽红指出，当前分段式教学模式（即先秦两汉、魏晋南北朝等每段由一位老师讲解一学期），存在缺失前后观照、难以清本溯源等弊端，呼唤建构一种打破时代界限、贯通古今以梳理文学创作发展脉络的教学模式。[③]张克锋认为，以教学为主的模式不利于调动学生的主动性，必须改革，具体路径是：须加强对学生自学的督促、检查和辅导。通过提问、讨论和诵读等方式想方设法调动学生

① 涂承日：《自主学习在中国古代文学课程教学中的实施构想》，载《洛阳理工学院学报（社会科学版）》2011 年第 2 期，第 79～82 页。

② 徐建芳：《关于古代文学教学的思考》，载《邢台学院学报》2011 年第 2 期，第 77～79 页。

③ 张丽红：《还原文本的多重解读——多元文化语境下中国古代文学教学的新探讨》，载《现代教育科学：高教研究》2011 年第 6 期，第 137～139 页。

的主动性。[①] 冯蔚宁提出了改进古代文学课程教学理念和方法的几点思考：将中国古代文学史教学放到世界文学的视野中去；放到中华多民族文学的视野中；与中国旅游文化相结合；教学的时间纵向化改为纵横结合法；融合地下考古文学和历史文献成果；融入小学、经学和史学等其他学科内容。[②]

这些研究都极具可取性，值得广大教师在实际教学中借鉴和运用，其成效关键在于执行。

四、教学的其余方面观照与审视

教学作为一项系统工程，涉及的远不止教学模式和方法，还包括学界对教学中遇到的各种问题——比如如何激发学生学习兴趣，如何改变现有学科教学的困境，具体如何彰显人文精神及摆脱困境的方法。康建强、郑小军撰文指出，在当代中国高等教育日益专业化、工具化、功利化的大趋势下，当前古代文学学科的教学陷入困境，古代文学正在被加速边缘化。他们从两方面探索突围困境的方法。首先，是就古代文学教学观念的调整而提出的，包括四部分：第一，沟通古今，探索古今之变易及传承的各种精神和知识；第二，融汇中西，努力发现中西传统文学之相通及相异之原因；第三，道业相济，将塑造健全人格和传授专业知识相结合；第四，体用结合，本位与特色相互促进。其次，是就教学方法的两点思考：第一，传统手段和新媒体相结合的立体式教学方法；第二，传承知识与再创作的结合。[③] 张克锋则指出，突破当前古代文学教学困境的方法为：改变课程设置，以作品选讲为主，文学史为辅；必修课和

---

① 张克锋：《高校古代文学教学的困境与对策》，载《龙岩学院学报》2011 年第 1 期，第 70～73 页。

② 冯蔚宁：《改进中国古代文学课程教学理念和方法的几点思考》，载《学术评论》2010 年第 S 期，第 62～63 页。

③ 康建强、郑小军：《论当代大学古代文学教学的困境与突围》，载《浙江传媒学院学报》2010 年第 5 期，第 115～118 页。

选修课相互补充。[①]

亦有学者就古代文学教学面临的挑战提出了对策。甘松指出，当前高校中文系中国古代文学教学面临严峻的挑战，对此应该积极采取对策。[②] 其总体思路是注重古代文学教学的当代性、人文性和实践性，具体方式主要有：通过对教学内容的合理取舍，辅以现代教学手段，提高课堂教学效果；利用网络论坛等方式，激发学生学习兴趣，有效拓展学生的课外学习；转变教学思路，加强古代文学教学在提升人文素养、人格塑造以及培养实际工作能力方面的作用。

张克锋指出，目前要真正提高学生学习古代文学的兴趣，就必须改革课程设置和教学方法，同时改变以科研为主导的教师评价体系，制定新的评价标准，从制度上给教学以切实的保证和有力的激励。

也有学者就教学目标和体系的设定进行了思考。李英然则指出，重新审视古代文学在当下的意义，确立古代文学的教学目标，建构新的教学体系就显得十分必要。这种新目标应以学生的现代人格能力为着眼点，以目标意识、问题意识和致用意识为课堂教学的具体追求目标，通过对教学资源的现代改造，建构强迫式积累、个性化解读、文学化表达、观照式体验四级教学体系，逐步实现对学生现代人格能力的培养。[③]

喻芳指出，从两大方面可寻找古代文学与现实人生的契合点：一是传承文化传统，培养人文精神，建构精神契合点；二是重视实用性较强的应用文，传承古代文学中的思想理念，从当下视角观照

① 张克锋：《高校古代文学教学的困境与对策》，载《龙岩学院学报》2011 年第 1 期，第 70～73 页。

② 甘松、袁晓薇：《应对挑战：对中国古代文学教学的几点思考》，载《柳州师专学报》2011 年第 1 期，第 98～100 页。

③ 李英然：《高校中国古代文学教学改革的思考与实践》，载《石家庄学院学报》2012 年第 1 期，第 119～123 页。

作品，或将其运用到文案写作、广告策划中，以寻求物质契合点。[①]对于在教学过程中贯彻古代文学浓郁的人文精神，应多注意与现实相结合，因势利导地进行审美教育，或利用现代意识解读古代作品，学者李鸿渊、刘伟、郑升等也持类似观点。

潘定武就如何引导学生研读文本、认识文学史的多元性以及在教学中融入地域文学与文化成分进行了思考，提出了思路。[②]宋娟从教材、辅助资料、文体发展规律、信息技术环节等方面分析了古代文学教学内容的设计与实施。[③] 江秀玲指出，古代文学教学应以史为纲，以作品为本，强化原典教学。[④] 张丽红就古代文学教学中如何还原文本提出了如下几种解读方式：重视作品的形式意义；揭示作品阐述的文化语境；采用跨文化阐述的介入策略。

张克锋认为，当前应改变对古代文学教师的评价标准：班级不宜过大；不宜过于认同科研而忽视教学，导致顾此失彼的局面；教师为推动教学改革必然进行大量教学尝试，无论是组织朗诵还是指导学生改编等，都需要为之付出大量心血，而其付出如何得到评价和认可，都需要重新探索。李英然以诗歌为例，指出古代文学课堂教学的具体追求为目标意识、问题意识和致用意识；其四级教学模式为：强迫式积累、个性化解读、文学化表达、观照式体验。此模式有利于逐步实现对学生现代人格能力的培养。[⑤] 孙雪霞则在古

---

① 喻芳：《寻找古代文学与现实人生的契合点——高校中国古代文学教学改革探索》，载《乐山师范学院学报》2011年第2期，第138～140页。

② 潘定武：《古代文学教学散论》，载《黄山学院学报》2011年第2期，第115～118页。

③ 宋娟：《论中国古代文学教学设计与实施》，载《黑龙江高教研究》2011年第12期，第185～187页。

④ 江秀玲：《大学生人文素质培养与古代文学教学》，载《陕西教育学院学报》2011年第1期，第70～73页。

⑤ 李英然：《高校中国古代文学教学改革的思考与实践》，载《石家庄学院学报》2012年第1期，第119～123页。

代文学教学语言的叙述中大胆创新，指出戏仿、援引、反讽、挪用、戏谑式议论、调侃式转译、现代称呼等，都是值得一试的技巧。通过这样的实践力求使古代文学教学去“沉重化”，使 80 后、90 后的本科生在轻松愉悦的氛围中完成对古代文学的解读。[①]

此外，也有学者提出，教学中首先应和文史结合拓宽学生视野（刘伟）；其次应以新颖的导入方式吸引学生注意力，以亲身实践的方式加深学生对作品的理解，以流行音乐的方式开启学生的悟性来建构教学的“场效应”（潘丹）；第三应就如何建立开放、互动的网络教学平台提出方向和步骤；第四应分体（如古代诗歌教学）、分阶段（如唐宋文学教学）寻找小切入点（如意境理论）来展开教学。这种教学的确有助于拓宽学生视野。

五、反思与小结：古代文学教学的研究成就与问题并存

近 30 年来，国内关于古代文学教学的研究，涌现出许多成果，众多教师同仁都对如何上好这门课进行过思考，从各个角度和方面提出了自己的宝贵意见，其中存在的问题，现总结如下。

其一，有些教学方法的操作性、教学理念的应用性不是很强。通观当前学界总结出的十余种教学方法以及多种教学提醒，其中有些想法对教师的备课还适用，但不宜纳入课堂教学中去进行。如有人提出把古代文学史教学放到中华多民族的视野中去，甚至“有关港澳台地区文学以及各地古代地域文学的研究成果也要纳入新的中国古代文学史中”，并且“在教学中可加入小学、经学、史学等其他学科内容”[②]，想法虽好，但基本不具备可操作性。古代文学时间跨度大，内容丰富，课时一再压缩，由 20 世纪 90 年代的

① 孙雪霞：《当代视野下古代文学教学的“悦读”实践》，载《中国大学教学》2011 年第 10 期，第 55～57 页。

② 冯蔚宁：《改进中国古代文学课程教学理念和方法的几点思考》，载《学术评论》2010 年第 S1 期，第 62～63 页。

320～500 课时缩减为当下 240～260 课时，许多教师反映课时太紧，根本上不过来，无暇顾及少数民族和港澳台地区文学，更遑论“小学”等内容了。这种学术性的想法不顾教学特点有些“一厢情愿”罢了。我们不否认古代文学的发展与经学、史学的密切关联，不否认将汉族文学与其他地域和民族文学进行比照更能看出其民族特征和地域特征，但无论是比较还是涉猎都必须以尽可能讲授教材主要内容、完成基本教学目标为前提。再者，如果过多涉猎教材以外的内容，无限期扩大古代文学的范围，就必然使其没有边界而被泛化并消解了学科的存在。

其二，与古文论结合不够。在讲授古代文学时不能脱离与经学、史学乃至古代文化之间的紧密关联，学界对此多有论及，而对其与文论的关联在目前教学研究中还少有切入。古代浩如烟海的作家作品，总会被同时代或后来朝代的文人所评析，他们在欣赏阅读前代和同时代的作品时，都会生发出相应的理论观点，提出自己的见解与主张，有时虽只言片语但不乏真知灼见，而这些对带领学生充分理解古代文学作品是大有裨益的。因此，讲解古代文学史时，不妨将之与古代文论相结合。比如初次接触一位作家时，盘点名家对其创作特征的勾勒，对其作品风格的概括，甚至对其文学成就的评析，可使学生有一个梗概性的初步认识。在归纳作家作品的特征时，顺带阐发文论家的评析，对于老师是“接着说”，对于学生则是加强印象。当然，作家作品的讲解是重心，适当地将理论阐发和作品讲解结合，有助于提升学生的文本品鉴力。

其三，在教师的素养要求以及运用教学方法时老师如何监督方面研究得还不够。教学方法的受惠对象当然是学生，而其实施主体无疑是精心进行教学设计的教师，且教学效果的取得完全由教师全程的教学活动所决定。学界当前对古代文学教学中教师的素养及要求研究较少。从现有文献来看，在 100 余篇文章中，作者仅发现王为群、郭令原发表过一篇文章，认为：

> 作为古典文学类课程的教师，首先应该具备比较完备的语言学知识，特别是古汉语知识，通过了解不同时代文学作品中语言变迁进行研究。其次，必须有独特的文学感受能力、对作品审美性的把握及系统的文学理论知识。再次，必须对作品产生的时代有深入地了解，对该时代的思想文化有全面地把握。最后，通过系统知识和专门知识的积累，做到既成为专家又成为大家。[①]

此外，教学方法如何有效得以实施，任课教师是否有责任做好后续检查和督促工作，而这些非工作量之外的工作如何纳入现行考评体制之中，能否从及时的反馈中获得必要的调试和改进？等等，都是必须予以考虑的，否则方法再好，在失去了约束、监督和督促后，也无异于一纸空文。

其四，介绍古代文学对中国当代文学创作和学界的影响还不够。当前学界都意识到教学古代文学不能只是走进博物馆去欣赏古人的展览，必须活学活用、古为今用，和当下现实发生关联，而现有成果多从挖掘古代文学中蕴含的丰富的人文精神出发，鲜有在课堂上介绍古代文学对中国现当代文学的多元影响。当然，这对任课教师的知识结构和教学情怀提出了更高的要求，但适当介绍他人的研究成果以让学生多了解一些前沿动态总还是可以的。比如就作者所知，武汉大学文学院的樊星教授就古代文学对当代文学的多元影响，先后写过一系列论文。[②] 如何在教学中建构起古代文学和中国当前文学和文化之间的桥梁，目前还有很大的挖掘空间。

以上散见权当抛砖引玉，不成熟处还请各位同行批评斧正。

---

① 王为群、郭令原：《对古代文学教学中的知识构成的思考》，载《甘肃广播电视大学学报》2011 年第 1 期，第 65～69 页。

② 邓心强：《融通古今，弘扬传统——樊星先生“当代文学与传统文化”对话研究及启示》，载《中国石油大学胜利学院学报》2011 年第 3 期，第 32～38 页。

只有在教学实践中勤于摸索、总结和探讨，才能把古代文学的教学研究不断推行前进。这既有助于提高任课教师的教学水平，又能使大多数学生真正地受益。

第二节　新时期中国古代文学课程教学方法新探

20世纪80年代以来，随着教育部对高校教学改革的高度重视，以及各高校对教改资助力度的加大，学界先后涌现出众多古代文学教改成果，产生了诸如讨论式教学法、比较教学法、讲授教学法、兴趣教学法、还原教学法、多媒体教学法等多种教学法[①]，这种反思和总结、争鸣和探讨的局面有助于推动古代文学学科的发展，但作者在多年执教古代文学（主要是先秦到唐宋阶段）过程中发现，教学法必须根据班级的专业特点和学生情况选择使用，要有的放矢，不能盲目照搬，此其一；其二，一些方法需要综合使用才能富有成效。这里结合作者的实践和经验，并在吸收前辈成果的基础上，新探如下五种较具特征与成效的教学方法，以供学界同仁借鉴和参考。

一、全程贯彻比较教学法

比较教学法在古代文学教学中具有广阔的使用天地，通过对比和参照，以辨析同中异与异中同，对不同作家作品或文学现象的性质与特征进行更加全面的认识和更具理性的把握。如果使用得当，调度自如，不仅有利于学生对内容的熟练把握，也有利于增强学生分析作品的能力，训练学生形成良好的学习习惯。依我们的实践，比较教学法在古代文学教学中大体可分为纵、横比较，主要为中西方作家比较，前后朝代作家比较，也可将课堂讲解中涉及的不同维度——如社会环境、作家、作品、文体、文学现象、思想特征、

① 王洪泉：《中国古代文学教学方法研究述评》，载《福建论坛（社科教育版）》2011年第8期，第99～100页。

艺术手法、审美特征等——灵活自如地进行比较。这里选取几个典型方面观管窥豹。

一是作家作品之间的比较。这是古代文学教学中最常见的比较方式之一，既可选择时代相近但创作不同的作家进行比较，如老子和庄子的散文言说方式有哪些异同？司马相如和扬雄赋作有哪些差异？甚至李杜在人生经历、性格气质、诗歌风格方面的比较；又可选择前后代具有相似性的作家进行比较，如建安七子和初唐四杰诗风有何不同？大李杜和小李杜有何差异？等等；比较法的优长在于能促使学生更深入地把握作家作品。

二是同类体裁(或题材)作品之间的比较。选择同类型或同一体式的作品进行对比在古代文学教学中也很常见，如就同样描写历史人物和事件的《史记》和《汉书》进行比较；就同样写作山水诗的谢朓和谢灵运进行比较；或者选择山水诗和田园诗进行比较。以体式和题材为标准，则比较也可跨时代，如将南北朝的谢灵运为代表的山水诗和唐朝的以王维、孟浩然为代表的山水诗进行比较，通过艺术上的进步看出文学史的演进与变化；或选择唐传奇和宋话本进行比较，或将诗、词、曲不同体式在表达相似情意(如思乡、恋家、批判、嘲讽等)时进行……应该说，这种比较是极其自由和灵活的，需要教师多运用发散思维，并且对中国古代文学史要有通史的眼光，在教学到某一知识点时能迅速联系，以寻求比较点。

三是通过古今不同语境和社会环境的对比以寻求借鉴意义和启迪价值。如在讲解“陶渊明”这一章时，就其田园诗创作的时代背景与当前工业化社会注重环保和倡导绿色生命进行比较参照；讲到《红楼梦》时，可联系五四新文学进行比较；讲到汉赋时，将赋体产生的汉代社会与注重大片效应和视觉冲击的中国当前社会进行对比；讲到明初世情小说时与五四时代社会比较……这类比较是基于大学生对所处的时代极为熟悉的基础上，可迅速跨越时空对所讲内容予以认同和深切理解。

四是跨国界和民族进行的多元文学比较，即将中国本土的作家、作品、题材、体裁、文学现象与外国文学进行比较。如讲到《诗经》时将其与西方《圣经》比较；讲到陶渊明诗歌时将其与英国华兹华斯诗歌比较；讲到中国四大名著时与西方17～19世纪长篇小说比较；等等。这种比较法有利于扩大学生视野，在一个更加宏阔的世纪文学的局面和版图中认识中国文学自身的民族特征和时代成就。

这四类比较在此课程比较法运用中最具代表性，其灵活运用需要教师在平时教学中不断增强比较意识，如下四个方面需引起注意：其一，需要教师根据教学进度和内容安排设置比较话题，有的可以在课堂上引导分析，如讲到辛弃疾时将其与苏轼进行对比；有的则可布置成作业，如魏晋南北朝山水田园诗和唐朝山水诗的比较，苏辛文风比较等，让学生课后查阅资料、独立思考后进行汇报，老师点评。总之，方式不拘一格，据课时安排和训练目的而定。其二，跨时空的不同语境和社会环境比较，不妨多进行，这对促使学生进行古为今用的借鉴训练极有帮助。其三，跨民族和国度的文学比较需据课时而定，适当展开，或布置作业，不宜在课堂过多展开。其四，教师在执教2～3轮过程中，可不断运用发散思维寻找比较点，逐渐完善比较选题（菜单），有利于在教学过程中长期坚持和贯彻教学法的运用。

二、研讨式教学法

研讨式教学法是高校外语系普遍采用的一种教学方法，近年来备受教师的青睐和学生的好评，余丹、姚红也进行过探讨[①]。研讨式教学形成和推广基于两大原因：一是传统由教师单向讲授、学

---

① 余丹：《中国古代文学课程研讨式教学模式的实践与思考》，载《宁波大学学报：教育科学版》2011年第3期，第86～89页；姚红、崔霞：《中国古代文学课程教学方法探讨》，载《浙江师范大学学报（社会科学版）》2011年第1期，第104～107页。

生被动接受知识的填鸭式教学越发受到批判，这种满堂灌的教学模式不仅教师讲得口干舌燥，吃力不讨好，学生也听得极其枯燥和乏味，这样既不利于教师教学水平的提高，也不利于学生各种能力的均衡发展和全面锻炼。此时，研讨式教学法便应运而生，成为教学的“援兵”，并在使用中得到不断完善和推广，深得师生喜爱。二是研讨式教学法基于建构主义理论被广泛使用，而此理论高度重视学习者既有的知识储备和各种经验，尤其强调接受者的主观性和情景性，认为教师不单是知识的呈现者、知识权威的象征，教师更应该重视学生自己对各种现象的理解，倾听他们时下的看法，思考他们这些想法的由来，并以此为据，引导学生丰富或调整自己的解释。教学应在教师指导下以学习者为中心。[①] 可见，研讨式教学法是建立在充分相信学生既有学习经验并竭力调动其兴趣、激发其潜能的基础之上的，它有利于形成以教师为主导、以学生为主体的现代教学模式。

研讨式教学方法的运用目前主要有两条路径。

（一）课堂自由讨论

课堂自由讨论相对简易灵活，即任课教师在讲到某个具体知识点时，及时抛出话题由学生在课堂上思考后，在教师指导下各抒己见，畅所欲言。每位学生可以充分发挥其积极性，根据个人见识和经验，从多个侧面和角度谈谈自己的看法和见解。如讲到班固时，选择话题“有人认为《汉书》和《史记》相比，黯然逊色，通过本课所学你怎么看?”来展开讨论，讲到《三国演义》时选择话题为：曹操形象在当前褒贬不一，你如何看？由此引发学生对历史上真实的曹操以及文学作品中“曹操”人物形象的刻画艺术的分野和辨析。这种开放式话题必然引发学生意见形成两派，观点在针锋相对中

① 王早娟：《古代文学课堂教学模式改革探索》，载《大众商务[教育版(民办教育研究)]》2010年第7期，第90～92页，第85页。

迸出火花，教师在认真倾听后适当点拨和引导，或作出精辟点评与总结，远比孤立地站在讲台上灌输学界认知更有成效。学生对一个知识点的掌握乃至其情感受到的熏陶及其价值观的形成，完全可以在讨论、争鸣和商榷中形成并完成。依作者教学实践，这种课堂自由讨论需要注意如下三点：

首先，选择的话题最好具有争议性或开放性，如在文学史发展和当前学界探讨中有不同声音与看法的话题，比较容易激发学生的探讨欲。如王双梅指出：

> 对问题的设置，一是要有吸引力，二是要有张力，三是要在学生借助资料能解决的实际范围内。同时，教师在平时授课或者在点评和总结时，适当地介绍学科信息、学科前沿动态、研究界的热点、难点、疑点，充分调动学生的科研兴趣，通晓科研特性，从科研中体味古代文学的魅力，激发学生自主学习、合作学习的兴趣和能力。尤其是介绍教师自己或学院教师的科研方法或成果，让学生感到古文学研究的近在眼前，并非遥不可及。当然，这更为课程论文和毕业论文的高质量打下了良好的基础。[①]

其次，教师在抛出话题后给予学生足够的思考时间并学会适当收合，扮演主持人角色，忌讳任由学生散谈或过早抛出己见。

再次，要求任课教师在备课时做足功课，多查阅资料，以开阔的视野获得详备的第一手资料。

（二）查阅资料准备式研讨

查阅资料准备式研讨是一种课下准备和课堂发言相结合的探讨方式，其流程和步骤大体为：首先，任课教师全面了解所授班级学生特点，将学生分组，形成组长负责制，便于调动每位学生的积

---

① 王双梅：《运用多元化的教学方法改进古代文学课程教学》，载《内蒙古民族大学学报》2011年第4期，第182～183页。

极性。其次,课前精心设置话题,将之提前抛出,给学生留出充足的时间查阅大量资料,通过独立思考来积极准备,同时对查阅资料的范围、途径以及准备的相关要求与发言讨论的注意事项等提前交代。再次,学生课后围绕问题研读作品,搜集和查阅相关资料,形成个人读书笔记和发言提纲,并初步在小组内讨论,形成代表性意见。第四,课堂上由各小组登台阐述观点,其余同学补充或争鸣,相对自由地发表意见,必要时也可以小组为单位进行竞赛和现场表演,以活跃课堂气氛。最后,主讲教师予以总结和点评,这是讨论的升华和收官环节。

这种研讨方式除需注意前面所讲几点外,以下三方面也应引起关注:一是在安排和指导学生查阅资料(尤其是涉猎较广泛、种类众多)和独立思考、提炼看法、荟萃观点时,主讲教师必须适时地进行方法论指导,以提高学生的准备效率,带领学生了解科研的途径、流程和步骤,即学生的课后准备是在教师指导下进行,而不是任其自然地“放羊”。二是课堂探讨后必须及时引导学生进行课后巩固,如进一步完善和整理相关笔记;在网络上就未尽话题进一步搜查;将探讨中生发出的话题写成短文积极在空间或博客上发表,学会交流和传播自己的思想观点;一个阶段后教师收集学生材料和成果,以备日后教改之需。三是将学生准备的认真程度、课堂发言的积极性等纳入平时成绩考察范围,及时给分。

对于研讨式教学法的价值和意义,学界总结认为:“讨论模式在课堂教学中的运用有力地发挥了学生自主学习、接受知识的能动性作用,使其真正成为课堂中的主角,以学生的亲力亲为促进其对知识的掌握和认识,强化其对知识的理解和运用。同时,在讨论过程中,学生对观点的表述无疑是对其在公众面前讲话能力的有效训练。讨论模式在课堂教学中的运用形成了活跃的课堂气氛,加深了学生对内容的掌握。”[①]“这种教学模式可以让学生通过自我学习、自我教育、自我提高来获取知识和强化能力。通过学生之间交流讨论最后师生之间交流讨论甚至辩论、得出结论的模式，改变以往由教师一人讲，过渡到大家参与、大家都讲的形式中，也真正体现了教师的引导、指导作用，学生的主体能动作用。培养了学生主动思考和独立学习的能力、细致的观察能力、理论的驾驭分析能力、对古文学学科的兴趣热情、敢于质疑的精神，拓宽阅读古文学作品和分析文学现象的思路和角度。”[②]可见，研讨式教学法一石三鸟，能从根本上变革传统的填鸭式的教学模式，其实施与推行皆以学生的全面发展为根本和旨归。

三、以问题为主导的启发式教学

有学者提出，教学从某种程度上来说就是“设问”的艺术。学生思维的激发、课堂气氛的活跃以及教学活动的组织和实施，都离不开有效问题的巧妙设置。教学善于精心设问并根据课堂反馈灵活提问，是提高当前高校课堂效率的关键与基础。在学界都推崇和呼吁采用启发式教学的当下，问题恰恰成为此种教学法推行的动力和切入点。因此，以高质量的问题来启发学生展开积极思索，是古代文学乃至一切其他课程教学的突破口。

孔子曰：“不愤不启，不悱不发”(《论语·述而》)，即强调启发和引导对开启接受者思维、激发其学习积极性的重要性。启发式教学能最大限度活跃学生大脑，激发学生的专业探究欲，突出学生的主体性地位，引导学生主动学习，培养自我解决问题的能力。它“让老师提出问题，以疑导读；学生带着问题自学教材，理解、讨论老师所

① 王早娟：《古代文学课堂教学模式改革探索》，载《大众商务：教育版(民办教育研究)》2010 年第 7 期，第 90～92 页，第 85 页。

② 王双梅：《运用多元化的教学方法改进古代文学课程教学》，载《内蒙古民族大学学报》2011 年第 4 期，第 182～183 页。

提出的问题；老师鼓励学生发表不同见解，并根据讨论的情况进行有针对性的讲解，准确地引导学生解决问题。”[①]可见，启发式教学离不开对巧妙问题的精心设置，作者在执教先秦到唐宋阶段古代文学的过程中，就为此做过长期思考与探索：如何通过问题引起学生的兴趣和关注，能“一石激起千层浪”？如何使提出的问题能反映教学重难点并顺利实现教学目标？如何使问题具有高质量和高水平？为此，我在数轮教学备课中，为设置问题花费了大量心血，最终就中国文学三千年通史形成了一部分门别类的“课堂问题集”。

问题主导下的启发式教学法，国内部分老师也很重视，运用得也很好。如重庆工商大学徐建芳老师在讲解名篇《苏秦始将连衡》时，设计了如下四个问题：

> (1) 苏秦前后的外交策略有什么变化？他追求的终极目标是什么？从哪些言论中可以看出来？
>
> (2) 苏秦的形象前后有何变化？其家人对他的态度有无变化？从中可见战国时代的社会风俗是怎样的？
>
> (3) 本文主要采用什么手法刻画人物形象？
>
> (4) 语言句式上的最大特点是什么？

解决了这些问题，就能促使学生理解战国策士们突破传统的人生追求、雄辩的词锋及《战国策》的写作特色。又如她在讲《齐桓晋文之事章》时，提出了如下几个问题：

> (1) 孟子开篇所提出的政治主张是什么？他认为齐宣王会有兴趣听他讲下去吗？
>
> (2) 孟子认为齐宣王可以“保民而王”的依据是什么？
>
> (3) 有了“不忍之心”怎么就可以“保民而王”呢？

① 姚红、崔霞：《中国古代文学课程教学方法探讨》，载《浙江师范大学学报(社会科学版)》2011 年第 1 期，第 104～107 页。

(4) 齐宣王内心里希望采取什么样的政治策略统一天下？孟子是如何破除他这一观念的？

(5) 孟子采用什么方法引起了齐宣王对“王道”的兴趣？

(6) 孟子“仁政”的具体措施是什么？

(7) 孟子的“仁政”在现实中有无可行性？

(8) 孟子在游说齐宣王的过程中主要采用了哪些论辩技巧？①

其问题设计的细密、角度和关联性值得借鉴。任课教师只要开动脑筋，在备课时多投入一些总可以形成问题链。

由上可见，启发式教学的关键在于对内容的熟练掌握及相关问题的设计。设问必须紧密关联，呈现出梯级性，使学生由易到难、由浅入深地思索，逐渐“柳暗花明”。但作者认为，作为大学教学，其课堂问题不必过于密集，数量过多，可根据具体讲授内容，一般以 2～5 个为宜。

对于启发式教学法的优点，有学者认为它“改变了教师‘以讲为主、以讲居先’的格局，调动了学生学习的主动性，让学生横向交流，注重了学生自学能力和积极探索精神的培养和锻炼，提高了学生运用知识的能力和水平，从而达到教学的最优化。这种教学方法不仅可以促进学生共同提高，也容易让教师有意外的收获。”②这的确道出了课堂教学的精髓与真谛。

四、学生参与表演式教学法

由老师口干舌燥主讲、学生被动接受的传统教学模式，在高校积极进行各种教改的当下备受诟病，其重要原因在于这种教学模

---

① 徐建芳:《关于古代文学教学的思考》，载《邢台学院学报》2011 年第 2 期，第 77～79 页。

② 姚红、崔霞:《中国古代文学课程教学方法探讨》，载《浙江师范大学学报(社会科学版)》2011 年第 1 期，第 104～107 页。

式以教师为主导而忽视了学生的独立思考能力，甚至剥夺了学生能力训练的机会。而参与表演式教学法可有效避免这种缺陷，弥补其不足，在教学实践中的运用大体可分为如下三类。

（一）诵读法

在古代诗、乐、舞渗透、融合的文化土壤中产生的古代文学，很多作品可入乐传唱，或具有很强的韵律美，需要通过朗诵呈现其悦耳动听的艺术魅力。朗诵、诵读是古代文学教学中很有必要、值得提倡的教学方法之一，也完全符合该学科特点。诵读法主要含教师诵读、学生诵读、专家诵读三种基本方式。教师诵读起到示范和引领作用，需在熟练把握作品思想内容和感情基调的基础上，富有感染力地传达出作品的神韵，引发学生的共鸣。这对教师的普通话水平、朗诵技巧提出了较高要求，有条件的老师可发挥其优势。没把握的教师则可采用平时购买、积累名家朗诵的相关碟子和光盘，在课堂上配合播放，也能起到很好的效果，或者备课时在网络上搜找、下载不同名家的朗诵片段（建议学期结束刻盘备份）。其次是学生诵读，使其在“背诵或诵读的过程中融入自己的情感体验和生命意识，对于作品的主旨内蕴的理解和审美感知力自然会得到培养”①。对有兴趣和特长的学生，甚至采取吟唱的方式，把学生带入作品的情境中去，在吟诵中体味，在抒情中浸染，让其感受作品独特的艺术魅力。学生诵读又可据情况分为个体诵读、分角色诵读、集体齐读等方式，目的在于强调学生个体对作品的深切理解和独到领悟。无论哪种方式，都要求学生在认真领会作品思想感情的基础上吟诵朗唱，使学生在参与中得到锻炼，通过体味作品的丰富内涵加深对作品的把握，在体验中获得共鸣，从而受到艺术的熏染与陶冶。

① 王双梅：《运用多元化的教学方法改进古代文学课程教学》，载《内蒙古民族大学学报》2011 年第 4 期，第 182～183 页。

（二）角色扮演、戏剧表演法

中国三千年的古代文学大体可分为抒情类和叙事类，前者适合于朗诵和吟唱法展开，后者则适合于现场表演，尤其是明清以后的戏剧、戏曲文学，对于部分故事性和戏剧性较强的代表作，可让学生进行组合性表演，此法可“让学生带着自己的想象、情感和创意投入到具体作品的不同情境当中。由于有学生的直接参与，加上这种表演具有较强的观赏性，某种程度上也暗含了一定的竞争性，因而能大大激发学生的创新意识，学生对此关注度也较高，上课时注意力也就特别集中”[①]。如在讲解王实甫《西厢记》时，分别让四名同学扮演剧中的四个主要人物——张生、莺莺、红娘、老夫人，由其借用服饰或简单装扮后再在讲坛上现场演唱，这极大地推动了学生对作品的熟练把握和对人物角色的深切体察，也将作品搬上舞台缩小时空，能极大地调动 90 后大学生的积极性。此外，甚至可把部分具有表演性的戏曲作品交给指定小组，让其改编成剧本进行自导自演。总之，从目前来看这种教学法将使老师大开眼界，学生的表演天赋和组织能力得到锻炼与展现，远远超出了最初的备课预期。从教学实践来看，此法受到一致欢迎，学生表现欲很强，学习积极性很高，普遍能对角色扮演法进行较到位和深刻的理解，甚至进行创造性的转换。

（三）演讲辩论法

演讲辩论教学方法是对当前大学校园里学生活动的借用和转移。演讲和辩论在青春校园里极其普遍，被认为是最能锻炼学生思维能力、表达能力、协调能力的有效性综合活动之一。根据其特点，在古代文学教学中，可选择那些观念凝练、看法集中且有利于充分展开和对学生能形成多种情感教育的篇章来组织学生讲演，

---

① 姚红、崔霞：《中国古代文学课程教学方法探讨》，载《浙江师范大学学报（社会科学版）》2011 年第 1 期，第 104～107 页。

如在学到《左传》、《史记》或者曹丕、曹植的作品时，都涉及古人对“立言”的不懈追求，可让学生就“立言不朽”组织一次讲演，必将极大地调动学生的积极性，锻炼其查阅资料、分析问题、提炼观点、登台讲演等各种能力，对其人格和价值观也是一次有力塑造。诸如“早期神话传说中的民族精神”、“诸子作品的言说方式”、“汉魏唐宋山水田园诗的现代价值”、“乐府中的人性与人情之美”等，均可作为演讲话题。而“辩论课的选题必须是学界有争议的命题，难易要适当。教师课前要认真备课，尽可能多地掌握对立双方的材料，并形成自己鲜明的倾向性”①。如学完《离骚》后，就文学史上对屈原其人、其作的评析，将学生分成支持赞同和否定斥责两组展开辩论，然后“由部分持中立观点的学生分别组成评委和观众，教师或充当辩论赛主持人，或作为评委之一，充分听取学生的不同意见，最后对整场辩论赛作出评议总结”②。学生下来需认真查阅大量资料，并参与到课堂中来成为学习的主角，唇枪舌剑地展开论析，对其思维力、表达力都是极大的锻炼和提高。这种参与式教学法帮助学生加深了对作品的深刻理解，使学生终生难忘。

五、再创造教学法(改编、动画和写诗填词之运用)

引领学生进行再创造，是调动学生专业学习的积极性，通过活动参与来获得能力锻炼的又一较好的教学方法。它要求学生在对内容作出完整理解和透彻把握后，以内容改编、体式更换和拓展性写诗填词等方式进行迁移性训练，从而激发其理解力和表达力，展现独特的创造力。此教学法通常包括两种方式。

第一，揣摩、模仿教学内容，学生亲自创作，比如作诗、填词、写

① 姚红、崔霞:《中国古代文学课程教学方法探讨》，载《浙江师范大学学报(社会科学版)》2011年第1期，第104～107页。

② 姚红、崔霞:《中国古代文学课程教学方法探讨》，载《浙江师范大学学报(社会科学版)》2011年第1期，第104～107页。

文等练笔活动。中国是诗的故乡，自先秦学习诗经伊始，至清末诗歌代代相传，抒情文学极其发达，而词曲从广义上来讲也属于诗的范畴，即便其余如骈、赋、文等体式也被大量地诗化了，为熟悉每一种文体的规范要求，并从中更深切地领会作家的创作成就和风格特征，教学中不妨带领学生实地下水"游泳"，随堂设计场景，布置相关作业，班级交流后教师作点评，打平时成绩分。作者在讲完司马相如与枚乘的赋作后，以学校附近的山景和广场作背景和衬托，让学生试写一篇大赋，一周后学生上交来的作业令人大吃一惊，以铺陈的手法和优美的语言展现校园周边场景，也有同学在征求意见后不拘一格地写活了自己的家乡或某处巍峨的风景区，学生的写作水平也由此得到锻炼和提高。此外，在学习先秦四言诗，两汉五言诗，唐宋七言诗时，均可让学生即席创作诗篇，在逐步模仿中掌握诗体的规范要求和文体特点。对于词体甚至戏曲方面亦然。再者，也可充分利用网络进行博客和空间写作，师生之间、学生之间广泛交流写作的感受和心得，或者彼此评析和改进。一个学期结束后由主讲教师将班上所有仿作收集起来予以汇编，成为集体成果。这种仿写被有的学者称为"文学化表达"，"在积累、解读的基础上，教师会进一步要求学生联系自己的生活仿写古代诗歌。其目的，一是将静态的知识储存转化为动态应用，从而培养其文学化表达能力；二是发挥文学创作抒忧娱悲的宣泄功能，使诗歌创作起到释放压力和调节、平衡或转移不良情绪的作用"。[①] 我们认为，在这方面任课教师应以身作则，可在课堂上与学生分享自己的古典仿作，一方面拉近与学生的距离，让其不再对传统文学心存畏惧；另一方面起到模仿表率作用，必将极大地推动学生掀起写作古典诗文的热潮，在长期坚持中夯实其专业功底。

① 李英然：《高校中国古代文学教学改革的思考与实践》，载《石家庄学院学报》2012 年第 1 期，第 119～123 页。

第二，适当采用不同文体来改编作品。这既要求学生对作品内容相当熟悉，督促学生深入理解文本内涵，也要求学生对两种体式的特征与要求极其娴熟和敏感，这种改写能起到双重作用，有助于形成以学生为主体的现代教学模式。如以散文体来创作《孔雀东南飞》，以诗体来改写《陈情表》，均视为可取的尝试。此外，也有学者根据专业的不同采取相应的再创作方法，如“引导学生用新的媒介来解读古代文学，如可以启发动画专业的学生以中国古代的神话人物故事为素材进行创作，在给影视编导专业学生授课时，则可引导学生将更多卓越的文学家的生平进行改编，从而创作出新的剧本”①，都不失为很好的教学尝试。这种再创作旨在寻找古代文学与现代媒介的近似处与吻合点，通过带领学生系统学习古代文学，以激活传统资源，真正实现此门课程的“古为今用”。

无论是仿写还是改编，都需学生熟悉作品内容，更离不开主讲教师的带头与督促。

在大众文化盛行、社会进入信息化和图像化的当代，古代文学作为一门传统学科要想与时俱进，在新时期焕发出生机，必然离不开其在高校的传播，以及在青年群体中的接受程度。因而围绕此门课程的各方面教学情况，就尤其值得探索与关注。当然，古代文学的教学方法远不止以上粗略介绍的五种，还有待诸君进一步结合教学实践予以总结和推广。

第三节　对中国古代文学教学的再思考

21 世纪初，随着市场经济的飞速发展和商品社会的崛起，大众文化全面渗透，图像化时代已经到来，90 后大学生在社会风气的急剧变

① 康建强、郑小军：《论当代大学古代文学教学的困境与突围》，载《浙江传媒学院学报》2010 年第 5 期，第 115～118 页。

化下，对古代文学产生了陌生化与冷落感。一方面，很多教师认为，汉语言专业学生普遍觉得这门课程的内容距离现实久远，是一件没有现实价值的“古董”，对古代文学产生了疏离感和隔膜感；另一方面，该学科教学观念及教学方法陈旧，基本上沿袭教师照本宣科、学生被动接受、教师讲授依据“时代背景—作家生平思想—代表作—艺术特色—文学史地位”的单调模式，也影响到本课程的教学质量。其尴尬处境固然与外界社会风气有关，就学科发展内因而言，则需要不断地通过教学改革来扭转现有局面，比如想方设法改变现有通行的满堂灌教学方式，以分组讨论、场景模拟、参与表演等方式激发学生的学习兴趣，比如在培养学生查阅资料、品鉴作品、古典写作等能力方面不断强化，都不失为值得尝试的教学方式。作者在前面数篇文章中做过专题探讨读者可参考。现将数届教学中陆续积累的一些关于古代文学教学的新想法总结如下，以与各位同仁切磋共勉。

一、古代文学教学如何激发学生兴趣

在汉语言文学设置的十余门专业课中，“古代文学”居于无可撼动的龙头地位，其内容丰富、跨度大、教学时间长，在中文系诸多课程中具有无可撼动的地位，其作用功能在中文学科体系中无可替代。作为一门传统学科因其设置时间长，师资力量雄厚，目前在很多高校被称为“特色”或“品牌”课程。然而，在普遍陷入功利和浮躁的当下社会，其不被新时代 90 后大学生所青睐和热衷已是不争的事实，他们宁可花更多的时间和精力在能给他们平时加分和毕业就业带来实惠的证书技能上，也不愿像他们的父辈在 80 年代那样对文学痴迷和“疯狂”。[①] 在国学热兴起的今天，如何激发学生对中国古代文学的浓厚兴趣？如何以此为契机引导学生回归传

① 比如在约 2000 年之前，全国各省考入北大中文系的状元或前几名大多选择了香饽饽的“中文系”，分数历年居高不下。但此后，经济、管理等专业的吸引力逐渐“甚嚣尘上”乃至“功高盖主”。

统学习？如何使学生对祖宗留下的精华和国粹多一份守望与眷恋？作者先前探讨过参与表演式、二次创作、纵横比较等教学方法，这里再举数端，以供学界同仁参考。

（一）适当利用多媒体进行视频教学，发挥其形象直观的特点调动学生的视、听等感官切实融入教学活动

20 世纪 90 年代以来，多媒体在高校蓬勃发展，普及后一时成为高校师生的“新宠”。以多媒体作为教学手段，具有传统单靠“一张嘴一支粉笔”教学无可比拟的优势。课件教学运用现代多媒体手段，能给学生带来全新的视听体验，通过直观的图像画面，让学生身临其境，或者通过听觉刺激，增加对作品的感受力。目前，作者以多媒体技术从事古代文学教学主要从以下三个方面进行。

第一，在涉及某位作家时，在课堂上播放从网上精心选择和下载的关于作者的短片，一般 3～10 分钟不等，既有对作者生平的呈现与展示，也有各类讲坛上关于此作家的解读，甚至漫画式片段，非常生动、活泼、有趣。学生的注意力都很集中。这较符合 95 后乃至 00 后学生的审美特点。

第二，把作品内容转换成画面并适当配乐。如在讲到曹植时，作者搜集了关于其《七步诗》创作过程以及《赠白马王彪》的动画版介绍，在课堂上播放时学生沉醉在凄怆的氛围中，格调凄凉，被深深感染和震撼。同仁徐建芳博士也曾指出：

> 把这些古诗词转变成生动形象的画面，再配上根据诗词内容谱成的音乐，伴以声情并茂的朗诵，让学生的视、听、意等多种感觉都参与进来，在直观感性的欣赏中受到美的熏陶、心灵的震颤，对这些古诗词的爱好、理解就会容易得多。①

① 徐建芳：《关于古代文学教学的思考》，载《邢台学院学报》2011 年第 2 期，第 77～79 页。

她在讲授陆游的《钗头凤》时，为使学生对这首凄美的爱情词作理解得更加透彻，在网上找到了《钗头凤》的 Flash 动画，上课时边放映动画，边播放陈瑞演唱的歌曲《钗头凤》。学生沉浸于那一片凄风冷雨、落叶凋残、美人憔悴的伤感画面中，陶醉于那如泣如诉、如怨如慕、哀婉忧伤的旋律中，深切地体会到有情人不能相偕终老的深悲剧痛，从而对封建礼教制度的罪恶及社会主义制度的优越性认识得更加清晰。这些都是很好的教学尝试。又如讲到唐代诗人张若虚的长篇叙事诗《春江花月夜》时，师生均感觉有一定难度，这是古代一篇诗思兼备、内涵丰富、成就巨大的作品，对习惯于短章的学生来说很难理解，如教师找来动画并配乐伴奏，“生立即为诗中所描绘的那一幅静谧悠远、空灵澄澈、超尘绝俗的优美意境所心醉，也为诗歌自然流畅、清丽婉转的语言所心折，不由自主地喜爱上这首长诗，全都很快会背诵了”[①]。作者期待并呼吁古代文学界多一些这种敢为学生着想、大胆改革、锐意进取的教师。转换画面、配乐播放的现代教学方式，是传统依靠人口讲和粉笔板书无能为力的。我们在教学中要搜集资源，灵活对待和合理运用。

第三，配套播放下载的戏剧与小说的影视改编。古代文学中的很多经典作品，已先后被改编成为各种曲目，甚至有的一部作品改编为数类，以不同艺术形式呈现，如昆曲有《牡丹亭》、《长生殿》、《桃花扇》、《十五贯》，京剧有《红娘》，黄梅戏有《西厢记》，电影有《花木兰》等。在当下读图时代，还有很多叙事类小说也被翻拍、改编成电视剧或电影，如《红楼梦》、《西游记》、《水浒传》、《三国演义》、《聊斋志异》等。教师课余多下载和准备，课堂上适当使用，必能使课程讲授锦上添花。

第四，准备与作品密切相关的网络讲座和报告等视频资料。

① 徐建芳：《关于古代文学教学的思考》，载《邢台学院学报》2011 年第 2 期，第 77～79 页。

如讲到庄子散文时，配以余丹的视频；讲完荀子和韩非子后，播放大型纪实片《中国古代的文化圣贤》；讲完枚乘、扬雄、班固的赋作后，播放南京大学许结先生关于赋的视频；讲到唐代的佛学与文学关系时，播放华中师范大学邱紫华的佛学系列讲座。由于课时紧张，教师必须善于筛选精华部分，其余的抛砖引玉，留给学生课后自行欣赏。同时，多媒体教学要求任课教师必须多多留意，在平时收集各种教学资料以应备课之需。

在多媒体教学极其普及的今天，教师在讲授古代文学时还应提高视频的档次和质量，多搜集和准备些精品短片。此外，音乐、视频、漫画不过是一种教学手段罢了，最终服务于教师对作品的阐发和讲解，因此无论哪种视频资料，都必须以精简为原则，不可播放过多，挤占了分析品鉴作品的时间，避免本末倒置。一切视频只能作为“佐料”和“点心”，不能替代“主食”——老师的主讲。

（二）精心设计一些教学场景，让学生感同身受，或主动参与其中进行体验

情境教学法是指在教学过程中，教师有目的地引入或创设具有一定情绪色彩的、以形象为主体的生动具体的场景，以引起学生一定的态度体验，从而帮助学生理解教材，并使学生的心理机能得到发展的教学方法。[①] 中国文学抒情类作品具有一个共同点，即大多在韵律、节奏方面有很强的音乐美，便于朗诵和吟唱，且借景抒情以及比兴手法的娴熟运用，也赋予了作品浓厚的画面感。而对于叙事文学——无论是魏晋以后志怪小说、唐代的传奇，还是宋元的话本、明清的诸多世俗小说——都有很强的动作性和场面感，它们都特别适合采用场景模拟教学法的实施。如《诗经》中的很多抒情短章来自劳动生活，可把教学课堂搬到校园内，让学生设计采

① 情境教学法[EB/OL]. [2010-06-15]. http://baike. baidu. com /view/1268543. htm.

茶、种植等场地，进行集体活动时和鸣欢唱，感受或愉悦或悲伤的氛围。对于其中表达忧伤、愤怒情感的篇章（如《硕鼠》、《东山》等），可安排学生现场声情并茂地朗诵，把学生带入作品蕴含的情感和氛围中，获得深切的体验和共鸣；对于其中的恋情歌（如《将仲子》），可设置场景让学生现场模拟、抒发。

当然，"情境的表现形式是多种多样的，如问题情境、活动情境、故事情境、竞争情境等，教师可以根据不同的教学内容设置具体的教学情境，尽量使学生受到吸引。"[①]此法的运用在于如何尽快把学生带入语境中并迅速进入状态从而欣赏、理解作品，这就必然离不开教师对场景的设计、提取而后展示，学者姚红指出："教师可以结合自己的研究方向和专业特长，通过有意识地穿插历史背景、作家活动场景等生活细节及民俗风情的描述，带动学生自觉地进入到文学发展的历程之中，让他们感受到古代文学作品的博大精深和深厚意蕴方能调动学生的积极性，活跃课堂气氛，往往会收到意想不到的良好效果。"[②]此外，通过角色扮演来现场演绎也不失为一种调动学习积极性、激发其探索欲的有效方式，前已论及，兹不赘述。

（三）将班级学生分组，以小组为单位推进研讨式教学

在教师"一言堂"的传统教学方式备受诟病以来，研讨式教学法受到越来越多教师的青睐，并在尝试中显示出一定效果。这里作者无意对研讨式教学法的具体步骤、价值意义做重复性探讨，余丹、王早娟等教师已结合各自教学实践对其实施进行过集中探讨，清楚鲜明，读者可参考。就作者教学经历来看，这种教学方法要取

① 姚红、崔霞：《中国古代文学课程教学方法探讨》，载《浙江师范大学学报（社会科学版）》2011年第1期，第104～107页。

② 姚红、崔霞：《中国古代文学课程教学方法探讨》，载《浙江师范大学学报（社会科学版）》2011年第1期，第104～107页。

得预期成效，把握三个方面尤为关键。

一是教师对有价值、有争议性话题的选择。研讨式教学是作为“点心”和“调料”穿插于教学过程中的，是作为传统讲授法的补充和辅助。因此，教师必须精心挑选开放式话题，并提前布置给分组学生督促其积极准备，如作者设计如下话题：

从你阅读后世散文的对比来看，诸子散文有哪些突出特点？

诸子对当时春秋战国时代的社会是如何批判的？各自有着怎样的角度、立场和言论？

屈原“一跳”激起文坛千层浪，在他离世后数百年两汉又涌现出哪些评析名家？这说明了什么？

后人对南北朝宫体诗有诸多批判，你认为有哪些可取之处？

魏晋南北朝的实用公文很多写得美轮美奂，其文学化方式有哪些？当今公文又如何？哪些方面值得今人借鉴？

……

这些问题都具有极强的言说空间，学生完全可以见仁见智、畅所欲言。

二是教师必须为学生的材料准备提供方向和思路，并在讨论前进行检查和评估，以确保研讨的质量和效果。比如在学生接到题目菜单后，教师开列出相关查阅书目，提示思考中的相关注意事项，讨论前及时突击检查，听取学生反馈，以免给所谓“后进生”拖延、懒散和敷衍的机会，形成“无所谓”的习惯而影响后面研讨的质量。

三是教师对课堂的驾驭和组织是确保研讨质量的关键。小组内部讨论后，意见汇总至该组代表处，最后由其登台展开汇报和交流，而紧接着有成员补充或提出不同意见，对于一些争议性较大的话题，可能在课堂上会形成不同派别，听到不同声音，这时教师需要适当引导和控制，避免发言过长、过乱、不着边际或严重超出课时。在最后的教师总结和评点环节，更需在收合中升华，尤其是对于一些具有普遍意义的情况要及时提示和强调，尽可能地上升到方法论和价值论的高度，对学生及时进行治学方法和人生观、人格方面的教育。

二、古代文学课程如何培养学生能力

古代文学课程担负着弘扬传统优秀文化、宣扬古代人文精神、对当代大学生进行人格教育与价值熏陶等多重功能，其教学目标之一在于通过文学史系统梳理和作品的深入学习增强学生的人文素养，锻炼其综合能力。无论教学内容怎么安排，教学方法怎么变革，最终目的都在于学生能力的增强和素养的提高。如何以古代作家作品为载体，在课堂教学中有意识地对学生进行能力锻炼，便成为此门课程教学中重要的一环。作者在多年教学实践中重点训练学生的以下三大能力。

（一）培养中文系学子对作品的感受与体验、品鉴与分析的能力

长期以来，古代文学承载着“文学史”和“作品选”的讲授，实则是两门课程的融合，不同学校和教师有相应的教学处理。当前学界的共识是应把教学重心放在作品选上，文学史在讲到每个阶段时大致拉一拉，点一点，或布置给学生自己看，否则就会本末倒置。而作品选的讲授重心在于如何培养学生的审美感受力，提高其作品鉴赏力。学者过常宝指出：

> 由于多种原因，这些优美而含蕴深厚的作品，其精神作用在今天已经大大减弱。它们在中学课本里被看作是“古文”，学习的内容主要是字词、章法、思想等，在教师的反复咀嚼中已经化为大大小小的知识点，作品的美学功能和精神涵养作用消失殆尽。学生自然也难以从这数量

> 有限的、被知识化了的课本中学习古代文学的鉴赏能力。所以，大学阶段的古代文学学习的首要任务，就是要培养学生的作品感受能力。
>
> 没有对作品的深切感受，文学史就成了空中楼阁，也不会受到学生的真心喜爱。所以，在文学史学习之前培养学生对作品的感受能力至关重要，这也是作品选课程的最重要的教学目的之一。①

这种观点几乎代表了众多教师的心声，作者深表赞同。在执教另外一门课程中国古代文论时，虽然讲授的是理论篇章，但每次作者都会让学生对作品的初步感受、作品留下的第一印象畅所欲言，各抒己见，旨在培养学生的作品感悟力。而在古代文学教学中，作者对作品大体按如下三种方式处理。

首先，紧扣教材但又不拘泥于教材，根据个人的判断和教学的需要适当补充作品或变更作品讲授的顺序。当前，高校通用的是朱东润先生主编的六卷本作品选，该教材从浩如烟海的作品中精挑细选，具有独到的品位和眼光。然而，实际教学中需适当补充相关作品作为参照或辅证，比如在讲到司马迁的《项羽本纪》篇时，紧接着进入班固《汉书》的《苏武牧羊》篇，通过作品的比照窥见不同史学家的文学处理方式及不同史学著作的文学成就，这种讲授法不严格拘泥于课本排序而是适当打乱后作为“专题”处理，甚至形成较受学生欢迎的“头脑风暴”教学法。再如，讲到曹丕的《燕歌行》时，需对曹丕的文学成就、曹丕与弟弟曹植的文学风格对比以及当时文人之间的关系时，便补充其《典论·论文》以及《与吴质书》等典范书信，从互文性角度带领学生加深对曹丕人格与情感的领悟；又如，在讲到李煜的《虞美人》（“春花秋月何时了”）、《浪淘

① 过常宝：《关于古代文学作品选课程建设的几点设想》，载《中国大学教学》2011年第8期，第44～47页。

沙》（“帘外雨潺潺”）等篇章后，也附带地介绍、鉴赏其几首早期反映宫廷奢靡生活的“温软”、“香艳”词篇，从而不仅对稍前的花间词有进一步了解，获得面的认识，也能对李煜其人的转变、词风前后的对比有更加清楚的把握。此外，在讲到思乡、友谊、爱恋、别离、怀古、山水、田园、边塞、宫怨等不同类别的代表作时，也“瞻前顾后”地引证和参照文学史上类似篇章，这既有助于学生对所讲作品的深入把握，也可扩大学生的视野，由点到面，穿线成面，避免学习中只见树木不见森林，或者过早地画地为牢和故步自封。

其次，真正进入作品内核，带领学生细读文本，从字、词、句到思想内容、艺术特色方面观照文本，既进行宏观透视，也进行微观剖析，领略作品的艺术之美。文学作品是语言的艺术，当前有些同仁虽然也在讲作品，但陷入知人论世、创作初衷、成就地位、后世影响等方面的分析，缺乏直面作品本身，从字词句入手解读作品的艺术要素、审美传达、话语张力、意境空间等，仍然显得有些“隔”，似在作品外围“转圈圈”而没有进入“内核”，从而导致学生在课程结束后审美品鉴力没有显著提高，面对一篇作品不知美在哪里，不知从何处入手“掰开”、“揉碎”来品鉴①。作者把课堂的绝大部分时间都用在作品品鉴上，虽然也设计诸如背景的讲授，但更多的是引领学生如何采用相应的理论方法来深入作品内部，逐字逐句地解读。比如讲解杜甫的《登高》时，采用新批评理论对作品中“万里悲秋常作客，百年多病独登台”以及“萧萧下”、“滚滚来”等逐一细读和品析，此作的艺术魅力、杜甫创作的特色以及诗人的复杂情怀也逐渐凸显出来，学生倍受启发，纷纷在邮箱和博客中表达交流意见，后来在很多答题场合（甚至研究生初、复试）均引此作分析，足见其印象之深。当然，只有精雕细刻的成名作才值得如此细读和品鉴，毕竟教学需要点面结合，以点带面，但这种直面作品感受和

① 身边有的同事甚至感叹：“老看学生这样的论文，人真会弱智下去的。”

品鉴的锻炼，远比那种泛泛而论的介绍、粗略大概的导读要有成效得多。经过这种训练的学生，在毕业以后欣赏作品时不至于写成浅显粗糙的“读后感”，不至于面对一篇篇鲜活、感人的作品时像猫遇“刺猬”——无处下手。

再次，紧密结合现实和当下大学生生存环境，挖掘并呈现作品中的多重内涵，尤其是其中包蕴的人文精神及对当下生存的启迪。学习古代文学作品，绝不只是进入古代博物馆去浏览古人寄存的诸多“宝贝儿”，而必须有一种现实关怀，即结合当下社会语境，通过对美的巡礼，对艺术的审美，宣扬作品中体现出的人文精神，以对学生进行各种人生观和价值观教育。例如我们要特别注意运用进步作家先进的思想、高尚的人格来对学生进行精神熏陶。比如爱国志士屈原、陆游、岳飞、文天祥、于谦、戚继光、夏完淳、郑成功、顾炎武、林则徐、谭嗣同等的一生，都与自己的民族和祖国命运休戚与共，坚守节操，大义凛然，有着强烈的爱国忧民的思想感情。还有，不为五斗米折腰的陶渊明，“鞠躬尽瘁，死而后已”的诸葛亮，“穷年忧黎元，叹息肠内热”的杜甫，“先天下之忧而忧，后天下之乐而乐”的范仲淹，等等。他们的思想情操和人格力量，无疑会给学生以心灵的陶冶，乃至震撼。因此，在教学中要注意将这些高尚的思想情操和人格魅力，逐渐渗透到学生的内心世界里，激励他们营造健康美好的精神家园。

可以说，在文学上流芳百世、进入大学教材的作家，都是对大学生进行人文熏陶的楷模和榜样，都有深深值得后人借鉴和启迪之处，他们的人品情操、精神追求、志向抱负、价值信念乃至处世原则、为人风貌等，都可成为民族的一笔宝贵财富。

（二）通过布置课外作业、研讨式教学来培养学生查阅资料、梳理文献的能力并初步了解从事研究的途径和步骤

近年来，在学院召开毕业论文动员会时，常遇到学生表示对论文写作非常迷茫和困惑，不知道如何选题、怎样确定其学术价值、

收集资料怎样避免遗漏，不知道对资料如何鉴别、取舍，之后又如何思考并提炼出提纲等。在每年秋季批阅大三的学年论文时更是发现学生的论文令人头疼，难道是学生素质每况愈下还是他们此前三年压根儿没受到论文写作训练？同事们也深有同感[①]。而本科阶段没有学校开设“论文写作和治学方法”的选修课。我们认为，其中重要原因在于大学前三年各门课程学习中，教师有意识地训练学生搜集文献和处理分析的能力还很不够。鉴于此，古代文学教学中，我们常精心布置专题性作业让学生自己动手，亲自“下水游泳”，独立查阅后抽点时间课堂汇报。比如设计如下话题：

先秦诸子对社会的批判有哪些对立面和相似性？

先秦儒、道对言、意各有哪些论述，各持怎样的态度？你怎么看？

《史记》对后来唐宋八大家有哪些影响？

魏晋南北朝阶段的经典书信为何具有艺术魅力？今人写书信，可以从中借鉴些什么？

玄学极盛时有哪些流派？观点分别是什么？

……

这些开放式的话题往往具有跨度大、思考空间充足、需多方查阅资料才能圆满解答的特点。在学生自己动手一段时间后，引导他们娴熟使用“中国知网”、“硕博论文网”、“读秀网”来查阅、下载资料，并在软件上做笔记、消化信息，以及如何提炼出个人的观点、如何“接着说”形成个人创见等治学方法。作者一直认为，学生在大四不会写学位论文，此前各门功课的老师均应担负一定的责任。训练学生的文献搜集和信息处理能力，必须从大学前三年抓起。

---

① 这种情况在作者每年接触到的大四考研学生那里尤其普遍，感到“文学评论写作”无处下手，很难得高分。

（三）锻炼学生不拘泥于古、能适当迁移、活学活用的能力

无数古代作家虽斯人已去，但他们的心声、观念、品行、追求和价值等，都蕴藏于作品之中，千百年后，读者能感同身受、身临其境。况且学习古代文学不只是浏览“古董”，单纯继承传统，而应活学活用、发扬传统，虽然时空不同，但古、今中国人在爱恨情仇、生死别离等方面都有共同的境遇，以及面对人与自己、与自然、与社会等近似状况，息息相通，情理一也。因此，在学习古代文学作品时要不断地激活资源，挖掘传统，古为今用，以解决当前世人所面临的处境和各种问题。

90后大学生是富有个性但内心较脆弱的一代。比如，作者在教学中用屈原被排挤、放逐后流浪江边一步一回头眷念楚国、在《离骚》中血泪倾诉遭遇和忧患来激发学生的爱国情怀；用项羽的慷慨悲歌启发学生分析成败的主、客、内、外因；用白居易体察民情的千古诗篇激发大学生的人道情怀；用苏东坡屡次被贬却昂头填词写尽豪迈之风的坦荡和旷达来启发学生如何面对人生的困境、挫折和磨难……这方面的切入点不胜枚举、比比皆是[①]。关于如何解读作品实现其“古为今用”，是作者教学与治学的一贯追求，将另外撰文《古代文学教学中对作品的多元解读》详析，兹不赘述。

三、古代文学教师应具备的基本素养

古代文学课堂上，学生兴趣的激发，各种教学方法的灵活运用，教学模式的探索变革，以及学生能力的培养提高等，都离不开任课教师的主导和推动。曾听到一位中文系主任在学生论文选题指导会上说：教古代文学的一般都能讲现当代文学，反之则不能。可见，教学古代文学的确需要特别的专业技能和储备积淀。执教此课程究竟需要教师具有哪些素养？除学界认为需扎

---

① 这里作者向读者推荐台湾学者张高评先生的治学方法：平时读书、思考时记下零星的“切入点”，到时由点成线，皆可成话题，水到渠成。

实的国学功底、丰富的传统文化知识和文史哲打通的学术视野以外，作者无意于求全作答，这里仅结合教学实际体会再谈被大家疏忽的几点。

其一，要想从根本上改变古代文学不被大学生重视，学生普遍丧失学习兴趣的局面①，要求任课教师必须有大刀阔斧的改革意识和决定不移的改革行动。教师必须高度重视课程设置的必要性和积极进行改革的迫切性，才能避免古代文学课程在90后大学生中陷入可有可无的、“鸡肋”般的尴尬境地。通常一种教学模式尝试2～3轮后就需及时进行总结，并与时俱进地推陈出新，总结经验教训，或尝试别的多元化教学方式，比如微格教学、研究式教学等。要想使古代文学上得生动活泼，学生积极踊跃，教师必须因材施教，知己知彼，善于在激发学习兴趣、增强其综合能力等方面多做文章，多下功夫，不断探索出适合不同班级特点同时又体现自己教学风格的路子来。在这个知识爆炸和学习方式革命性变化的信息时代，任何无视学生需求与特点、固步自封地以一套教学模式或某一种教学方法作为万能钥匙和课堂拐杖的老师，终将落伍于时代，并在学生评教的环节被抛弃。

其二，任课教师必须有灵活调度各种批评方法解读鲜活作品的意识和能力，必须在理论视野、思维素养和知识储备上狠下功夫、不断更新。带领学生品读作品增强其鉴赏能力，需要教师在课堂上多次示范。“一把钥匙开一把锁”，不同的作品有其相应的解读方式，主讲教师必须相当熟练中外各种批评流派的理论与操作方法。过常宝认为：

> 古代文学作品选课程不能停留在语言和内容理解的层次上，而将作品的意义阐释让渡给文学史。教师应针

① 作者认为，这与当前学风极为浮躁，大众文化兴起后，读图时代到来对学生形成强有力的冲击有很大关系。

> 对古代文学的特殊性，注重培养学生对优美的语言和形式、精致的意象、细腻和复杂情感、不同人生境界等的感受能力，从而使学生对古代文学作品产生认同感、亲切感。同时，作品选课程还要交给学生描述、分析作品的方法，培养学生从作品本身出发的、有真切感受的表述能力，而不是基于文学史价值或其他社会价值的分析和判断能力。在这一教学过程中，通过介绍古代作品评点和赏析的方法，并以此为契机重建古代文学的欣赏氛围，是十分有意义的。总之，作品选课要将作品欣赏能力放在教学目的的首位。[①]

这就需要教师既要有扎实的批评理论功底，又需对作品有敏锐的感受能力。如前所言，只有对作品消化、吃透并竭力分析其审美特质，示范性地教给学生不同的品鉴方式和批评理论，才能切实增强学生欣赏古、今作品的专业能力，提高其专业水平。

其三，教师要有极强的文言语感，最好能亲自“操刀”，写诗、填词、写文。有人曾对执教古代文学数十年的老师不会识谱懂音律，不会在平仄规范要求下迅速作诗，甚至常年不从事文学写作，深表遗憾与责备。穿越时空，浸泡在三千年文学浪花中，要想领略其中的“味儿”，教师必须有较扎实的古典功底，其中写诗填词是一项重要能力，要争取学会，才能区分不同体式的文体特征，在点滴的抒情达意过程中，表达自己的人文雅趣。

古典文学是高校中文系一门传统学科，要想顺利实现教学目标并使学生在各方面获得锻炼和提高，由抗拒、排斥到顺应、亲近最后到融入、感兴趣，中间的过程是漫长而艰辛的，其改革与调试涉及备课、预习、课外作业、课堂视频等方方面面的话题，唯有在思

---

① 过常宝：《关于古代文学作品选课程建设的几点设想》，载《中国大学教学》2011年第8期，第44～47页。

考中总结、在实践中摸索，才能走出一条适合自身风格和教学需要的路子来。

第四节　中国古代文学教学的当代视野与致用精神

有学者指出，在高校凡是带“古”字的课都难讲，古代文学也不例外，这几乎是文史哲领域所有搞传统研究的教师共同的心声。究其原因，无论是语言文字还是作品内容，都和今天有时空之隔，注重实际功效、热衷技能考证的当代大学生无疑会生疏、冷落了古代文学。个中原因固然复杂，但这与古代文学教学模式机械僵化，教学方法陈旧单一不无关系。30 余年来，学界就这门课程的教学进行过诸多探讨[①]，先后涌现出很多值得一读、可资借鉴的好文章。有学者总结到：

> 二十余年的经验告诉我们：带“古”字的课能否激发出学生的学习兴趣，能否在授业、解惑之时亦臻传道之境，取决于教师是否既“资于故实”又“酌于新声”，是否“望今制奇，参古定法”，是否“文律运周，日新其业”。一言以蔽之：是否具有当代视野。[②]

况且，一切历史都是当代史，对于古代文学课程，无论是教学还是研究，今人必然也会打上此刻、当下的烙印。因而，作者认为古代文学教学要想真正走近当代大学生，为其青睐、喜爱并产生浓厚兴趣，必须首先自觉、主动和现实发生关联，体现出浓厚的致用精神。唯有如此，才能消除学习的陌生。

---

① 王洪泉：《中国古代文学教学方法研究述评》，载《福建论坛（社科教育版）》2011 年第 8 期，第 99～100 页。

② 李建中：《古代文论教学的当代视野》，载《中国大学教学》2009 年第 5 期，第 52～53 页。

一、宣扬并传承人文精神

古代文学课程学习的是大浪淘沙、披沙拣金后遗留于世的经典作品，透过一篇篇文字，千余年之后华夏子孙能鲜活地感受到中国古人的生存方式、抱负追求、审美趣味与人生境界。这对理解和接受能力极强的大学生来说，是一种极好的滋养与启迪。通过古代的诗词曲、骈赋等艺术作品，后人能透过静止的文字洞察它的主人当年的身世遭遇、个性特征与精神风貌。可见，古代文学是承传优秀文化、宣扬人文精神的经典课程之一，是大学期间对学生进行专业训练和人文熏陶的重要课程之一。而当前高校学子的人文素养如何，作者的确不敢恭维，有人分析曰：

> 高等教育的任务就是要培养高素质的创新型人才，使学生学会怎样读书、怎样做事、怎样与人相处、怎样做人。但目前在大学教育的指导思想上，存在着较为严重的"工具性"和狭隘的功利教育观念，在教育内容上表现为重理工轻人文，重专业轻教养，重知识轻能力的单纯职业化倾向；在教育的效果上，容易造成受教育者人文知识的欠缺和知识结构的失衡，天文地理文史哲等大学生应该具有的人文素养有些学生差得让人难以置信。一些学生民族意识淡漠，对中国文明史缺乏了解，对传统文化没兴趣，很多学生不了解"清明"、"端午"的来历，对西方圣诞节、情人节、愚人节等却十分崇尚。许多学生很少读课外书，即使读书也只是看那些"快餐文学"、"地摊文学"。……长此以往，将直接影响我国高等教育人才培养的质量和我国现代化建设进程。①

因此，当学生不断穿越历史接触到两三千年前的某篇作品时，学

① 江秀玲：《大学生人文素质培养与古代文学教学》，载《陕西教育学院学报》2011年第1期，第70～73页。

习的绝不只是识字、断句或理解其大概意思，而是作品所传达出来的丰富思想意蕴，尤其是作家作品所彰显出来的人文精神，值得今人吸收并传承，这是弘扬民族精粹的重要途径之一。近年来，也有部分学者认识到了这一点：古代文学课程并不是远离现实的历史存在，它与现实人生密切相关，其中蕴藏着对学生进行现代教育的大量人文精神元素和实用物质元素，等待着我们去发掘和运用。因此，在古代文学教学中，我们不仅要向学生传授文学知识，培养学生的人文精神，还要重视其实用价值，帮助学生实现理性知识向运用能力的转化。

如果我们在教学中，能够找到古代文学与现实人生的契合点，突出其人文学科性质，培养学生的人文精神，实现其化育功能，从而使古代文学与现实人生在精神上紧密契合。同时，还应该挖掘古代文学的实用价值，使之与现实人生息息相通。

中国古代文学是中国传统文化的载体和重要组成部分，浩若烟海的文化典籍和文学作品是华夏民族几千年思想智慧的结晶，其中包含着丰富的人文主义思想和人文精神。比如强烈的忧患意识、批判意识，大胆的叛逆精神，追求人格独立与思想自由，强调"天人合一"，强调人际关系的和谐，重视人伦亲情，肯定道德自觉，主张人格的自我修养，重视人生的价值，尊重并顺应自然等，都是中国人文主义传统的表现。①

大学生正处在人格形成的关键期，具有较强的可塑性。古代文学中的优秀作品是中华民族宝贵的精神产品，古代优秀作家身上的人格魅力在作品中闪耀着光彩，古人的人生态度、理想抱负、情感选择、生活智慧等，都融化在文学作品之中。②

① 喻芳：《寻找古代文学与现实人生的契合点——高校中国古代文学教学改革探索》，载《乐山师范学院学报》2011 年第 2 期，第 138～140 页。

② 甘松、袁晓薇：《应对挑战：对中国古代文学教学的几点思考》，载《柳州师专学报》2011 年第 1 期，第 98～100 页。

不厌其烦地引用多家观点，可见这已成为学界共识。前辈认识而深刻。因此，在讲授作家时不妨借鉴“知人论世”法，带领学生学习作家的人文精神，领略作品的人文气息。其方法有以下两种：

第一，引领学生提炼、概括此位作家最突出的人格魅力，或者将之融化到作品中去，在品鉴分析中逐步呈现出其个性气质、思想特征、情感基调等属于人文意蕴的因子。如讲到先秦诗歌、散文发展时，分析孔子一生周游列国、痴心不悔的弘道精神；孟子贫贱不能移的大丈夫气概；墨子为民非乐的苍生情怀；老子“上善若水”的淡然处世；庄子与世无争、逍遥遨游的超脱态度；屈原忠贞不移、上下求索、绝不妥协的爱国情怀；及至两汉以下，司马迁秉笔直书的实录精神和发愤著书的抗争品格；曹操志向远大、老骥伏枥的奋斗精神；陶渊明不为五斗米折腰、追求自然洒脱人生风貌；李白仰天大笑出门去、天生我材必有用自信精神与狂狷情怀；杜甫兼济苍生、忧国忧民的担当气概……这些被鲁迅誉为“民族脊梁”的代表作家，以其独特的文学成就和个性风貌而彪炳史册，可为后世历朝各代学生教育提供精神养分。教师不能只是满足于讲完作品的思想内容和艺术特色就画句号，还需有意识、有侧重地提炼、概括此位作家通过其作品传达出的“精神”、“情怀”、“抱负”、“追求”乃至“文化品格”，并感受其或丰富或激荡的心灵世界，这些似乎看不见的“软件”恰恰成为这名作家最闪耀的人性光辉，大浪淘沙传承至今，值得当今世人和子孙后代继续发扬。如学人所言：

> 我们应该用这种多向的、多维联系的思维方式对古代作家、作品进行全新的审视和诠释，从而激活作品的内在价值，挖掘出中国古代人文精神所倡扬的人生意义、人格修养、精神境界、气节操守、做人原则、审美追求等等宝贵财富，以拉近古代作品与现实人生的距离，使学生们能够感受到古代文学对于人的心灵启迪，从而构建自己的精神家园。

> 此外，我们还应该极力开拓古代文学作品的其审美价值，发现其人情美、人性美、道德美、结构美、韵律美、语言美、风格美。……可以让人以审美的眼光和心态来看待世界和人生，抛弃功名利禄的尘世纷扰，回归自然，找回自我，做一个行为高尚、充满智慧、富有爱心、同情心和宽容心的人。[①]

作家的人生追求和作品内涵体现出的人文精神，必将成为中华民族最宝贵的精神财富，对于个人，可以得到熏陶、增强素质、提升素养；对于社会，它将成为活水不竭的文化资源。

第二，针对当代大学生的身心特点和所处阶段，挖掘、总结作家在面对人生具体处境时的可取态度与积极做法，从而为年轻人导航。从广义上讲这也是对作家人文精神的一种传承，只不过更具实际指导性和现实应用性。当代大学生正处在社会急剧发展和转型的重要阶段，他们在享受物质财富带来感官愉悦的同时，在学业、生存各方面面临着更大的压力。然而作为“4－2－1”家庭结构中成长起来的一代，他们在面对求学、就业、婚姻、工作等各种现实问题时，常产生各种心理问题，因缺乏正确的引导而常走弯路，或在黑暗中摸索，或走上人生的极端。因此，古代文学教学中可以作家的人生态度和实践行动作为指南，为其生活提供启迪，及时导航。

比如讲到孔子，在总结早期语录体散文的发展及特征后，就孔子一生颠沛流离、四处碰壁、晚年回到鲁国聚徒讲学，一生不放弃宣扬儒家学说的人生经历进行总结，可为学生在遭遇挫折和不顺时如何正确面对和调试作范例；又如在讲到苏轼在朝廷受到打击和排挤、不断被贬、四处辗转的坎坷经历后，引导学生用对生活、对

① 喻芳：《寻找古代文学与现实人生的契合点——高校中国古代文学教学改革探索》，载《乐山师范学院学报》2011 年第 2 期，第 138～140 页。

自然的爱化解人生的不幸，可为学生如何形成一种积极人生态度进行熏陶与教育。如学人所言：

> 不为五斗米折腰的陶渊明，“鞠躬尽瘁，死而后已”的诸葛亮，“穷年忧黎元，叹息肠内热”的杜甫，“先天下之忧而忧，后天下之乐而乐”的范仲淹，等等。他们的思想情操和人格力量，无疑会给学生以心灵的陶冶，乃至震撼。因此，在教学中要注意将这些高尚的思想情操和人格魅力，逐渐渗透到学生的内心世界里，激励他们营造健康美好的精神家园。①

中小学新课标早就提出学习远不应止于知识层面，还应上升到价值和情感维度。其实，对于大学教学又何尝不是如此呢？然而当前很多大学教师却恰恰忽略了这一点。而这一点恰恰能充分发挥古代文学的“无用”之“大用”。这种讲法也恰恰是对学生最有益处、最有启迪的。总之，“在当前这个极其功利的社会背景之下，重温、反思和继承中国人文精神传统，对于唤起良知，唤起理性，唤起尊严，抵制物质异化，精神空虚，道德沦丧具有普遍意义”②。

二、与现实社会发生关联，与当下生活紧密结合

因教学理念的不同，加之课时很紧内容太多，这令当前许多执教古代文学教学的教师无暇顾及教学方法的琢磨和运用，只顾知识点的讲授而忽略了课程在当今时代的价值与意义的思索，未将古代文学与当下生活相结合，以激发学生的兴趣。有学者曾指出：

> 高校的中国古代文学教学中普遍地存在着一种弊病，注重基本知识的掌握，强调知识的框架结构，忽略对

---

① 李洪渊：《突显文学课美育核心地位的途径和方法——以中国古代文学教学为例》，载《贵州师范大学学报（社会科学版）》2011 年第 3 期，第 104～107 页。

② 喻芳：《寻找古代文学与现实人生的契合点——高校中国古代文学教学改革探索》，载《乐山师范学院学报》2011 年第 2 期，第 138～140 页。

> 作品的直接感知，特别忽视其实用价值的开拓，从而使得中国古代文学这门课程不能适应现代社会的要求，与现实生活脱节，成为一种历史的存在。为了解决中国古代文学教学中所存在的问题，摆脱困境，我们应该积极地寻找古代文学与现实人生的物质契合点，即挖掘古代文学的实用价值，提高学生的应用技能，促使这门历史悠久的课程焕发出生机与活力。[①]
>
> 当代大学生对带“古”字的课缺乏兴趣，其中一个重要原因是看不到课程本身与当下生活的关联。而我在“批判意识”的层面打通古今，使学生真切地感受到古代文论的思想和方法在今天依然有效，古代文论依然活在今天，活在当下。[②]

两位作者均撰文作出了自己的思考，值得借鉴。而在作者多年的研究中，也一直贯穿着挖掘传统、激活资源、观照当下、古为今用的治学原则，先后做过一些尝试和探索，略有几篇“豆腐块”问世。[③] 因而，在古代文学教学中，作者一如既往地坚持这一理念，使我的授课对象——最亲切的学生们真正获益。问题在于时空之隔，载体不同，古代文学如何和当下现实发生关联呢？其现实价值和致用精神又体现在哪些方面呢？这些都需要充分挖掘。除以上宣扬人文精神为当时生存提供智力资源、引导学生进行改编等“二度创作”外，尚有如下数端可以操作：

---

① 喻芳：《寻找古代文学与现实人生的契合点——高校中国古代文学教学改革探索》，载《乐山师范学院学报》2011 年第 2 期，第 138～140 页。

② 李建中：《古代文论教学的当代视野》，载《中国大学教学》2009 年第 5 期，第 52～53 页。

③ 参阅邓心强：《魏晋南北朝言说主体对中国当前批评的启示》，载《学术界》2013 年第 3 期，第 134～144 页；邓心强：《文艺必须虚实结合的当代阐释与文化思考》，载《理论与现代化》，2008 年第 5 期，第 95～102 页，等等。

其一，寻求古代作家人生境遇、生存环境与当前人们生活、工作的相似、相通之处，既帮助学生切实理解、体察古人的创作动力与作品内涵，也从中获得思索、启迪与借鉴。

如讲解庄子采用寓言、卮言、重言来言说其“逍遥游”思想时，就庄子所处的战国动荡不安时代与当下人们在物质文明高度发达后人心浮躁、陷入心理危机进行比照，在“异化”上寻找到共同点，由于学生生活在当下社会，对近二十年的精神危机感同身受，心知肚明，这将促使学生对庄子所处时代以及他在乱世中追求精神的自由、人格的独立有更深切的理解，也使学生对当前生存状况展开思索，下来可形成话题作文，发表思想随笔。又如讲到屈原《离骚》、《天问》、《涉江》、《哀郢》等篇章时，从当前很多大学生长期执着、痴迷热恋后，突然某一天被以“莫须有”的罪名提出分手，被对方无情抛弃甚至受到周围人奚落、嘲笑（即失恋），来观照屈原在楚国宫廷中的不幸遭遇与凄凉处境，这种“将心比心”的教学实则是通过设置类型情境让学生对创作背景和诗人的体验去感同身受，使学生在切入作品时不再感到隔膜与生疏（毕竟长期在校的青年学子经历和阅历都受限）。在讲到南北朝宫体文学（或五代十国花间派）时，以当前“美女写作”来观照文学创作的成败得失，学生对宫体文学的产生原因、时代背景和作品风貌等就有了较深入的理解和掌握。

以当下近似语境来比附和观照古代作家作品，能使教学具有亲近感，获得一种当代视野。当年在中央电视台一讲走红的“名嘴”易中天和余丹，莫不如此，他们采用的也是以当下场景和语境来疏通古代的人情事理。他们的讲坛以活泼、俏皮的语言传达出来，整个讲解“当代味儿”十足，通俗易懂，老少皆宜，其讲解策略和言说方式值得高校教师借鉴。

其二，以当前多种学科观照古代作品，采用不同角度进行解读，通过激活资源来阐发作品丰富而多元的内涵。

古代文学在五四之前是国学中兼采经、史、子、集的综合部分，后来随着引进西方学科分类后，逐渐独立出来成为一门专门学科。而五四至今，学科划分越来越细密。因此，当前学习、讲解古代文学时不能画地为牢将之局限于狭义的纯文学，而宜采用跨学科视野来解读作品，“横看成岭侧成峰，远近高低各不同”，研读作品采用的学科和角度不同，得出的结论和认识也往往迥异。

比如我们讲《聊斋志异》时，可以从女性主义的角度去分析作家的创作心态，可以用原型分析方法去解读其中的文学形象，可以用生态美学的研究方法理解作者对人和自然的异化描写，还可以从人类文化学视角去探析鬼狐意象的深层内涵。此外，我们还应该极力开拓古代文学作品的审美价值，发现其人情美、人性美、道德美、结构美、韵律美、语言美、风格美。①

所谓“道德美”、“结构美”分别是从伦理学、语言学角度去观照的。又如从现代管理学角度品读《三国演义》，从谋略学品读《水浒传》，从人际关系学品读《西游记》，从社会学品读《金瓶梅》，等等，不一而足，这种教学法如能娴熟自然地运用，使作品在解读中获得新意，自然建立起了传统与当下之间的关联。这尤其需要任课教师具有宽广的学术胸襟、开阔的教学视野，以及跨学科的知识结构，肯动脑筋肯备课，定能有新的创获，对其科研和教学也都是一种促进和提高。

三、锻炼学生的语言能力

古代文学担负有传承优秀文化、训练学生思维、培养审美能力、宣扬人文精神等多种功能，总之对学生的熏陶与锻炼是多方面的，虽有同仁做过部分探讨，这里作者仅选取“语言能力”维度稍作分析。所谓语言能力，包括口头表达与沟通能力，以及笔头写作能

---

① 喻芳：《寻找古代文学与现实人生的契合点——高校中国古代文学教学改革探索》，载《乐山师范学院学报》2011 年第 2 期，第 138～140 页。

力。学好古代文学，大的方面来说有助于提升学生的人文素养，小的方面来讲对语言能力也是一种积淀和磨砺。

（一）先看表达与沟通能力的提高

古代作品中很多经典语句成为后世的格言、警句，如“前师不言，后师之师”、“鲲鹏展翅九万里”、“人能弘道，非道弘人”、“人无远虑，必有近忧”、“我以我血荐轩辕”等千百年来传颂至今。此外，学习中还会涉及许多古代的歇后语、成语、典故甚至短小有趣的故事，这些如果任课教师布置给学生在一个阶段（比如学期）结束后及时总结和背诵，勤于积累，必将通过反刍在平时陆续运用到交际语言中去，有效地提高其处世沟通能力。

（二）再看写作能力的增强

文学是语言的艺术，进入教材的作品均是经过读者筛选和时间陶冶的经典篇章，在词汇、韵律、音节等方面独树一帜，成为后世借鉴和临摹的范本。本书仅从纯文学和实用文两方面论及。

一是长期浸泡在文采斐然的优美篇章中，能增强自己的语感，通过积累优秀篇章中词汇和语句，通过对作家写作技巧的揣摩和把握，能提升自己的写作能力。如当年高考获得满分的作文《赤兔之死》，若放入《三国演义》原书中也难分伯仲。此文用半文半白写成，一气呵成，风行水上。据记者采访，小作者长期浸泡在古典文学作品中，从构思、立意、结构、词汇诸多方面获得体验和灵感，在长期学习、借鉴、临摹中得到提高。这一案例具有很强的代表性和说服力。比如教学庄子后总结其寓言言说的特点与魅力；学习史传散文后，总结古人对辞格的灵活调度和娴熟运用；学习两汉赋作后，可采用铺陈手法即兴练习；学习南北朝的骈文后，借鉴其对偶句和华丽辞藻的文采之美；学习唐诗宋词后，学习古人“捻断数茎须”的一字千金精神……无论是某种文体，还是具体作家，教学中都可突显语言之美予以重点讲解和提醒，并及时布置相关作业，让学生勤于练笔。

二是在教学中以许多实用性公文为契机，结合当下办公自动化中常用到的应用文体式要求和现状不足，进行有的放矢的指导和习鉴。在传统社会，“文学”是一个不断发展和演进的概念，由最初近乎狭义的“文化”概念过渡到包含纯文学和实用公文，再到最后指向纯文学。因而，在古代文学教学中会涉及大量兼具文学色彩的实用公文，如书信体有司马迁的《报任安书》、诸葛亮的《出师表》；各种奏疏类有李密的《陈情表》、魏征的《谏太宗十思疏》；序跋类有李清照的《金石录后序》、文天祥的《指南录后序》等；其余的有陶渊明的《自祭文》、韩愈的《祭十二郎文》、《柳子厚墓志铭》、柳宗元的《段太尉逸事状》、刘禹锡的《陋室铭》……在古代，这些文章产生最初的功用在于解决某个具体问题，具有很强的应用性，因情志双美，艺术色彩浓厚，遂成为传世经典而进入古代文学作品选。而在办公自动化无孔不入的当前，会写实用文也是毕业生走入职场的重要能力之一，教师可从规范格式、语体运用等方面，结合当前公文千孔一面、冷静枯燥、空话连篇之不足，进行详细讲解，使学生感受到古代文学的实用价值所在。

教学是一门艺术，古代文学在当代大学的传播要深入人心，必须从改变教学方法入手，以当代视野观照古代文学，能使其焕发新的生机；彰显古代文学的致用精神，是实现传统学科古为今用的基本出路。作者所论虽不尽成熟，姑且抛砖引玉，以引发更多的教学同仁献出更加成熟和宝贵的建议。

第五节　中国古代文学教学中的网络资源利用与网络平台建设

自20世纪90年代以来，全民逐渐进入网络信息时代，办公自动化和多媒体技术在高校教学和管理中迷漫开来。传统的粉笔书写、口头讲授的格局受到了极大的冲击，也给高校教学方法改革提出了新的挑战。尤其是最近十年来，随着各高校多媒体教学的全面普及，利用专业网站、博客等新型媒介介入教学日趋受到高校师生的追捧和青睐。各高校也在教学改革中加大了对专业课程网络建设的支持力度，并在平时教学中不断重视多媒体教学的实施及其质量。对于古代文学来说，教学中网络资源的利用与网络平台的建设刻不容缓。

一、课程教学中对网络资源的充分利用

在信息时代，网络提供了无穷的教学资源，如果利用得当，将使教师备课事半功倍，课堂组织胸有成竹，课堂教学锦上添花，课后辅导如鱼得水。然而网络各种资源泥沙俱下，需要甄别、辨析，审视选取，应避免为图省事而盲目播放过多的视频，这必将减少必要的作品讲解时间，此是对多媒体教学的误解。“古代文学教学要想打破目前的单一模式，就必须放开眼光，充分吸纳和利用数字信息，拓宽古代文学的教学面，丰富其接受手段，鼓励和帮助学生利用网络平台辅助专业学习，引导学生将从网上获取信息的行为与专业学习联系起来，积极借助网络实现课堂教学的延伸和深化。”[①]依作者实践经验，教学古代文学可重点选取相关网络资源进行如下使用：

第一，利用多媒体制作醒目、简练、实用的教学课件，以醒目的符号文字呈现讲解的核心内容。一般每节课 20 片 PPT 为宜，中间穿插适量的图片和音乐，不宜过于频繁翻阅，否则由此前的“人灌”变成了“机灌”。首先，课件只是辅助手段，教师的重心应放在对作品的讲授、分析上，不能本末倒置；其次，制作课件不可过于花哨，形式压倒了内容，忽略讲解而只是追求图片和音乐的堆砌。再次，文

① 王志清、徐晓红：《媒介素养与高校古代文学教学实践》，载《淮河工学院学报(社会科学版)》2011 年第 2 期，第 98～100 页。

字也不可过多、过密，否则弱化了讲解而“照机宣科”，教学效果适得其反，当然，古代文学课程需涉及大量史料性文字，可发挥多媒体课件的容纳、直观功能。总之，利用多媒体制作课件来进行教学优缺点并存，这已引起学界关注①，教师需避免过于依赖课件。

第二，直观、形象地利用简短视频介绍作家。无论迅雷还是百度，都有关于著名作家的片花集锦，长短不限，5～15 分钟不等，如“中华上下五千年”对该作家的成长、个性和成就等有简单凝练的介绍，教师可自行控制时间。在图像时代，学生对视频的敏感要高于传统粉笔字和口头讲解。教师尤其可多搜集动漫式的人物简介，这种视频网上非常多，风趣、活泼、俏皮，深得 90 后大学生的欢迎。

第三，讲解到具体某篇作品时，辅以音乐背景和转化内容后的视频资料。前者如讲解李煜的《虞美人》(“春花秋月何时了”)、苏轼的《水调歌头》(“明月几时有”)和李清照的《一剪梅》(“红藕香残玉簟秋”)时，播放现代人谱曲、演绎的流行歌曲，传统诗词跨越千年而获得现代演绎而存活，学生会倍感亲切，从音节、旋律角度对诗词原作有了更进一步的把握和了解。当然，很多经典篇章在网络上都可搜集到名家朗诵或传唱，教师可多方比较后选择经典版本在课堂上随机播放，必要时可引领学生一同哼唱或朗诵。后者如徐建芳博士在讲解白居易的《长恨歌》前，先用幻灯片给学生放映戴敦邦依据诗作绘制的系列图片，同时配乐朗诵，把学生带入深切同情主人公悲惨命运的情境和氛围之中，对作品理解得也更加真切和深刻。② 或者是作家作品的相关报告讲座，可节选其中某段在课堂配套播放，时间紧凑，可布置学生课后自学，或者就是提

① 龙珑:《高校多媒体教学存在的问题及对策》，载《钦州学院学报》2011 年第 4 期，第 108～110 页。

② 徐建芳:《关于古代文学教学的思考》，载《邢台学院学报》2011 年第 2 期，第 77～79 页。

供路径和地址，学生自行下载观赏。在国学兴起、普遍重视挖掘传统资源来为当下提供养分的今天，许多经典作品的鉴赏已放入网络中共享，如重庆卫视的《读书时间》等节目便值得推荐和学习。

第四，经典叙事性作品的影视改编。在读图时代，很多经典的古作已被改编为连续剧或电影，有的甚至一再被翻拍，有不同版本问世。如讲解戏剧《西厢记》时可配套播放昆曲《西厢记》；此外，戏剧《牡丹亭》、《长生殿》、《红娘》等也已改编为电影或剧目，在教学中可选择性使用；目前四大名著均已被改编为电视连续剧，教师可节选其中片段来随堂播放，但不能以视频内容替代教师主讲，改编资料只是让学生通过更直观和形象的视频来加深对作品的理解。

利用网络进行多媒体技术开展教学，实则是将声音、图像、音乐、色彩、动画等组合在一起，从而形成形象逼真、情景交融的教学情境，使学生的学习积极性得到充分调动与发挥。它可达到三个方面的教学效果：一是使复杂的内容简单化、清晰化；二是将已知的内容新颖化、鲜明化；三是把静态的教学动态化、灵活化。[①]

二、课程教学网络平台的研发与建设

古代文学的教学不能只是向网络索取，这只是对教学备课发挥功效，而要真正推进学科建设，还必须进行网络教学平台的研发与建设，从而为师生双方的教与学提供便利。目前，国内部分高校和科研院所对此进行了建设[②]，但尚需与时俱进，补充新的栏目，填充新的内容，以不断完善。

（一）经典作品的电子版展示，方便学生及时下载、复制和背诵

目前，国学网站经、史、子、集栏目已有很多文献资料，但为便

---

① 栾为：《古代文学现代教育教学方法研究浅析》，载《黑龙江教育学院学报》2009年第12期，第183～184页。

② 如国内北京大学文学院、中国社科院文学研究所等单位建设的“古代文学”网站可供参考。

于学生在浏览学校建设的网站时顺带查阅资料，不妨取其精华，选择名篇名作予以刊录。顺带附上一篇有代表性的鉴赏作品，不求全面但求独到。尤其是对于千古名篇如曹丕的《燕歌行》、曹植的《白马王彪》等需要背诵的，要额外做出标记。这样，很多需要背诵的名篇在学生期末考试前，他们可自行汇总后打印出来，每天带在身边抢背抢记。

（二）章节的“导学训练”设计

袁行霈主编的《中国文学史》是目前国内通行本教材，网上有其全部简明电子版，可黏附在所建网站上（或设置“自动链接”），在每一章之后任课教师提供该章的“学习建议”，从整体内容、学习重难点、学习方法及相关要求、交代说明等方面做出整体交代和必要说明；然后就该章“关键词释义”进行简明扼要的阐发，也可将此作为期末考试中“名词解释”的试题库。此栏目便于学生知己知彼。

（三）学完某章节后，提供能进一步供课后研讨的相关“学术选题”

此栏旨在推动学生从平时学习中积极思考，寻找话题，逐渐学会不依赖外界辅导和提示就可独立从事科研，消除对学术的畏惧感。由主讲教师上完一节（或一个作家后）示范性地提供几个话题，涉及学术前沿，适当进行拓展和延伸。例如：

诸子散文的共性。

诗骚传统比较。

《诗经》中的赋、比、兴的具体体现。

“文学”观念在先秦、两汉的变迁。

屈原爱国精神与当前中国民族的复兴。

陶渊明田园诗与当前全民呼吁环保。

……

在每个话题后简练地做出“提示”，不求全面和深入，只需三言两语，为学生点拨和导航。这种短小精悍的选题可激发学生的学习兴趣，他们也可围绕选题写写思想断章或创作随笔，促进其活学活用的迁移应用能力，培养学生们从阅读和课堂中获得思考切入点的能力，使其逐渐形成善于言说的习惯。

（四）由师生共同提供随堂思考题

这类题目区别于书目中督促学生温习功课而附录的传统方式，其提供有三个鲜明特点：其一，确保题目质量，不拘泥于课本和课堂，要有一定的开放性和延伸性，学生在课堂学习之后，能通过查阅资料、独立思考后拓展成一篇小文章；其二，题目需具有一定的现实关怀，多从现实角度出发，实现古今的对话；其三，题目由师生共同提供，老师示范后，在每讲结束后发动学生提供，最后由教师把关和汇总上传。例如：

从修辞角度来看，墨子、荀子散文有哪些值得今人称道之处？

庄子的寓言对当前人们生存状况具有怎样的针砭功效？

诸子散文言说方式的特点及其魅力？

结合具体作品，分析骈体和赋体有哪些相似点和不同处？……

思考题来自学生中间又“服务”于学生，可极大地调动其积极性，增强其自主学习的能力，让学生发现问题，真正实现教学“以学生为主体和本位”的重大转变。

（五）相关资料的引申与拓展

此栏目在每阶段（或每章）后涉及，旨在拓宽学生的阅读视野，了解前人围绕此位作家作品或文学现象作了哪些相关研究，取得了何种成就，从而引领其逐步学习治学的步骤，熟悉其特点。具体来说，包括两个方面：

第一，围绕此作家的重要研究资料做出简介。如先秦学完后介绍：

《中国美学史》(第一卷先秦两汉编)(李泽厚、刘纲纪,中国社会科学出版社 1984 年版)

简介:本书第一卷分绪论、先秦、两汉三个部分。依据人的社会实践是美产生的根源这一基本观点,论述中国美学的基本特征和发展线索,确立中国美学史的对象、任务和方法。认为在禅宗诞生之前,中国美学以儒、道、楚骚美学思想为三大主题。

这就促使学有余力的学生去课外拓展,尤其对打算今后考研的学生来说,可作为复习的指南。

第二,此阶段其余重要研究资料的索引。这种索引资料可以是海内外公开出版的书籍,也可是高校硕、博论文,甚至是“中国知网”上有一定影响力和代表性的文章。只需提供书目无需提示,由学生自行搜索和下载。以先秦阶段为例:

论文:

(1) 王乙:《老子“言”、“辩”之美及其对后世文论的影响》,载《四川师范大学学报(社会科学版)》1986 年第 4 期,第 71～73 页。

(2) 王启兴:《孔子文艺观评价中的几个问题》,载《中国文学研究》1987 年第 4 期,第 88～95 页。

(3) 易先林:《孔子与庄子的自然美观》,载《中国文学研究》1989 年第 1 期,第 16～24 页。

(4) 林明华:《论〈庄子〉对自然美的描绘》,载《中国文学研究》1993 年第 2 期,第 13～17 页。

(5) 黄震云:《二十世纪楚辞学研究述评》,载《文学评论》2000 年第 2 期,第 14～23 页。

(6) 姚小鸥:《〈孔子诗论〉与先秦诗学》,载《文艺研究》2002 年第 2 期,第 36～39 页。

(7) 傅道彬:《“诗可以观”——春秋时代的观诗风尚

及诗学意义》，载《文学评论》2004 年第 5 期，第 102～115 页。

(8) 章必功、李健：《中国古代审美创造"物化"论》，载《文学评论》2007 年第 1 期，第 23～29 页。

著作：

(1) 任继愈：《中国哲学发展史：先秦》，人民出版社 1983 年版。

(2) 侯外庐、赵纪彬、杜国庠：《中国思想通史》，人民出版社 1957 年版。

(3) 赵敏俐：《周汉诗歌综论》，学苑出版社 2002 年版。

(4) 郭杰李炳海、张庆利：《先秦诗歌史论》，吉林教育出版社 1995 年版。

(5) 陈桐生：《〈孔子诗论〉研究——中华文史新刊》，中华书局 2004 年版。

(6) 刘绍瑾：《庄子与中国美学》，岳麓书社 2007 年版。

(7) 郭维森：《屈原评传》，南京大学出版社 2002 年版。

(六) 学生习作的批改和交流

学生针对随堂精心设计的拓展性问题所递交的作业(或补充查阅的有关资料等)，都可由任课教师收齐后传至网上，文后附录教师的辅导和点评，方便学生之间传阅浏览，此法不仅能极大地激发学生的学习积极性，锻炼其阅读、思考、写作方面的能力，也便于教师在申报教改项目时有据可凭，充实材料内容。

(七) 师、生双方博客的开通

近十年来博客发展极其迅速，其传播速度之快、范围之广、关注度之众，令许多传统纸质媒介望尘莫及。教师可在网站上开设两种博客，一是教师博客，发表教师的课程设想、研究项目、成果结论、读书心得等，甚至设置古代文学的若干小专题，随时上传拓展性资料，其价值一方面可缩短师生之间的距离，使学生在学习过程中不断了解、亲近教师，从而获得对古代文学学科的热爱；另一方面可将课堂上无法解决的问题转移到课外，既可弥补课时之不足，也能过促进学生自学来提高教学效率。二是班级博客，可让学生组长轮流主持版面，在此空间组织相关讨论，使学生在平等参与中享受学习的乐趣。

（八）常规网站课程建设的必备要素

常规网站课程建设主要包含古代文学教学的几个基本方面：任课教师简介、教学大纲、电子教案、多媒体课件、试题库、课程视频（如有条件录制）等，可参见“国家精品课程建设网站”相关栏目设置和资料准备。这些要素完备的过程也是此门课程内容进一步夯实、网络平台建设进一步规范化的过程。

我们处在一个依靠媒介传播知识和文化的全新时代，在执教古代文学课程的过程中，必须有开放的胸怀与宽广的视野，必须及时更新教学思维，变革教学观念，既要会“拿来”，善于积累、储备，为我所用，胸有丘壑；又要会“传播”，在教学实践活动中不断改变教学方法，将成果向同行推广。

以上所论关于高校古代文学课程教学中的网络资源利用与网络平台建设，只是作者不尽成熟的想法，有望在进一步的教学实践中逐步更新和完善。

正如很多同行所提及，古代文学作为一门传统学科，不仅课题不好报项目不好批，单就教学上得切合学生口味，也不容易。前辈很多关于此门课程的教学研究，的确给过作者很多启发，他们的好方式好措施好教法，大部分我都曾吸收后在课堂上运用过。随着近年来国学热的兴起和传统文化的复苏，不仅中学加大了文言文名篇的篇幅比例，各电视节目推出的诸如《见字如面》、《朗诵者》、《中国诗词大会》等，对于激发人们对中国古代文学的热爱都有莫大的帮助。这是一个很好的趋势，在国家大力倡导中华优秀文化的传承与弘扬[①]的今天，执教古代文学的老师是大有可为的。将此课程的教学融入课题研究和大众传播中，实现三者相得益彰，将是今后的一大趋势。

① 2017年1月25日电，中共中央办公厅、国务院办公厅印发了《关于实施中华优秀传统文化传承发展工程的意见》；其次，2014年3月，教育部向全国发布《完善中华优秀传统文化教育指导纲要》给全国各省，深入学习、贯彻执行。三年来社会各界纷纷响应；再次，2013年12月23日，中国共产党新闻网公布了中共中央办公厅印发的《关于培育和践行社会主义核心价值观的意见》，全文二十三段。

第三编　以学生为主体的高校写作学课程教学模式建构

写作学课程又名基础写作、写作理论与实践，它和公文写作、新闻写作等课程一样，是建构汉语文学专业学生“写作”知识板块的基础性课程之一。它的应用性和实践性很强，教师决不能只是纸上谈兵，单将一些理论知识和写作要点，而全然不去调动学生提笔写作的积极性。这决定了从事此门课程教学的教师最好能自己下水游泳，即对诗歌、散文、通讯、报告文学等，有爱好、会写作，最好发表过一定数量的作品。这样才不至于自己做不到只硬生生地要求学生去写，那样缺乏说服力，无法发挥任课教师应用的表率作用。会写是会教的基础和前提，但不是全部，如何教学写作学，还真是一门学问。作者在多轮教学中，曾做过些许探索，撰文如下以求教方家。

第一节　网络环境下当前高校写作学课程教学新探

世纪之交前后，社会全面进入网络时代，数字、读图、符号和信息成为人们交流、沟通乃至办事的核心关键词。这种新兴媒体极大地改变和影响着社会的方方面面。在教育领域，多媒体技术对传统的口头讲授、粉笔板书形成极大的冲击。当前，高校诸多课程正在网络环境中作出必要调整，使教学内容、教学方法、教学手段等适应信息化时代的变化与要求。中文专业的写作课程自不例外。近年来，部分教师就此话题展开过研究①，并具有一定启发性，但作者认为随着博客、飞信及微信等新兴交流方式的涌现，这其中还有很多问题值得思考和探讨。

一、建构师生共享、互动的网络平台

网络空间如能充分利用，定能成为师生互动的有力平台，它架构起任课教师和学生之间的桥梁，使双方都突破时空的限制，达到互动的及时性和便捷性。当前，高校写作课教学不能只是简单利用电脑来查阅资料和制作课件，应充分利用这一平台，发挥其功能，使之成为任课教师的“万能钥匙”，以及学生的得力助手。作者以为，可结合写作学课程的性质与特征，从如下几个方面去建构这一立体化平台。

（一）教师备课平台

教师备课平台这包括传统纸质备课教案所涉猎的全部内容，目前在国内部分高校均有开设。例如，写作学“课程教学大纲”、教学计划、教学要求、内容安排以及任课教师介绍等基本信息，其次，电子教案、简明教材和录像资料、多媒体课件是网络载体的优势所在。此外，电子版书目推荐、练习题及资料引申等也必不可少。当然，录像资料不见得一定是任课教师现场主讲的，凡是相关的均可，或者是导论和概要式的，以避免学生提前了解后较少出勤，对

① 这方面有近10篇文章，代表作有：杨晓英：《多媒体技术对高校写作教学的影响》，载《绍兴文理学报》2010年第12期，第34～36页；费育曼、赵陈晨：《高校网络写作教学模式的建构与教学反思》，载《江西科技师范院学院报》2009年第3期，第122～125页；林华：《多媒体和网络环境下高校写作教学模式初探》，载《理论观察》2006年第6期，第116～117页；韩啸：《论网络化的高校写作教学》，载《安阳师范学院学报》2006年第1期，第144～145页；杨棣：《信息网络化：高校应用写作教学的机遇、挑战与对策》，载《高等农业教育》2006年第1期，第55～57页；周柳波：《网络语境下高校写作教学的立体化培养模式探索——以柳州师专中文系为例》，载《柳州师专学报》2010年第5期，第100～103页；杨婷：《大学写作教学博客平台的构建研究》，载《科教文汇》2009年第16期，第112～113页。

教室课堂缺少好奇和期盼。备课平台不仅可供教师进行电子式备课，很多资源也可直接用来制作课件，便捷灵活，而且对学生开放后，可使其自主学习，增加了解，或者课后温习，以备巩固和强化之用。然而，当前部分高校普遍存在的突出问题表现在，这些栏目设置要么很空，要么很陈旧，没有与时俱进，经常更新（尤其是教案、习题和书目等）显得尤为必要。

（二）搭建学生学习的网络空间

据作者经验，搭建学生学习的网络空间可从四个方面去填充：首先，"文献资料"可为学生提前准备有关教材，或者获取书目后投石问路地进行阅读，以将写作课学习延伸到课外，尤其是涉及写作研究新进展的论文成果，可带领学生了解学科动态，触摸学科前沿；或者只是和写作内容相关的资料展示（如国内写作学会的综述等），也有助于学生扩大视野。其次，"网站链接"可引领学生进入兄弟院校写作课程建设网，或者能促进学生积极阅读、积累素材的网站都可，如"国学网"、"榕树下"、"学术批评"等。再次，"教学资源下载"可适当丰富一些，比如包括各省历代高考作文题、《美文》各期目录电子版、前几届学长的优秀习作、重点院校的考研文学评论题荟萃以及与写作相关的名家报告等视频资料（如余秋雨讲座、国内作家访谈等），只要不涉及版权且对学生提高写作能力有切实帮助的资料，都可提供给学生。第四，也可设置"练习题"（或"思考题"）栏目让学生当场检测，据参考答案自己评判。上机测试省时省力，也是当前网络发展的一大趋势。这些资料需要老师花大力气搜集和整理。

（三）师生互动平台的搭建

师生之间异地异时的互动凭借网络得以实现和延续。这大体又包括"教师答疑"、"师生讨论"以及"学生建议"三个栏目。"教师答疑"专供教师（同时或异时地）解决学生遇到的各种问题，以网络形式及时回复，在互动中解决学生困惑，也让教师了解到学生的所需所求，以便及时调整教学方式或进程。“师生讨论”则主要在师生之间、生生之间展开，可围绕课程讲授、写作体验等展开，忌将原本是QQ聊天的内容曝光。既然是讨论，最好建议每次抛出一个开放式话题，让师生畅所欲言。选派其中一名干部学生总结每次谈话的最终要点，以逐步改进学生的思想认识。“学生建议”栏则可反映学生对这门课程的感受、评价以及改进建议，包括对“教”和“学”相关的方方面面的看法，为让学生担负责任可采用实名制，以形成师生共同改进、相互促进和提高的良好学习氛围。无论哪种形式，“师生互动”平台的落脚点都在“学生”，而任课教师只是参与者，最终都是利用网络以指导和服务于学生，体现出新时期“以学生为本位和主体”的教学观。

（四）教学效果检测的平台

教学效果检测既包括学生对任课教师在“网上评教”，也包括由学生完成的“题库自我检测”的设置，还包括教师对学生作业的“网络批改”。从而“实现无纸化写作、无纸化递交、无纸化批改、无纸化考试的实践性教学环节。”[①]除期末考试外，学生的平时专业、自我训练都通过网络顺利完成，既便捷又灵活。

二、相关网络资料库的建设

网络作为一种新兴交流媒介，原本就深受80后和90后学生的喜爱。因此，写作学教学改革充分应利用学生们经常浏览网站的机会，来激发他们的写作兴趣，使其每一次浏览都有所收获。在网络平台上建构资源库比发放传统纸质资料的方式更加节省物力和财力，而且配以图画乃至背景音乐等，可更加唯美、形象和生动。此外，网络资源库还可弥补写作教学中内容庞杂、课时有限的不足，督促学生自己去补充知识，增长见识，拓宽视野。约略说来，资

① 费育曼、赵陈晨：《高校网络写作教学模式的建构与教学反思》，载《江西科技师范学院学报》2009年第3期，第122～125页。

料库的建设可从以下几个方面展开。

一是收集、呈现古今中外名家论写作的格言与警句。可分为绪论(整体认识)、材料、主题、结构、表达、语言、文体及修改等类别,数量不在多,而要精辟,具有代表性。例如:

> 性痴,则其志凝:故书痴者文必工,艺痴者技必良。(蒲松龄)
>
> 书富如入海,百货皆有。人之精力,不能兼收尽取,但得春所欲求者尔。故愿学者每次作一意求之。(苏轼)
>
> 感受最深的人才会有传神的笔调。(蒲柏)
>
> 唯有发自心灵深处的作品才能获得桂冠。(叔本华)
>
> 作品是心灵的精华。(叔本华)
>
> 写作是由不得我的事。好比我长了个疖子,只等疖子一熟,就非得把脓挤出来不可。(格林厄姆·格林)
>
> 写作不是用白发而是用识见;写作如春蚕吐丝,呕心沥血。
>
> 总的来说,一个作家的风格是他的内心生活的准确标志。
>
> 作家的风格应该是他内心生活的准确标志。一个人若想写出明白的风格,他首先就要心里明白;若想写出雄伟的风格,他首先就要有雄伟的人格。(歌德)
>
> ……

这种格言多语言优美,辅以精美的花边图案,能使学生眼前一亮,对他们的写作具有警示和启迪作用。可以在教学实践中不断完善和更新。

二是近代中、外作家的创作谈。和创作格言凝练精辟不同的是,这一板块集中收集了西方雨果、莫里哀、马克·吐温、司汤达等作家,以及中国鲁迅、郭沫若、冰心、史铁生等文学家们关于创作的各种感受、体会和认识,更多的是较详细的经验总结。例如:

练习写作有一个最重要的原则须牢记在心的，就是有话必说，无话不说，说须心口如一，不能说谎。（朱光潜）

好作品不是文字本身，而是从感情开始，有真感情才会有好文章。感情从哪里来？从感受、感觉、感动来。如果你是没有感情的人，那你就不要写作。（林清玄）

细细地观察生活是一种享受，我们要把这点享受还给孩子。不要刻意把它变成说为了写作文我才这样，不写作文而能观察也是很美好的事情，我们要把这点享受还给孩子。（梁晓声）

不要没有节制地表现自己的个人感受和悲欢离合。通过一己的情感遭遇来作为一种宣泄思想的工具。（韩小惠）

把虚幻和现实结合起来，让虚幻的东西产生说服力，让读者不觉得它虚，这是艺术造诣。（莫言）

写文章时究竟采用什么结构形式，要依据表现主旨的需要而定。（朱光潜）

写作技巧之类的书少看，也少给学生传授，多让学生涵咏经典，悟出理路来。

如果没有读者意识，不如自己写私密日记，不要呈现于世人。……

三是写作文献资料的介绍，相关刊物、著述和文章都可。比如陈列近三十年来写作学科发展演进历程中具有典范性的教材和著述，如刘锡庆《写作基础知识》、《写作通论》(1979)，路德庆《写作教程》(1982)，裴显生《写作学新稿》(1987)，佘树森《散文创作艺术》(1986)，潘新和《中国现代写作教育史》(1997)，董小玉《现代写作教程》(2000)等，既可展示每一代表作的梗概介绍和全书目录，也可作出凝练的评析，让读者可以管窥中国当前写作学科的演进态势。同时，选录国内写作学方面的专业期刊（如《写作》、《阅读与写作》等），对该刊物主办单位、栏目设置、电话邮箱等稍作介绍，以引领学生常去翻阅，并积极投稿。此外，任课教师率其团队在建设网页时应多关注学科前沿，平时做有心人，多收集国内外典范性的好文章及时予以刊登，如涉猎一个阶段视野较为宏阔的综述性文章：

陈文高：《论新时期写作教材建设及其理论风貌》，载《高教论坛》2003 年第 3 期，第 72～74 页，第 82 页。

尉天骄：《新世纪写作学的研究原则》，载《广播电视大学学报：哲学社会科学版》2002 年第 1 期，第 36～38 页。

或者集中探讨写作学某一专题的代表性文章：

黄炎权：《〈基础写作〉教学中的“多向性”思维训练》，载《天津电大学报》2002 年第 1 期，第 28～29 页。

沈敏：《大学生写作障碍及其原因探析》，载《零陵学院学报》2003 年第 3 期，第 55～57 页。

或者研究写作新话题的新文章：

杨棣：《信息网络化：高校应用写作教学的机遇、挑战与对策》，载《高等农业教育》2006 年第 1 期，第 55～57 页。

杨婷：《大学写作教学博客平台的建构研究》，载《科教文汇》2009 年第 16 期，第 112～113 页。

杨晓英：《多媒体技术对高校写作教学的影响》，载《绍兴文理学报》2010 年第 12 期，第 34～36 页。

虽然不见得配备电子版原文，但论文摘要和来源还是必要的，以方便学生了解概况，学会查阅，这对日后需读研深造的同学十分有益。这种资源库要经常充实与更新（教师通过布置作业让学生查阅后上交分享，既可督促他们去查阅、关注，也可适当减轻教师负担），不仅对引领学生养成良好的学习习惯有利，对迎接学科建设和检查评估也功莫大焉。

四是国内相关网站的链接。这是网络平台的常用功能，主讲教师精选国内能促进学生阅读和写作的网站均可，比如“公文网”、“榕树下”、“国学网”、“中国当代作家网”等，以及兄弟高校中写作课程建设得比较好的院系（如江西科技师范学院等）。

五是刊登学生的优秀习作，同年级或前几届学长的均可，只要具有典范性，在构思、主题、语言、文体等方面可圈可点，都可不拘一格地刊用。这不仅能起到示范作用，也能极大地激发学生的写作热情。虽然作为网络资源刊登文章的门槛要比纸媒低一些，但能让学生看到辛勤耕耘后的成果可以与大家分享，总是很欣慰的。一旦形成传统就可净化校园风气，后几届学生上路就轻而易举了。

这五个方面的资源齐头并进地建设，使学生既能模仿、借鉴前辈名流大家，又可看到自己的实践足迹，极大地配合了写作学课堂教学。当然，每一栏目和板块需要经常更新和维护，忌讳敷衍花哨或徒有形式，“挂羊头”压根儿“不卖肉”（这种现象在当下似乎并不少见）。

三、视频和文字资料的恰当运用

多媒体网络系统具有很强的人机交互功能，能很方便地进行师生之间、生生之间的信息交流。多媒体网络系统的突出优势表现在“教师在具体的教学过程中，根据教学目标和教学对象，通过周密的教学设计，合理选择和灵活运用现代教学形式，丰富写作信息，让学生在较短的时间里，掌握知识，提高能力的一种教学手段。这种现代化的教学手段集图片、声音、动画、视频等于一体，其信息资源的丰富性和教学的直观性是传统教学无法比拟的，它将课堂教学引入到了一个全新的境界”[①]。然而据作者观察，当前很多高校教师过于依赖或误解了多媒体技术使用，要么重大量视频的播放以形成形象感，忽视了必要而基本的分析讲解；要么不断地进行

① 杨晓英：《多媒体技术对高校写作教学的影响》，载《绍兴文理学报》2010年第12期，第34～36页。

课件翻页，且文字过多过密，上课如同念经一般，有照本宣科之嫌，学生自然生厌。这已引起学界的警惕和重视。① 就写作课程而言，如前所注，部分教师已就多媒体技术如何应用于写作教学进行了探索，这里作者无意于谈论课件教学的利弊，只结合写作教学体验，集中谈些可操作的要点和需要注意的方面。

视频并非越多越好，而是必须和所讲内容紧密相关，主讲教师要善于剪裁和取舍。这似乎是一句空话，任何一门课程都应遵守，然而当前很多教师为了发挥多媒体的直观性和生动性功能，在视频选取方面比较盲目。写作课要在不断地实践之间串讲很多理论知识，引导他们去实地“下水游泳”，正是课程的性质决定了它不可能像中国传统文化、中国现当代文学那样使用很多配套视频来增强形象感。当前关于作家创作谈的一些视频也极为有限。教师只能在讲到“观察”、“构思”等专题时播放一些社会热点话题或生活场景，让学生现场即席写作，或者以“插曲”和“片花”的形式上来形成话题素材，比如通过两幅绘画构图、色彩的对比展示，让学生进行细致观察区分异同；听一首音乐让学生发挥想象，写出个人独特的生命体验；或者在指导学生如何写影评文体时，适当地播放电影的某一部分，已进入“语境”之中；或者讲到某一公文格式时，链接到政府网站现场演示（不具备讲坛上网的教师也可采用电子版扫描后上传）。总之，多媒体的利用必须紧密结合具体知识点，以服务于教学目的为根本旨归。虽然写作课运用视频教学的机会不及文字多，但只要任课教师平时多留意，搜集和储备相关资料，积少成多，教完几轮（届）后，最终总可以得心应手的。

利用网络进行多媒体教学固然有其优势和长处，但作为“双刃剑”其缺陷和不足也是极为明显的。作者以为，如下三点是操作中

① 刘玲：《多媒体教学手段的利弊透视》，载《湖北函授大学学报》2011 年第 8 期，第 89～90 页。

需要格外注意的。

一是任课教师必须平时熟练备课、打开思路，形成“大写作”观念，做生活的有心人来储备素材。将“写作”纳入社会生活之中去浸润和磨砺，毕竟写作的“取材”来自包罗万象的现实生活。因此，任课教师不能只是满足于把写作理论知识讲解得全面而完备，必须增加学生执笔锻炼的机会，要在实践活动中增强其写作能力，书本讲授可贯穿于其中。[①] 只有形成“大写作”观念，搜集和整理视频、文字资料才更加开放和多元，不至于面对知识要点捉襟见肘，或者导致视频、文字内容极为单一和贫乏。

二是课件的制作与资料的运用不可太过花哨，使形式大于内容，展示过多，讲解过少，本末倒置。多媒体技术只是一种教学工具，发挥电脑功能，作为教学的辅助，主讲教师不能在声音、图像、文字的编辑方面只求形式完美，而忽略基本的口头讲解和知识分析，以至喧宾夺主。当多媒体的平面展示代替了必要的讲解时，学生对知识点的理解和掌握无法得到落实，而且其思考和感受的能力被剥夺殆尽，这是需要引起警醒的。此外，课件教学切忌照本宣科，教师必须提升教学技能，形成“以学生为本位和主体”的教学观，发挥课堂的主导作用。

三是多媒体教学不能减少学生的执笔锻炼的机会（尤其是课时很紧时）。写作能力的提高绝不只是靠教师口干舌燥、苦口婆心讲解得来的，何况许多学生对较空泛的理论知识退避三舍，望而生畏，增强笔头表达功夫必须仰仗多读、多思、多写三结合。尤其是学生练笔的机会不得剥夺。教师必须经常结合视频、文字等教学资料布置学生感兴趣的话题（如你如何看待近年来高官落马现象以及郭美美事件？网络犯罪现象？针对近年来大学生就业难，你

① 所幸近十年来已有多名教师认识到这一问题，详见郑欢欢：《改变写作教学困境的几点思考》，载《中国大学教学》2005 年第 7 期，第 34～35 页。

认为在校学生如何调整努力方向?)，督促他们勤写、多练，在亲自“下水游泳”中体会写作的各种奥秘。基于课程的性质和特点，写作学锻炼的机会比别的课程翻翻。

四、必要的叩问与忧思

网络的出现带来高校教学观念与方式的全方位转变，多媒体技术对传统教学形成强烈的冲击。高校写作课亦不例外。在网络渗透社会各个角落并影响着人们的思维观念、生活习惯和学习方式的大环境下，网络对高校写作课教学带来的诸多现象值得深思。

第一，网络和读图时代到来，学生思考问题的能力(简称“思考力”)和体验、感受的能力正在日趋弱化，读者如何形成富有个性的独特创见有时似乎是一种奢望。众所周知，网络是一个无穷宽广的世界，泥沙俱下，精华与糟粕并存，而学生如无明确的上网查阅目标和较强的判断鉴别能力，极易陷入资料的海洋无法自拔，在不断的链接中耗时耗力；并且在贪婪和占有心理的支配下，不断粘贴复制、占有资料，甚至在读屏中不断“追赶”，丧失了阅读中必要的思考和琢磨，这对写作是不利的(而传统的纸质阅读伴随着墨香、圈定和静思，恰恰能避免这一点)。并且，不改革“展示型”的课堂教学局面，学生被动地陷入平面化的信息接收，真正地“学而不思则罔”。尤其是当前一些多媒体课件教学因课时紧凑而间接剥夺了学生的参与机会和思考时间。“我思故我在”，任课教师要在增强学生思考力方面多想办法多作指导。

第二，学生易在网络浏览中投机取巧地“复制＋粘贴”，缺乏情感训练，忽视通过社会实践来积累写作素材。当前信息时代学生过于依赖网络上的各种资料，减少了各种亲自参与社会实践的机会，甚至有的学生误以为不去接触广阔的社会，不在活动锻炼中也可以写得一篇好文章，他们利用大量网络资料直接重新整合，适当添加自己的观点就可完成一篇文章。然而这对写作抒情类文章是行不通的。言为心声，诗缘情而绮靡，写作是个体情感的表达，而人的喜怒哀乐、悲欢离合各种情感体验都需从社会实践中培养和增强，剥夺了情感体验的根基，无异于釜底抽薪。因此，作者认为，当前高校写作学教学除充分运用网络优势，进行资料库建设和多媒体技术教学以外，还需任课教师多利用暑假带领学生参加各种实践、带队实习以及进行相关调查等机会，指导和带领学生在生活中尽情地去体验和感受，督促学生抓住日常生活中难忘的瞬间，并将之转化为笔头灵动的文字。

第三，在网络时代写作，应竭力避免毫无文采的口水化语句和随意化表达。随着网络语言的低俗化和大众化，很多学生善于吸收和转化，运用到写作中来，往往缺乏斟酌和推敲，常使表达不够准确和妥帖。我们不否认当前很多网络语言具有俏皮性和生动性，易于让大众理解和接受（如 GG、MM、DD 之类的语言），但作为写作使用的书面语言，还需要进一步提纯与净化，使表达更加准确、生动、顺畅和富有文采，这是当下创造美文的基本要求。而当前很多 80 后、90 后在写作表达上很随意，往往通篇语句口水化、碎片化，“不讲究炼字，不讲究文辞的修饰，语句构成简单而无所顾忌，显得粗糙、原生态，别妄谈生动形象与美感”[①]，没有多少文采，更谈不上表达的意境了。且看如下这段学生习作：

> 大海啊，全是水。
>
> 如果我有翅膀，我就能飞。我有翅膀吗？没有，所以我没有办法飞。如果把整个太平洋的水倒出来，也浇不熄我对你爱情的火焰。整个太平洋的水全部倒得出吗？不行，所以我并不爱你。[②]

---

① 周柳波：《网络语境下高校写作教学的立体化培养模式探索——以柳州师专中文系为例》，载《柳州师专学报》2010 年第 5 期，第 100～103 页。

② 于德信：《网络文学对大学生的影响》，载《现代教育科学：高教研究》2008 年第 1 期，第 161～162 页。

观管窥豹，可见一斑，类似语言充斥全篇，足见其词汇量的贫乏和基本功的缺失了。在网络出现以前，读书人长期阅读纸质书籍，习得的多是经过推敲、修改和过滤过的语言（如“春风又绿江南岸”、“红杏枝头春意闹”、“僧敲月下门”等），在准确性和优美性方面要远甚当前，语言的提纯和净化是很多文章具有优美意境、良好文采、耐人寻味及传诵千古的重要原因。而当前在网络环境中成长起来的一代学生，如不取长补短，在积累丰富的语言方面狠下功夫，放任网络语言的侵蚀和个人表达的随意化，必将导致日后整个民族语言运用力的弱化，乃至民族写作素养的集体滑坡，但愿这是作者杞人忧天。

网络环境带来社会的全方面变化，多媒体技术改变着当前高校写作学课程教学的内容、方式、手段和效果，任课教师既要投入心血、组建团队、与时俱进地精心建构各种资料库，也要在教学过程中恰当地使用视频和文字资料，努力增强自身学科意识，提升自己的教学技能，克服网络和多媒体教学带来的负面效应，终能开拓出新时期写作课教学的一片新天地。

第二节　当前高校写作学课程学生兴趣的激发

写作学是我国高校中文系一门专业必修课，是增强学生笔头表达能力的基础课。近年来，随着新时代大学生在网络和读图时代读写能力的弱化，以及社会对写作能力的重视，不少专家已呼吁在重点高校对所有新生开设写作课。[①] 然而不容乐观地是，有人曾对近 100 名大学生进行过问卷调查，结果发现对写作感兴趣的学生仅占 35%左右，不感兴趣的则占 65%。在回答“你为什么写

① 王子淳：《试谈提高当今大学生的写作能力》，载《南京理工大学学报（社会科学版）》2008 年第 5 期，第 85～88 页。

作"时，一半以上的学生选择了"完成任务"。[1] 而第二项调查则显示，学生对写作教学的评价普遍不高，63.74%的学生认为写作教学对写作帮助不大，24.84%的学生甚至认为根本没有帮助，只有11.43%的学生觉得写作教学起到了积极作用。[2] 而第三项调查显示，"约有52%的学生对自己写出来的文章不满意，在语言文字的运用上捉襟见肘。除此以外，还有约17%的同学根本无法将生活中的感悟用文字表达出来或很难写出来"，"86%的学生几乎从未在报刊发表过文章"。个中情况让人忧思。这些调查都集中表明，当代大学生普遍对写作存在畏惧感，兴趣不大，笔头功夫不敢恭维。有学人曾对当前写作教学实效性不强的表现、大学生中存在的写作危机等进行了深入分析，[3]这里作者结合多年教学的经验和体会，就如何提升大学生对写作课的兴趣，转化其写作状况，集中谈一些自己的看法。

一、充分利用网络和多媒体技术教学，发挥视觉与听觉功效，建构写作学师生互动平台，积极进行写作资料库建设

世纪之初，整个社会全面进入网络时代，多媒体技术对高校教学产生重大的影响和强烈的冲击。很多教学内容、教学方法和教学手段都急需调试与更新。就写作课而言，任课教师可利用网络人机互动交流的长处，发挥多媒体教学将声音、图画、文字相结合形成视觉、听觉共同作用于学生感官的优势，在搭建立体化的网络

---

① 沈敏：《大学生写作障碍及其原因探析》，载《零陵学院学报》2003年第3期，第55～57页。

② 莫顺斌、孟丽华：《高校文科学生"写作状态"调查》，载《零陵学院学报》2004年第5期，第195～201页。

③ 杨棣：《信息网络化：高校应用写作教学的机遇、挑战与对策》，载《高等农业教育》2006年第1期，第144～145页；陈如毅：《论提高高校写作教学实效的策略》，载《沙洋师范高等专科学校学报》2009年第6期，第62～64页；沈敏：《大学生写作障碍及其原因探析》，载《零陵学院学报》2003年第3期，第55～57页。

学习平台，制作形象直观的PPT课件，以及充实完善写作课资料库建设方面多做努力。

有人曾对传统写作教学的劣势作过集中分析，认为作文教学程式化，学生缺乏新鲜感，缺乏写作兴趣，缺少主动学习和探究的机会；学生的学习能力受到太多的限制，难以激发写作动机；学生缺少必要的生活情境，作文教学重形式轻内容，写作时难以下笔；教师批改作文周期较长而效率低下，难以做到给每个学生及时反馈，师生之间缺乏交流；学生的作文成果束之高阁，缺乏生生之间的横向比较，竞争意识淡薄，享受不到成功的快乐等等。[①] 而这一切几乎是对当前高校写作课教学的某种"白描"，是课堂教学存在弊端的一个缩影，其形成原因固然是复杂的[②]，但很大程度上可以通过多媒体技术得以规避。网络写作教学运用现代教育理论和信息技术，通过对教与学过程和教学资源的设计、开发、利用、评价和管理，以实现教学的优化。

费育曼老师曾设计过"网络写作教学平台"值得国内同行参照和借鉴，它涵盖资源库管理平台、网络备课平台、用户信息管理平台、作业和成绩管理平台、师生课外交流平台等。具体设置包括课程资源、讨论、答疑、任务（作业、测试、考试）等模块，进入课程资源后，又可进一步设以下栏目：课程公告、课程特色、教学大纲、教学计划、电子教材、授课教案、授课录像、多媒体课件、学生作品集锦、

① 费育曼、赵陈晨：《高校网络写作教学模式的建构与教学反思》，载《江西科技师范学院学报》2009年第3期，第122～125页。

② 顾承倩：《当前写作教学效率低下原因浅析》，载《淮南师范学院学报》2007年第2期，第121～122页；肖晶：《大学写作教学的困境与创新能力培养研究》，载《广西民族师范学院学报》2010年第6期，第125～128页；武少辉：《高校写作教学所处困境及改善途径探析》，载《牡丹江教育学院学报》2008年第3期，第116～117页；胡剑平：《大学写作生态的"沙化"现象研究》，载《中国科教创新导刊》2008年第29期，第31～32页，第34页。

课堂优秀作文选、参考文献、相关网站、课题研究、教学资源下载等。[①]也有高校将其设置为“写作技巧汇聚”、“阅读研讨”、“专项训练”、“作为评改”等板块，利用博客平台进行教学，[②]值得国内同行借鉴。

除此以外，作者认为还可从如下方面建设“写作课资源库”，供学生浏览和习鉴，以尽可能地扩大学生视野，增强其知识储备，具体包括“优秀习作”、“重要研究论文介绍”、“国内主要写作刊物”、“各地报纸副刊”等栏目。这样，活泼多样的网络资源设置和分配，能部分地克服传统凭借粉笔和口头讲授的不足，激发学生的写作兴趣。当然，对于制作课件、运用多媒体教学，作者认为尤其要注意三点：一是尽量避免对学生思考力的弱化；二是配合课程，增加学生执笔锻炼的实践环节，培养学生的感受力和体验力；三是督促学生多读纸质美文，多向传统经典吸收和储备语言资源，少些随意化和口水化的“白开水”式写作，提升文章的文采。

二、增强现场感，运用情境与案例法教学

写作学所包含的取材、主题、构思、表达、文体、修改等八大块的确需要涉及许多理论知识，从基本要求上改变学生的认识，尤其是公文写作更是有很多规范化的格式要求。通常而言，书本理论比鲜活现实要抽象得多，它多以概念、要点和注意事项形式呈现，显得冷静和理性，对高校大学生缺乏吸引力。然而写作教学的最终目的必须使书本理论转化为行动自觉，写作能力的提高需靠学生执笔用形象、生动、优美的语言表达来证实和体现。如前人所言：“写作课属于应用性课程，写作课的理论和知识都是为指导操

① 费育曼、赵陈晨：《高校网络写作教学模式的建构与教学反思》，载《江西科技师范学院学报》2009 年第 3 期，第 122～125 页。

② 杨婷：《大学写作教学博客平台的构建研究》，载《科教文汇》2009 年第 16 期，第 112～113 页。

作而存在的。而文章的生成又都是基于一定的社会生活实践情境的，因此，写作教学必须要带领学生走出学校，接触和了解社会实体，在此过程中教师引导学生熟悉特定文本生成背景、收集写作材料。”[①]因此，写作教学中如引进情境和案例相结合的教学法，则能有效避免当前写作课教学的枯燥和单调局面。

比如教学公文写作中“会议纪要”这一专题时，先简要地讲解“纪要”的基本格式后，不妨采用现场模拟和即席写作的方式来组织教学。选派五六名（或稍多一些）学生现场举办一个圆桌会议（强调现场感，而不必寻找专门的会议室，搞得很隆重），有教师担任主持人，抛出事先准备的、和学生生活密切相关的，让他们都有话可说的话题——如大学生可否谈恋爱？大学课余时间如何支配？如何处理专业学习和大学过级考证之间的关系？等等，供参会人员发言讨论，二十多分钟后由指派的会议秘书代笔撰写成会议纪要，与会同学修改完善，最后由老师现场详细讲评，既参与又见证，这样学生便记忆深刻，很快能领会纪要的格式和写法。现身说法的效果是任何单纯理论讲解所无法达到的。又譬如讲解“调查报告”的撰写时作者本着贴近学生生活的原则，布置“当前大学生选修课现状调查”的调查题目，现场将班上学生分为四组，分别负责制作问卷、接受调查、问卷回收与分析、执笔撰文，一周后结合文稿讲解调查的步骤和注意事项，这也会给学生深刻的印象。如讲到“修改”专题时，给每位学生发放一份在结构、语言、细节等方面存在很多错误和纰漏的范文，让学生当堂修改，然后互改和小组汇报，最后由教师加以总结。只要转变教学观念，无论是高校基础写作还是公文写作，都可以创设很多情境来予以教学，从而使理论讲授变得直观、活泼而生动。

---

① 徐岚：《高校写作教学新模式研究》，载《中国成人教育》2007 年第 21 期，第 161～162 页。

显然，情境式教学法有助于调动同学积极性，使他们在参与中感受和掌握理论知识与书本要点。但需要注意的是，教师所选话题必须紧密贴近学生生活实际，让绝大多数学生有话可说或愿意参与。其次，教师只是扮演组织者和引导者的角色，要竭力使学生成为教学的主体，充分调动他们的积极性和主动性。

三、创造条件“走出去”和“请进来”，组织和利用好各种实习、社会实践活动来训练写作

写作学教学不能只是封闭于课堂上，必须“开放”、“搞活”，[①]与生活大舞台联系起来。由于写作课内容庞杂，课时有限，要想取得理想效果，必须创造条件“走出去”的同时，也“请进来”，进行血液的更新与互换。

（一）如何“走出去”

所谓“走出去”即表明写作能力的提高不能单纯仰仗于课堂书本教学，还必须在读万卷书之余“行万里路”，大量利用各种活动和实践去锻炼，必须与火热的生活进行碰撞和对话，深入其中去尽情观察、感受、体验和吸收。这不妨从如下三个方面展开。

首先，充分利用校园各种活动来锻炼自己的写作能力、沟通能力和协调能力。比如每年参加一次演讲会和辩论赛，或者其他的开幕式，这促使学生根据特定场景或转变角色构思文稿，训练文笔，在活动中去感受和调试，任课教师及时跟踪并指导其文稿的撰写和修改，使其在参与中领略不同文体的基本要求。一些同学可在学校教务处、学生处勤工俭学之余，为领导出席会议撰写发言稿，对锻炼其文笔也是一种促进(学生为完成领导的任务写稿比在课堂上随机联系要认真得多，有积极性得多)。有教师主张学生可

① 陈如毅在《论提高高校写作教学实效的策略》(载《沙洋师范高等专科学校学报》2009 年第 6 期，第 62～64 页，第 78 页)中分析“提高高校写作教学实效的对策”时，就曾提出过此概论，作者赞同。

在校内成立自己的报社和杂志社，机构设置与正规报社、杂志社完全相同，采用全员聘任制。所有职务均由学生担任。定期出版报纸和杂志，作为学生内部交流的资料。学生在调查和采访，策划和组稿，撰稿和改稿中得到锻炼。总之，大学是一个大舞台，是社会的一个缩影，学生可充分利用社团、办公室、各种活动和媒体报刊等来训练自己的写作能力，在活动和参与中得到切实提高，为以后走向社会（那里写作范围更宽广，笔头要求更高）打下基础。

其次，利用每年学生参加暑假社会实践或相关调查的机会，锻炼写作能力。大学四年在校的三个暑假除大三结束后很多同学转向考研复习以外，至少有四个寒暑假供学生参加校方要求的各种社会实践活动，教师可协作班主任或辅导员，在出发前布置适量的作业，比如调研报告、周记、话题作文等，待学生返校后院系组织征文比赛，并通过奖励机制来激发学生的参与性和积极性，确保社会实践和相应写作的实际成效。也有老师主张院系应常与各县市地区的报社、杂志社、电台、电视台合作，成立实习基地，推荐学生去实践。因为有编辑和记者的指导，工作比较正规和系统。实践的目的性较强，对学生能力和素质的提高具有十分重要的意义。此法很值得尝试和推广。

第三，利用学生大四实习归来推动写作示范和讲解。以作者所在单位为例，汉语业文学专业学生在大一基础写作、大二公文写作、大三新闻写作修完后，就需联系媒体或办公室进行实习了。他们返校后都在记者、编辑或上司的带领下，“满载而归”，有的一个暑假刊登出二十余篇稿件。我们集中做了两项工作：一是及时进行写作交流和总结，学生畅所欲言，深化了对观察、表达能力的体认。二是将这些发表出来的作品分门别类，供下几届的学弟们参观和浏览，以增强他们的写作自信，激发他们的写作欲望。同时，任课教师就学生实习写作中遇到的各种问题进行分析和总结，有针对性地予以指导和升华，这对低年级学生也是一种“现身说法”。

（二）如何“请进来”

所谓请进来即是“大换血”，使写作课教学不限于一人主讲，而是“转益多师是汝师”，让学生受到多种写作观点和思想的全方位冲击，学习一些书本上学不到的知识和经验。

首先，各院系可以根据自身条件，适当聘请一些作家、记者、编辑、秘书等来校为学生做报告，让他们和学生面对面接触，结合自身经历来谈写作的体验、经验与甘苦等，对在校学生的触动比任课教师讲坛上反复强调甚至更有成效。有的院校利用老师人脉和资源，每年请一类人（学者、作家、记者……）来主讲，值得提倡。如华中科技大学设立驻校作家办班或授课，已成惯例。此法值得借鉴。至少能保证四年求学期间学生能接触到1～2类人来“现身说法”。作者所在院系曾在2013年6月请来《中国矿务报》的主编来讲解，据学生反映较受启发，并且带队去媒体机构实习时还请了电视台多名主持人现场讲解和交流。实践中培养出来的上手快、笔头过硬、适应性强等能力，是我系毕业生近年来就业去向较为理想的一个重要原因。

其次，如果一些高校条件有限，可就地取材，聘请校内相关教师来主讲亦可，榜样的作用是无穷的。甚至请已毕业的校友，或者在校研究生或高年级中写作能力比较强的学长为低年级学生做讲座，现场交流，均可实现校内资源共享。总之，要有“开放”的教学观念，请人进来协助教师讲解，对激发学生写作兴趣必有帮助。

“走出去”与“请进来”双管齐下，必将能突破现有单一课堂讲授的格局，实现写作教学的多元化。当然，这需要院系领导的经费投入和主讲教师的人脉资源。

四、建立写作档案或现场面批，以尊重学生个性，因材施教展开教学

每个学生在学习基础、知识结构、价值观念、审美心理等方面都是独特的，是不可取代的“这一个”。其个性特征、人格表现都是

迥异于他人的，这决定了当前高校写作必然以学生为本位，以学生的发展为核心，尊重他们的个性，因材施教地予以培养。这是激发学生写作兴趣的前提。

第一，建立学生写作档案，对学生的写作基础进行全面摸底。开课伊始，通过问卷调查了解学生对写作的各种认识，自我剖析在写作方面的优势与不足。然后，全面批改某次学生上交的作文，做好批注和分类工作，了解每一个学生写作中出现的问题，就共通性毛病进行诊断和记录。这样通过直接批阅和间接问卷等方式，对学生写作功底有一个梗概把握。便于以后每次作文批改时有的放矢地予以纠正和提高。在课程中间和结束时再对照原始档案，来看学生在哪些方面取得了转变和进步，并形成经验性认识。这就要求教学过程中，教师要经常与每一个学生进行单独交流和个别指导。当然，这需要老师付出很多心血，但细致的工作往往能取得可喜的成效。

第二，适当进行面批，增加与学生单独谈话的机会。很多学人也认识到大学扩招后当前大学生素质普遍降低的现实，认为这与学生增多、大学门槛降低有关，因此面批作文似乎有些一厢情愿。然而，逐一面批的教学效果是班级集体教学所无法替代的，每一位学生在写作方面存在的问题是各不相同的，教师针对学生存在的具体问题予以指导，加强了教学的针对性。这比老师写评语学生浏览后一放了之、根本不加审视和总结的效果要好得多。也许学生量大，教师无法逐一面谈，但选择学生常犯的某种共同问题（如观察粗糙、审题不准、结构紊乱、病句太多等），分类面批总是可以实现的。此外，教师可专门委托一名班干部，收集学生在写作方面遇到和存在的各种问题，以确定面批时间。针对学生个体存在的问题进行诊断并开出药方，能加强教学指导的针对性，有助于提升学生的写作兴趣。只有学生能发现他在自己基础上不断进步，就会由惧怕写作到正视写作，最后到青睐写作、喜爱写作，甚至终生离不开写作。

五、教学活动和过程中的策划与改进

课堂是教学过程的核心环节。教师在讲课过程中做如下改进,将有助于增强学生的写作兴趣。

第一,针对当前写作教学中理论讲授过多,学生缺乏实践和训练的现实,建议课堂上适当增加感性材料,用生动活泼的素材和直观形象的语言来吸引学生。比如在讲到观察力的培养时,例举唐诗宋词中的经典作品;讲授某些构思、立意等较抽象的"大脑黑匣子"过程时,结合陆机《文赋》中的譬喻:于是沉辞怫悦,若游鱼衔钩,而出重渊之深;浮藻联翩,若翰鸟缨缴,而坠曾云之峻。来展开;讲到具体技法时,可结合文学家的逸闻轶事做适当展开,这些都能极大地吸引学生的注意力,某种程度上缓解书本理论和干巴巴要点本身具有的艰涩感。

第二,在写作课的课时分配上有所取舍和侧重。现有写作学自成体系,绪论、取材、主题、构思等八大块内容极充实,讲授时面面俱到容易占据极为有限的课时,而压缩了原本用来练笔和实践的时间。只有转变教学观念,由教师为主导的教学变化为以学生为主体和本位的教学模式,才能不断推动学生去练笔,在实践中去提高,在各种活动和情境中去体验和感受,达到了举一反三的效果。建议讲授和练笔课时分配为 2∶1,教师必须在写作内容上精挑重点和难点,进行取舍和剪裁,学会放权给学生,或者布置作业让学生进行话题训练,或者召开课堂专题宣讲会。总之,最终教学效果是"授人以渔"。

第三,院系宜创造条件补充写作知识讲座,或者进行写作经验交流会,使学生获得直接的熏陶和启迪。比如聘请当代作家、诗人进校园,与学生直接面对面谈写作。作者在攻博期间,曾接触过当时前来举办讲座的方方、池莉、晓苏等作家,受益匪浅。黄冈师范学院 2013 年 10 月曾要求同时撰写苏轼和欧阳修传记的学者崔铭做报告，就二位文豪的创作特点进行对比分析，也很有启发性。在条件不具备时，甚至可以请来校内喜好写作的高手来举行笔谈会。如果说写作课堂是正餐、主餐的话，则相关讲座和笔谈无意于“点心”和辅食，有助于改善学生的写作口味。

第四，任课教师以身作则，在写作上应做出表率，起到示范和激励作用。主讲写作课绝不能只是空头理论家，一些话题连自己都没有体验和经验，一些文体连自己都不会写，又如何去指导学生呢？缺乏说服力只能使理论陷入苍白。因此，当前很多高校在招聘写作学教师时都十分注重其创作成果，比如散文随笔的发表数量，作品获奖的经历等。这种选拔是对学生负责任的表现。一些文科类高校文学院本身就有很多作家型教师，备受学生的欢迎（如重庆师大的莫怀戚、华中师大的晓苏、复旦大学的王安忆等），西北大学更是被誉为培养作家的摇篮，其自身即有作家讲授写作课的悠久传统。这就要求主讲教师平时要勤练笔，多写、会写、善写，以身作则，才会有效地带动学生爱好写作。这方面，叶春生的《当代大学生的写作训练》（《中山大学学报》1999 年第 2 期，第 125～128 页）多有例析，可参考。

第五，结合社会现实和时代浪潮，关注热点话题，作为写作契机。要让学生对写作产生浓厚兴趣，必须在写作标题和内容上吸引学生，调动其积极性，而经常抛出紧扣社会现实的热点话题来举例和练笔，不失为一种尝试。比如作者曾示范班上学生，如何就近年来屡见小学生被性侵案、校车事故频繁发生、多省高官落马之反思、各地惊现胡万林等神医、社会“最美”系列（最美司机、最美妈妈、最美女教师等）、医患关系为何如此紧张、年度感动中国人物之类的话题，展开发散性思维，写出有一定深广度的评论和杂文来，学生逐步尝到写作的甜头，学会自由地表达，并通过个人空间或博客与众人分享和交流，扩大、传播自己的思想和观点，甚至有部分学生投稿发表。选择社会热点作为举例和话题切入，一方面热点问题常被学生关注，学生熟悉和了解，另一方面，热点问题具有开放性，不同学生可以见仁见智，具有争鸣性。而且，社会话题如源头活水，包罗万象，时时更新，这就要求老师必须关注现实，忌“两耳不闻窗外事”。

六、确立奖励机制，鼓励学生积极投稿发表、举办写作大赛，大力进行宣传

适当的奖励是对学生写作能力的肯定和鼓励。高校宜从学校到院系形成奖励机制，建议为学生写作设立专项奖。比如每学年根据学生发表稿件的级别和数量，选出优异者进行物质和奖励，同时在全校(院)张榜公示，在评定奖学金时分值上有所侧重。不仅如此，教师还应全力支持学生去投稿和发表，将最终发表作品作为评定此门课程平时成绩的重要依据和砝码。作者曾将国内主要写作期刊传给班上每一位传阅，他们在浏览中萌生决心，结合话题辛勤笔耕，作文本都在学期结束时交给我批阅。我曾率领班委查遍国内主要报刊的副刊栏目邮箱，并将各报刊栏目特点进行分析，打印出来后发给班上每一位学生。结果年底学生们发表作品近30篇。不仅要鼓励学生投稿发表，更要为他们指路、引导、推荐。此外，举办校园大赛也是吸引学生参与的重要方式。

以上点滴只是作者多年写作教学的一点感想和思考罢了。尚不成熟处，还请方家批评斧正。只有多管齐下，共同作用，才能在图像无孔不入的今天，在整个社会陷入浮躁的现实下，有效地地激发学生的写作兴趣，增强学生的写作能力，从根本上改变本文开头所涉及的三个调查结果。当然，十年树木百年树人，学生笔头功夫是长期积累、厚积薄发的过程，绝不能急功近利，揠苗助长，也绝不能完全仰仗大学写作课堂解决一切问题，这尤其需要在学生求学过程中各方齐心协力，在课程结束后进行持续性的写作训练，直到将其变为一个人的行为寄托和终身习惯。

第三节　当前高校写作学课程“以学生为本位”教学模式的建构

写作课作为高校中文系的一门专业基础课，近年来在越来越受到高度重视的同时[①]，也涌现出诸多问题和不足，学界曾从教学内容、方法、成效等方面深刻反思过其中的表现及成因，并提出过许多可资参考的建议和对策。[②] 然而，无论当前写作学课程陷入何种局面，一个不容忽视的根本原因是传统写作课多是教师主导型的注入式教学，虽有部分教师做出过一定的教学改革尝试，但并未根本扭转这一局面。从而导致写作课的当下状况：

> 长期以来写作教学一直沿袭着一套呆板僵化的教学模式，即：从理论到概念、从概念到格式、从格式到例文、从例文到仿写、从仿写到讲评，其特点是强调学科体系的系统性、完整性，重知识轻能力、重理论轻实践、重实用轻人文、重继承轻创新、重智商轻情商、重共性轻个性、重“教法”轻“学法”、重传授轻自主，教学拘囿在“教师本位”和“课堂本位”的圈子里，教学视野狭窄，教学过程也由于方式方法手段的一成不变而缺少吸引力，其结果必然是

---

① 这从近三十年来的教材出版和学科建设，以及写作分化出若干支派如公文写作、新闻写作、商务写作、文案写作等即可见一斑。此外，部分学者呼吁要让写作课重新进入大学生课堂，目前一些综合性大学已率先实行。

② 这方面论文有近 20 篇。代表作有：杨棣：《高等教育要重视对大学生写作能力的培养》，载《中国农业大学学报(社会科学版)》2006 年第 4 期，第 89～92 页；沈敏：《大学生写作障碍及其原因探析》，载《零陵学院学报》2003 年第 3 期，第 55～57 页；肖晶：《大学写作教学的困境与创新能力培养探究》，载《广西民族师范学院学报》2010 年第 6 期，第 125～128 页；顾承倩：《当前写作教学效率低下原因浅析》，载《淮南师范学院学报》2007 年第 2 期，第 121～122 页；武少辉：《高校写作教学所处困境及改善途径探析》，载《牡丹江教育学院学报》2008 年第 3 期，第 116～117 页。

学生的学习兴趣积极性受到压抑，写作教学与学生的期待逐渐脱节，教与学的矛盾日趋扩大，最终导致教学的失效。①

而据作者多年的教学经验和长期的观察、思考，我认为治标要治本，只有创建以学生为主体和本位的教学范式，才能从根本上改变写作课教学的这一尴尬和被动局面。这里拟从四大方面展开，探索“以学生为本位”的写作课程教学改革之途径与方法，以供同仁参考和借鉴。

一、博览群书：写作教学前的准备工作

写作是一个长期积累的综合性系统工程，涉及主体的知识储备、文学素养、思维方式、审美心理等方面。有人指出，写作犹如海上的冰山，浮在海面上的部分是写作实践本身，可以叫做“诗内功夫”；而沉在海面以下庞大、厚重得多的部分就是因长期、大量积累而形成的底蕴，可以称之为“诗外功夫”。② 课堂以诗内为主，自由阅读和生活实践则纯属诗外功夫。诚如陆游所言“汝果欲学诗，功夫在诗外”，这就提示我们：学生写作能力的提高绝不能单纯依赖三四十节的课堂教学，而必须建立“大写作观”，将学习延伸到每节课进行之前的平时零散时间，想尽各种办法促使学生进行必要的知识储备，狠下功夫提升学养，即必须在课堂进行之前（乃至平时和之后）就让学生自觉地“动”起来，让他们在思想碰撞和读书实践中受到良好的熏陶，从而实现由畏惧写作到直面写作最后到亲近、喜好写作的重要转变。

首先，课前引领学生高度重视阅读，储备知识，借鉴模仿，培养

---

① 陈如毅：《论提高高校写作教学实效的策略》，载《沙洋师范高等专科学校学报》2009年第6期，第62～64页。

② 李俊：《论高校写作教学的“三位一体”》，载《贵州师范大学学报（社会科学版）》2006年第3期，第124～127页。

语感。古人云书到用时方恨少，读万卷书行万里路，书中自有黄金屋、腹有诗书气自华等，足见读书积累知识、熏陶人性的重要性。读书是写作的基础和前提，它为写作提供重要的源泉，学生不仅可从大量阅读中获得丰富的素材，而且在书香中训练了思维，增长了见识，拓宽了视野，若再结合社会实践，会使写作风行水上，如虎添翼。中国古人早就意识到了阅读和写作之间的重要性。例如：

《文选》烂，秀才半。（陆游《老学庵笔记》）

劳于读书，逸于作文。（程端礼《程氏家塾读书分年日程》）

非读不能作文，非熟读不能作文。（朱舜水《答安东守约问》）

无他术，惟勤读书而多为之，自工。（胡仔《若溪渔隐丛话》）

文章应该怎样做，我说不出来，因为自己的作文，是由于多看和练习，此外并无心得或方法。（鲁迅）……

古往今来，哪个杰出作家不是毕生阅读、勤于积累以致活学活用的典范呢？

其次，博览群书还可兼容并蓄，增强语言积累，大量吸收前人的格言警句、歇后语、民谚、诗词、俗话、故事等，在自己写作时恰当运用便可锦上添花。有备无患，积累得越多，驾驭语言的能力就越强。

再者，经常阅读人文作品，还可直接从中借鉴、模仿如何写作。“许多名家名作，无论从创作的意图、写作的角度、布局谋篇的变化还是语言锤炼等方面，都有精华所在。注意从阅读中吸取这些方法、技巧，可使自己的创作受益匪浅。”[1]很多杰出文学家早期都是

① 黎德锐：《论大学生写作能力的培养》，载《玉林师范学院学报》2003 年第 2 期，第 89～92 页。

从习鉴和模仿开始的。总之，对于大学生而言，阅读无疑是写作的最好老师。

另外，教前准备的关键在于如何形成良好学风，建构一种“读书”机制以确保延续中让学生不断受益？这里作者推荐三法均可操作：一是依名单轮流登台，利用讲课前5分钟时间在班上分享近期读到的好书、好文（并不局限于写作相关的）。这就能推动学生课余多发现和查找，在交流和分享中获得阅读的乐趣。二是敦促院系成立“读书交流会”或者推荐学生成为学校读书会的会员，跟踪了解进展和动态。适当的时候，就如何读书、读书的范围与方法等举办专题讲座。三是如学人所言，在“写作教学过程中，教师可以有针对性地布置学生阅读一些课外书籍、查阅报刊音像资料、观看电影电视或上网阅读收集等，并进行引导、点化、督促和检查。”①这种布置是教师精心挑选后的“命题”任务，能促使学生有针对性的研读、做笔记和准备发言。

“熟读唐诗三百首，不会作诗也会吟。”督促学生博览群书，既要靠教师的跟踪、检查，也需要不定期地进行指导与引导，更要形成一种习惯和风气，步入正轨，上路后长期坚持，必将终身受益无穷。只有学生敞开胸怀，与古人对话，向大师学习，才能在“自动”、“自觉”中获得全方位的吸收与启迪。

二、教学过程的设计与实施

课堂是教学实施的主要环节，如何利用课堂时间改变传统的老师单向注入式传授的讲课模式，激发学生的写作兴趣、增强其写作能力是重中之重。所谓课堂教学中以学生为本位，即要求主讲教师必须改变教学观念和方式，教学目标的设计、方法的运用、过程的控制、提问的变换等，均以调动学生的积极性、激发

① 李俊：《论高校写作教学的“三位一体”》，载《贵州师范大学学报（社会科学版）》2006年第3期，第124～127页。

其兴趣与活力为标的，而不是传统方式的“一言堂”，老师不遗余力地灌输、给予，学生只是被动地应对、接受，这种教学模式是在互动、合作、协调的良好氛围中完成的，最终使学生自觉、自悟、自得。作为对传统教学方式的反拨和超越，以学生为主体和本位的教学法不仅使主讲教师从内容杂、课时紧的烦恼中解脱出来，又可极大地提高教学的实际成效。以下五法值得在教学实践中尝试和探索。

（一）争鸣式教学：积极开展课堂讨论

这种教学方式能极大地调动学生的积极性，使其积极准备、踊跃参与。思想的火花往往在争鸣、讨论中迸发，学生的创新思维也在争鸣中得到训练。其一，主讲教师要从课程中精选出具有争鸣价值的话题提前发给学生，让他们课余查阅资料，准备发言。比如如下选题：内容和形式谁更重要？思想和语言谁占据主导地位？写作中知识重要还是情感重要？写完后最好是自改还是他改？等等皆可。学生可提出正面或反面观点，也可提出新颖别致的第三种观点，鼓励个人独特思考和积极创新。其二，这些话题立足于书本，具有很大的开放性，学生见仁见智，如同展开辩论赛，虽然没有非此即彼的固定答案，但理不辩不明，教师在课堂上巧妙引导，主控活跃而热烈的争鸣场面，接着在学生补充后由教师进行最终总结与升华，尤其要高度肯赞学生争鸣过程中涌现出的创新思想。其三，对于争鸣过程中衍生出的话题，如果学生感兴趣，教师可鼓励其撰文，予以指导，然后修改和发表。

（二）研讨式教学：围绕某一话题查阅资料，进行钻研和拓展

这种教学方式由教师提前抛出话题，学生下来查阅资料、积极准备，形成小论文，然后在上完数次课后交替性利用中间某次专题课机会，让学生登台表达主要观点（限定时间），由学生和老师加以提问，发言学生当场答辩，最后由任课教师结合话题内容、答辩方

法、拓展发挥进行总结。有人将之称为“主持人式教学法”[1]。这种教学方法虽然在学生准备阶段是很有压力的，但它重在调动学生自己动手——查阅资料、独自思考、撰写成文、宣讲答辩，全程主要由学生“演绎”，学生有较为充分的表达自由和空间。事后看来，这种训练对学生的锻炼是极大的，有助于增强他们的操作能力，培养其创新能力。并且，这种教学方式是在动态的“过程”中体现，要比布置题目、学生交稿、教师批改的传统方式更具优越性。不过，由于课时紧张，为防止核心内容讲不完，一学期可在上课中间交替举行2～3次即可。

（三）提前布置作业，分组准备发言，老师补充和总结

以学生为本位的教学模式，教师忌讳狠抓讲坛不放，讲得过多过细，而应想方设法调动学生，让他们在课余和课堂上思考、活跃起来，主讲教师要不遗余力地促使其动起来，不愤不启，不悱不发，在引导、督促下让学生自己获得认识，远比等待接受老师给予的甚至灌输的要好得多。有教师为了挖掘学生潜能，培养其创新思维能力，曾指出：

> 改变传统的填鸭式、满堂灌的教学方法，充分调动学生的主动性。现代传播学原理表明，信息的接受量往往同其流通量成反比。教师讲得越多，接受越少。因而，在教学中，教师不再独霸课堂，不再喋喋不休地讲，更多的是让学生发表看法，进行讨论等。因为，教师在教学中只是主导，学生才是主体。学生知识的接受不仅仅靠教师的讲授，更重要的是学生自己去领悟、去探索。通过精讲的方式，留给学生更多的思考空间，这样既拓展了学生的

① 李丽霞：《基础写作教学改革探析》，载《中州大学学报》2008年第3期，第68～69页，第95页。

思维，又培养了他们的创造性，真正实现把知识转化为技能。①

这种“转化”的过程也是教师让权和因材施教引导的过程。在高校写作课程上，教师可以配合课程进展，多布置一些小话题，譬如“作家应该具备哪些素养？”“创作文体究竟有哪些？”“哪些修改方式更实用？”“我们在语言表达上常犯的毛病”等等，让学生分组，下来个人思考，或查阅资料，由组长汇总，课堂上组织代表小组集体发言。

此外，很多由书本知识滋生出的延伸性话题，不见得一定要在课堂上检查和进行，也可布置成作业让学生下来完成后定期上交，依次数、态度和完成效果判定30%的平时成绩。学生只有在亲自动手和实际锻炼中写作，才能真正“下水”伸展四肢，掌握游泳的基本本领，写作上获得质的提升。

（四）作文宣读会，进行写作经验交流

即便是在同一年级的学生中，写作水平也会有高低之别。为了让基础较好的学生讲出写作心得与大家交流分享，对同学们形成带动，增强其自信，可在平时发现，并举办“作文宣读会”，即请另外的同学代为宣读论文（比本人宣读要好），然后由作者当场谈其创作初衷、心得，交流感受和体会，传授经验和诀窍。这种方式对学生本人而言是一种肯定、鼓舞和荣誉，另一方面又发挥了主观能动性，同时对其余学生也能起到很好的表率作用。让他们感受到写作并不那么畏惧，只要扎实学习认真准备勤于笔耕，也可以登台成为榜样的。

宣读的主体并不局限于本班本年级，还可进一步扩大到学长乃至毕业校友和电台主持人、高级文秘甚至一些杰出作家等（条件

① 祁丽岩：《激发写作欲望 培养创新能力——高校写作课教学刍议》，载《广东农工商职业技术学院学报》2005年第4期，第36～40页。

允许的话）。只有适时请进来补充血液，多增加主讲和学生互动的机会，学生的写作水平才能不断得到提高。

（五）课堂情境模拟，现场即席作文

生活是写作取之不竭的源泉，而课堂由于时空的变化很难以对生活形成再现，这导致很多写作产生的环境、氛围失去了土壤，为了再现彼时彼地的场景，课堂上可现场拟设。如在某次研讨结束后，让学生即兴写篇“综述”，当场面批后再来总结综述的写法和注意事项，学生就会有更深刻的印象。这种“拟设”使每一个同学都是“在场者”。又如，将教室简单布置为会场，学生分为组织方、主持方和参会者三组，然后设置某个大家都感兴趣的话题现场开会，一刻钟后学生即兴写出会议纪要，接着由老师总结性地讲解这种文体的特点、要点等。或者当场发放一份已复印好的某机关的请示，让学生就其内容写份批复。这些都是情境再现和即席作文的尝试。

此外，针对基础写作的特点，任课教师可以课堂片花的形式来让学生即兴作文，如播放一个 3～5 分钟的短片，让学生写篇观察小文，中间走动检查学生的写作情况；PPT 呈现 3 份话题材料，让学生快速“立意”；给出一个两三百字的引子，让学生发挥想象续写，当堂面批、总结……这一过程中，任课教师也可自己与学生“同台竞技”，然后平等地与学生交流各自的写法、体验和感想等。这种互动式的教学模式不仅能有效训练学生快速作文的能力（也是日后快节奏的职场所应具备的能力），也能促进学生发散思维、逆向思维的形成。

三、写作课教学效果的反馈与检测

学生的素养、成就和造化是检测学校培养人才质量的指标，而学生的作品、成果则是检测写作课教学成效的主要依据和参照。高校写作课的教学最终是为了全面提高学生的写作水平，使其适应日后职场多种文体写作、用笔头进行沟通和表达并体现自我价值的现实需要。以学生为主体和本位的当前写作课教学，还应关注到学生的反馈与表现这一维度。具体说来，即要形成一种推动写作、投稿发表的激励机制，使学生在课余乃至课程结束后，逐渐把“要我写作”变成“我要写作”，使写作成为一种精神寄托乃至终身习惯。

（一）鼓励、引导学生勤于写作，积极投稿，争取多发表作品

高校学子正处于人生的青春时期，朝气蓬勃，富有激情，感情丰富，憧憬理想，敢于尝试，任课教师要因势利导，调动并利用学生的这种心理特质，使他们挥洒文字，自由写作。鼓励和引导学生积极投稿不失为一种尝试，但这绝不能只是停留于课堂反复强调就可见出成效的。依作者经验看，三点较为重要。

其一，任课教师要以身作则，最好是个文艺爱好者，勤于动笔并常有豆腐块见诸报端，教学中才有自己独特的体验和感受，而不是单纯做书本的“二道贩子”（苍白而乏味），也只有这样才对学生具有说服力和感召力，并且收到样刊后传给学生浏览，分析写作的心路历程。

其二，教师布置班委去现刊阅览室查阅、搜集国内关于写作的主要刊物和栏目的特点及联系方式，及时发放给学生，成为他们投稿的指南，否则只是叮嘱学生写后投稿，他们如无头苍蝇，不知所向。人手一份投稿指南，学生们就有了“瞄准”、“射击”的靶子。

其三，教师协调院系或班委，根据发表刊物级别和字数进行一定的奖励，既包括物质奖励也不能忽视精神鼓励，有的院校将发表成果作为评定学生平时成就的标准，可借鉴。要不定期汇总学生成果，设置展板予以宣传，这对学生本人是莫大的回报和鼓舞，对其余学生来说也是一种有效的激励。有白纸黑字的铅字作品在手，学生不仅在奖学金评定上有了信心，而且在毕业求职时往往深得用人单位的欢迎，良好的笔头功夫会使学生从芸芸众生中脱颖而出。

（二）推动学生参加征文和比赛，设立写作奖。

主讲写作课的教师还可协调院系和学生会，推动学生踊跃参加学校组织的各类征文比赛，学生往往在参与中得到锻炼，或者通过获奖增加求职的砝码。只有营造出良好的校园氛围，才能激发出学生的写作热情；只有不断推动学生走向前台，多思多练，才能切实提高学生的写作水平。建议各学院根据实际情况专门设立“写作奖”（正如文学界会设立“茅盾文学奖”一样），每年举行一次，颁发奖金和荣誉证书。一盘散沙是不行的，只有院系重视、积极组织才能调动同学的写作积极性，使培养的“产品”真正过硬、耐用。

投稿、征文、设奖这三个方面是衡量学生写作水平的砝码，是检测写作课教学实际成效的参考指标。

四、课余中将写作与校园活动和日常生活相结合

一旦建立起大“写作观”，就需把写作课延伸到日常生活和校园活动，某种程度上，这也是高校锻炼学生写作能力的重要载体。

（一）充分利用校园平台锻炼练笔

大学校园可谓麻雀虽小，五脏俱全，诸如演讲赛、辩论赛、体育比赛、班会活动等各种文艺活动比比皆是，屡见不鲜，此外宣传部管辖的电视台、广播电台更是经常招聘，而各类报刊则多如牛毛。作者的看法是，在执教写作课的同时，多鼓励学生去参加这些文体活动，这远比社团更能锻炼人的笔头能力。在为准备比赛、征文和开幕式而撰稿的一次次实践中，去感受和提高。尤其是去电视台、广播台和各类报刊，成为那里的记者、栏目责编或者主持人，会有各种访谈、组稿、编辑的任务，还有一群可以自由交流思想的热血青年，对学生笔头写作、团结协商、沟通合作等能力都是一种全方位的锻炼。有人建议寒暑假让学生在参加社会实践活动时，多去媒介机构见习，也很可取。由校内走向校外，有小空间走向大舞台，是学生时代的必然历程。

（二）引导学生自己办报

大学校园中很多院系和行政机关（如学生处、教务处）都有自己的话语阵地，它们大量吸收学生来办刊物、简报等，学生可先去那里学习经验，熟悉办报的步骤和整个流程，然后任课教师在条件允许的情况下，引导他们自己办报（《新青年》即是一份由热血青年自行发动办成的报纸，其影响何其深远哉！）。从作者在大学期间担任《新国风》等两份刊物执行主编兼记者的经历来看，学生从策划到撰稿、组稿、编辑等很多环节，都离不开写作。这种训练是全方位的，必能为学生日后走向社会在文字工作部门能独当一面撑起一片天而奠定基础。

（三）利用空间和博客平台积极写作

当前大学生成长于网络飞速发展的时代，随着传媒业向整个社会的全面扩展和渗透弥漫，他们习惯使用空间和博客进行交流，因此当前写作课教学也可因势利导，引导他们利用这些新式媒介来写作，从而实现教学手段的现代化。有学人指出："博客以其写作行为的自我表达和公开评论的形式，以及其写作行为的生理的内驱力、社会的内驱力、理智的诱因、情绪的诱因和社会的诱因激活了大学生多种多样的写作动机，催促教师利用博客这个现代化手段，为高校写作教学注入新的生机和活力。"①博客正以其独特的优势占据当代大学生的心，是学生思考、倾诉、表达的重要平台。首先，建群后教师可常去学生空间浏览，发现同学在一贯写作中存在的不足，及时跟帖或个别面谈以指出问题，既延伸了课堂，也贯彻了"因材施教"的教学理念。其次，以小组为单位，让学生推荐组内优秀博文，登台宣讲，或分析写作体会和心得。再次，通过博客链接去发现网络世界中的诸多素材、美文，编辑整理后传给每一名

① 赵琴玉：《写作不可以让我们迷失——对高校写作教学的思考》，载《常州工学院学报（社会科学版）》2011年第2期，第114～117页。

同学，发挥集体力量，在共同学习中提高。

时代发展对当今大学生写作能力提出了更高要求和期待，也对高校写作课提出了全新的挑战。在社会被编织成网络并不断走向符号化和数字化的今天，高校写作课的教学改革势在必行，虽然外在硬件条件为教改提供了强大而完备的技术支撑，但由于传统教学观念的根深蒂固，旧式教学方法日趋落伍，在写作课中，要彻底实现以学生为主体和本位的教学模式，可能需要一个漫长的过程，以上所思诸法不求完善，但求具有操作性和可行性，如结合各院校实际情况综合使用，必将能改善现有写作课让学生畏惧、普遍不受欢迎、调查评价不高的现状。①

我们生活在写作题材、写作方式和传播媒介都发生极大变化的时代，关于写作学课程的教学迫在眉睫。不通过教学改革促进教学方式的变化，则写作学极易变成走过场式的、空洞的说教，失去它在所有写作类课程中最基础的学科地位。在当今办公自动化和微博微信盛行的时代，谁也无法否认写作对一个人成才和发展的重要性。在同等情况下，能写、会写、善写，是一个人基本素质的体现，也是时代对大学生的主要要求。作者曾在课堂是举例非汉语言文学专业出身的李开复、白岩松，和因写作闻名天下、如虎添翼的毛泽东、丘吉尔和特朗普等鲜明案例，分析写作对一个人思维、语言、积累、阅读、见识等多方面的锻炼作用。在新时期，写作对人的重要性毋庸置疑，关键是如何通过高校课程教学，来促使专业学生强化“写作”意识，通过写作来表达自己或寻求创新，成为时代所需要的真正“笔杆子”。

① 沈敏：《大学生写作障碍及其原因探析》，载《零陵学院学报》2003年第3期，第55～57页。

第四编　新时期高校文化类课程的教学方法

中国文化概论又名“中国传统文化”，是当前无论文科类还是理工科类高校都普遍开设的一门基础课。最初为文史哲、民俗学、社会学、新闻传播学、行政管理等主要文科专业的必修课，后经1998年教育部（原国家教委）颁布新的本科专业目录及先后多次以发文形式推动高校和社会重视中国传统文化的传承与弘扬，此课开始在理、工、农、军、医等多种门类高校普遍开设，或者为专业限选课，或者为全校公选课。在作者所在的中国矿业大学数届教务处公选课菜单中，均有此课，由多名文科类教师轮流主讲。尤其是继20世纪80代新儒学兴起、90年代商业社会对文化形成全方位冲击、新世纪10年来中西文化交流加剧和频繁之后，这门课在高校的地位日趋重要。

第一节　关于中国文化概论课程教学的若干思考

第一节的开头那段话“《中国文化概论》是当前无论……”放在节次之前，即本章和本节之间。

近年来，随着民族文化和世界文化相互博弈、多元文化齐头并进、国学热持续发酵、民族复兴的伟业迫在眉睫，在高校对青年学子进行传统文化的教育和熏陶，更是义不容辞、刻不容缓。作为当前高校受众面最广的少数几门课程之一，中国文化概论对“奠定大学生坚实的文化基础和深厚的人文底蕴，促使年轻一代升华人格、提高境界、振奋精神，无疑起到了积极而深远的影响。”[①]多年来，关于此课教材编写、网站建设、精品课制作等系列教学改革正在如火如荼地进行，众多高校教师也就如何上好这门课、怎样把握教材内容、使学生有很多收获做出过探索，据不完全统计，近三十年国内先后发表了近40篇学术论文。[②] 前贤的各种意见值得参考和借鉴，作者在多年教学实践中也不断吸纳新的教学理念和操作方法。现在他人基础上，结合作者思考，略谈些课程教改的若干意见，以求教于方家。

一、教学内容的精选与剪裁：“取”“舍”之间

从作者开会与多名其他高校同行交流来看，执教中国文化概论，既可以讲得很轻松，关于文化的内容很多就在身边，贴近现实，远比高校中的思想政治课要有趣得多；也可以讲得很费劲，章节众多，内容丰富，对教师的知识结构和文化素养等提出了很高的要求[③]，一学期马不停蹄也无法赶完，教师仓促收尾，学生毫不尽兴。然而，他们都觉得讲好中国文化概论，绝非易事。课程的性质和特点决定了教师在备课、教学、反馈各个环节必须多花工夫，不断钻

① 叶岗：《〈中国文化概论〉课程的体系和重点探讨》，载《台州学院学报》2004年第2期，第64～66页。

② 这方面的代表性论文有：介永强：《中国文化史教学再思考》，载《陕西师范大学继续教育学报》2007年第4期，第114～116页；蔡世华：《“中国文化概论”课定位与教学视点》，载《煤炭高等教育》2001年第2期，第71～73页；袁瑾：《建构活的文化与活的魂灵——〈中国文化〉教学实践中的人文素质教育思考》，载《高等教育研究（成都）》2008年第3期，第84～86页；叶岗：《〈中国文化概论〉课程的两种教法》，载《绍兴文理学院学报：教育教学版》2004年第11期，第26～28页；叶岗：《让学生留在课程学习体系里——〈中国文化概论〉课程建设设想》，载《绍兴文理学院学报》2011年第11期，第5～7页；陈荣杰：《公共必修课“中国文化导论”的反思》，载《中国大学教学》2006年第3期，第26～27页，35页。

③ 白俊奎：《浅谈〈中国文化概论〉课程教师应具备的能力》，载《成都电子机械高等专科学校学报》2005年第4期，第47～49页。

研、调整和改进，才会使学生有一些实质性收获。

数十年来，国内关于中国文化概论的各式教材琳琅满目、举不胜举，诸如《传统文化导论》、《中国文化史》等名称的编著如雨后春笋般接连冒出。教师根据自己教学情况慎重选择2～3本作为参考，是十分必要的。了解各种教材的特点、关注学科的进展，在课堂上适当向学生介绍前沿性的信息与态势，也是十分必要的。然而教材的采用宜兼容并蓄、为我所用，采用拿来主义而不可依葫芦画瓢方为上策。毕竟有些内容适宜于学者作书斋研究，但不易于课堂上向本科传授。即教材中并非所有章节能够和值得拿来讲解。如中国传统文化向近代的转变、建设社会主义的中国新文化等后期内容，与学生的近现代史课程衔接较紧密，完全可自修。学人曾指出教学中普遍存在的弊端是教师随意性较强，贪多求全：

> 现在传统文化课几乎都是“因教师而授课”，教师想怎么讲就怎么讲，哪方面懂得多就多讲一些，不懂的就少讲甚至不讲。很多传统文化课都是一个教师从先秦到清代，从天文地理到易、道、佛，从服饰文化到琴棋书画，从头讲到尾。①

显然这是没有把握好主次轻重，教学中缺乏必要的设计使然。依作者教学经验，在现阶段讲好中国文化概论，首先必须采取一定的“取舍”策略，根据教学目的和对象层次对教材内容进行必要的剪裁和适当地处理。这是由一系列主客观原因决定的。

一是自教育部发文要求高校课程压缩主讲节次、增加学生实践教学环节后，当前高校无论是核心专业课还是基础课，都压缩了课时，64课时变为48课时，48课时变为40课时甚至32课时（作者所在单位一度将公选课“中国文化概论”排为24课时！）总之，上

---

①　罗英侠：《高校传统文化教学改革研究》，载《洛阳师范学院学报》2007年第4期，第199～200页。

课时间急剧减少,迫使任课教师不得不作出及时调整和改变。

二是客观来讲,即便《中国文化概论》改为二十世纪八十至九十年代的64课时,甚至增加变为80课时,也不见得都能讲完,中国文化博大精深,上下五千年,纵横千万里,岂是百来小时足以容纳哉?因此,根本问题不在于课时的“紧”与“松”,而取决于主讲教师对课程的认识以及教学理念:是采用传统的方式拉通串讲,还是抽取重点、选择专题以点带面?是为传授文化知识让学生理解记忆,还是以内容为载体提升学生的文化素养、训练其剖析文化现象的运用能力?是侧重于苦口婆心地灌输、不厌其烦地填鸭,让学生积累、知道和明白,还是以内容为契机激发学生的文化热情、认清自身和民族甚至迁移于专业学习之中?

因此,在丰富庞杂的教学内容与紧凑有限的课时之间产生矛盾冲突时,任课教师宜转变教学观念,积极尝试改革,根据教学对象和目的合理取舍教学内容。当前高校普遍采用张岱年和方克立、金元浦和谭好哲主编的两套教材,其内容大同小异,主要由三个部分组成:第一块是“文化寻根”,即文化发生的“土壤”,含课程导论(文化内涵、特点、分类等)、中国文化的地理环境、生产方式、经济基础、政治体制。这是课程的基础部分。第二块是中国文化的表现形式,含剖析中国文化的类型、特点、基本精神、价值系统等,这是一种高屋建瓴的宏观概括和整体总结,是课程的核心组成部分。第三块为传统文化的分类专题,涉及古代文字、文学、艺术、史学、宗教、哲学、伦理道德等具体领域。几乎每一领域又可单独成为当今一个学科。作者认为,对于如此庞杂的内容不必面面俱到、逐一点来,我的处理是抓住重难点以点带面,重在梳理出课程的体系脉络,搭建其框架结构。

其一,根据授课对象的不同,在教学内容的取舍和侧重点上以示区别。针对文史哲开设的专业课和全校各专业学生开设的公选课,宜区别对待。绍兴文理学院的叶岗先生曾撰文多篇论及其课程设想和具体操作①，读者可参考。

对于专业课，学生必须深入中国文化的骨髓和肌理，对这棵苍天古树的根须、主干有了基本认识和全面了解后，才能顺藤摸瓜地去把握大树上的分叉枝条。因此第一块和第二块是课程的重点。导论略讲，中国文化的地理、经济和政治三个方面又构成小系统，是文化产生的深厚土壤，宜详讲。第二部是课程的主要理论知识，许多方面相对较抽象，宜提炼后结合现实抓重点详讲。在课时较紧的情况下，第三块则可据学生专业类属并结合教师自身擅长选讲其中 2～3 个专题，以作者为例，在带汉语言文学、广播电视新闻专业学生时，选讲传统文学、文字、艺术三个章节，鉴于艺术和文学的相通性，作合并处理；在带行政管理、法学专业时，主要详讲“古代伦理道德”和“古代宗教”两大相关专题，其中“寻根”中的“社会政治结构”讲得也更详细、全面一些。其余如教育、科技等专题，布置给学生自修，以提交作业的形式予以检查、点评。

对于公选课，为照顾到不同专业、不同年级理工科学生的兴趣和口味，并尽可能地扩大其学科视野完善其知识结构，则将讲解重心置于第三块中。对于基础性的前两个板块，在最初 3 次课(6 节)以讲座报告的形式选取精华部分做一梳理，使学生对中国文化的来源、类型、表现等有一个整体性的认识。然后重点讲解第三块十个专题，基本一题一次(哲学和宗教较抽象，用课 6 节)，以在最短的时间内带领学生整体地、概括式地了解中国文化的各分支与延伸，做一次文化的“巡视”，高瞻远瞩地认识不同领域中国古人的杰出创造。对于古代文化的近代转变、社会主义新文化两章则省去，由学生自修。

---

① 叶岗：《〈中国文化概论〉课程的体系和重点探讨》，载《台州学院学报》2004 年第 2 期，第 64～66 页；《让学生留在课程学习体系里——〈中国文化概论〉课程建设设想》，载《绍兴文理学院学报》2011 年第 11 期，第 5～7 页。

无论是将中国传统文化开成专业课还是公选课，作者精选主讲内容的一个基本原则是：专业课要讲得深入浅出，难点处要精湛、透辟，很多地方在备课、发挥时要适当拓展和引申；公选课虽不求多么深入，但不能以忽略课程的学理性而蜻蜓点水，要讲得形象直观、生动活泼，尽可能通俗易懂。无论针对哪类学生，剪裁内容和区分主次必须以能促使学生形成此门课程框架架构和知识体系为前提。教师忌讳抹杀此课程的学科特点，过于依托专业将之教学成“文学文化学”、“历史文化学”等课程的“变体”。在这点上，作者同意叶岗先生的做法[①]。作者也反对部分教师缺乏教学设计的随意性选讲（我求学时的历史学老师即是如此，使学生遗漏多多）。

二、教学方式与方法上的改进

与任何高校其他课程一样，中国文化概论课程教学忌讳教案陈旧、手段单一、方法闭塞。在作者的教学实践中，尤其注意如下方式的综合运用。

（一）关注现实，活学活用，增强应用性

中国传统文化是古人在独特的时空领域集体创造的，熔铸了无数祖先的聪明才智与心血汗水，能传承至今足见其旺盛的生命力。不仅古代文化中器物的工具部分（见“中国文化的发展历程”）和实体的建筑部分至今可以触摸，而且古代关于社会治理、民风习俗形成的各种制度、观念、心理等抽象的部分也深刻的影响这华夏子孙的思维方式、价值观念和生活方式，散发出永久的魅力。一句话，中国传统文化不是过时地、进入博物馆的陈旧文化，而是不断创新、融合并对当今中国社会产生深远影响的文化。而本课程大纲的基本要求提出：

① 叶岗：《让学生留在课程学习体系里——〈中国文化概论〉课程建设设想》，载《绍兴文理学院学报》2011年第11期，第5～7页。

> (本专业课)引导学生较为全面地了解中国文化的知识和理论,较为深入地掌握各种主要文化现象的特点;在学生初步具备文史哲基本知识的前提下,继续提高对文化现象的综合分析能力,更加准确地认识我们民族自身和当前的国情,并使这种能力和认识渗透于各门课程的进一步学习之中。

因此,本课程的教学要密切联系现实,增强理论知识的应用性,培养学生的迁移能力和分析能力。所幸国内已有部分学者意识到此方式的重要性并积极付诸实践,取得了一定成效。① 作者的操作主要从两方面进行。

一是讲解过程中想方设法结合身边事例,以书本理论知识去分析周边事象。这有助于拉近时空距离,让学生感觉亲切、易懂。如讲到“家国同构”的传统时,结合每年一度春节期间,中国大地上发生的25亿人次大迁徙,为何国人对家如此眷顾?又如讲到国家先天的地理形态决定其民众的生产方式、经济基础并进而影响此地区人们的文化性格乃至民风民俗时,作者首先现身说法,展示家乡四面环山的封闭盆地概况,进而以童年生活的记忆(含图片、视频等)向学生真切描绘自己祖辈父辈世代以种植为生,伐木做饭,村间交易,毕生不出古镇,交通闭塞落后,民风勤劳淳朴的区域状况,作为中国传统社会三面环山、一方临海的缩影,学生有了深切感知。在作者的提议下,班上来自浙江舟山、大连、青岛、厦门、汕头等地的同学,描述了他们家乡水域地理及其渔业发达、水陆交易、相对开放的地域特征,云贵川等地的同学描绘了各自家乡崇山峻岭蔓延、脚底徒步跋涉、自幼很少出户、考传统农业和养殖业为

① 陈荣杰:《公共必修课“中国文化导论”的反思》,载《中国大学教学》2006年第3期,第26～27页;姚电:《地方高校传统文化教学改革的实践与思考》,载《宜春学院学报》2009年第5期,第125～126页。

生、相对封闭落后的地域特征。而来自兰州、宁夏、青海的同学和来自内蒙古、黑龙江的同学则是“风吹草低见牛羊”的另外一番描绘。他们各自以家乡的地理、生产和民风展开了描绘和汇展，班级交流较好，气氛异常活跃。尤其是引导学生从显性的地理环境分析隐形的民风民俗，训练其学生分析和解决问题的能力。主讲教师要适当在这方面有所侧重。

二是古为今用，运用文化知识剖析现实中遇到的各种问题，即结合现实生活进行文化观照和透视。如在讲解“文化”的四分法后，就地取材，让学生从物态、行为、制度和心态文化等方面对当今大学校园里的文化进行区分和评析，并推荐拓展性阅读书目；讲到君主专制政体对“人”的严密管制和残酷态度时，反观、对照当今户籍改革带来人口流动、动车高铁促使人才配置、减少死刑罪名（由68个减为55个）等系列举措，剖析当前社会的各种显著进步及其作用影响。这种现实问题的配套设置，一方面能锻炼学生的应用能力，另一方面也可对学生形成思想情感的熏陶和教育。如陈荣杰先生率领其团队在对所在学校2 500多名大二学生展开课程考试时，设置题目便有很强的现实性。典型如：

> 假设寝室中两同学为打水之类等琐事而发生争吵，假设你的一个同学羡慕旁人穿名牌、入高档餐厅你去劝解、开导，用儒家思想怎么样讲？用道家思想怎么样讲？
>
> 焦裕禄称自己为孤寡老人的儿子，这当中所表达的忠于人民、忠于职责的高尚情操，请你立足我们的文化传统向外国朋友解释这个问题。

该团队指出：我们并不要求学理工商的学生写出怎么样深刻的文章，我们引导学生以孔孟、老庄的学说作为一个视角，去观察、审视他们所面对的现实，不过是期望他们从先哲的睿智达观和高风亮节中获得一点启迪、感悟，我们的目的是要为转型社会中青年学生精神人格的完善提供有益的思想养料。① 当然这是期末考试题目，作者认为可大量地将类似题目设置到中国文化概论平时的教学中去，引导、促使学生活学活用传统文化的精髓。②

（二）抛出开放性话题，供课下思考、讨论，课上汇报、交流

满堂灌的传统授课方式往往使教师自得其乐，极易忽视学生主体性的发挥，易使课堂沉闷冷清，压制学生的思考力和创造性。在实际教学中，教师可在相应章节精心设置开放性话题，抛给学生下来查阅资料，相互探讨、思考，认真准备后由小组组长在专门的讨论课上登台发言，其余补充，教师作为组织者和主持人就学生思考问题的方向、深浅度、观点见解乃至方式方法等予以现场评析。这将打破课堂填鸭的局面，激发学生学习的热情。

如在讲解到平民文化时，让学生立足社会转型时期涌现的“草根”阶层，布置选题“当前社会的草根文化的形成、特征及其影响”；讲到文化的地域性时，设置话题“以你家乡所在地的文化类型（如荆楚文化、巴蜀文化、齐鲁文化、燕赵文化等）为例，分析其浓郁的地方色彩，专题课上小组发言、交流。”

在设置话题时，为吸引学生注意力，作者尤其从两个方面着力。一是话题须为当前社会热点，或比较流行和常见的，观众不能熟视无睹。如讲到儒、道、释三家文化时，抛出近年来的一大争鸣性社会热点：

为何中国当前社会普遍缺乏信仰？谈谈你的认识和看法。

讲到古代的趋善求治的“伦理政治型”文化时，抛出话题：

从传统文化角度来看，为何当前中国的政治、经济体

---

① 陈荣杰：《公共必修课“中国文化导论”的反思》，载《中国大学教学》2006 年第 3 期，第 26～27 页。

② 在执教此课数载后，作者共设置了相关现实应用性问题 50 余个。

制改革都比较艰难？

结合现实案例，分析为何当前社会普遍涌现“富二代”等现象？就其产生的根源、特征和影响予以透视。

其二，基于本人专业特点并充分考虑到90后大学生深受图像的侵染与影响，选题尽可能地与经典的文学作品、热播的影视作品挂钩，激发学生从“文化”角度展开思考。例如：

从《红楼梦》和《家》两部经典小说中，你看出了中国古代社会怎样的政治结构？试结合作品做出评析。

以《汉武大帝》和《江山风雨情》为切入点，并结合你所看到的其余古典类电视连续剧，分析中国传统社会君权与相权之间的关系演变。你能从中得出哪些认识？

从古代神话和四大传说中的人物形象，分析它体现出汉族怎样的民族特征及文化性格？

通常在期末汇总课程小结时，作者将全部近40个配套话题进行整理，让思考和发言具有一定深度、观点较成熟的学生修改稿子，推荐发表，既可作为学生的大学成果供保研或求职之用，也可作为本门课程的积淀材料日后申报校级精品课。可谓一举两得。

（三）适当组织或引导学生就传统文化展开2～3次主题演讲和辩论

传统文化的讲授和学习决不能只限于课堂，应延伸到学生朝夕相伴的大学校园。有学者指出，当前应以“校园”作为平台对大学生展开传统文化教育，并作出了切实的实践。[①] 作者并不否认诸如社团、宿舍、学生会等对学生的锻炼意义，从多年经历和体验来看，我认为大学期间开展数次主题讲演、组织几次辩论赛是非常有必要的，从准备过程和活动实施中体验思想的张力和表达的魅

① 姚电：《地方高校传统文化教学改革的实践与思考》，载《宜春学院学报》2009年第5期，第125～126页。

力，并初步感知研究活动的特点与步骤。这远比其余大学活动来的更有收获，更刻骨铭心。因此，可在教学中国文化概论课程期间，协助学生、创造条件开展至少 1 次主题演讲和 1 次院系辩论赛。其表现可作为评定最终成绩依据之一。

主讲教师的作用则近似于"顾问"，提供相应资料，引导学生思考，总结方法和细节。这种寓文化教育于具体活动的方式，对激发学生热爱传统文化将有极大的帮助。

（四）充分利用现代多种网络平台，就课程相关问题展开师生互动

传统的课堂教学结束后，师生几乎互不相涉，缺少交流，教师只是在批改成绩时粗略浏览到学生上交的单一性作业。而这对于思维活跃、擅长多元通讯工具、对网络图像极为敏感的 90 后大学生来说，是远远不够的。如想提高《中国文化概论》的教学效果，或真正转变观念认识到此课程学习绝不只是三四十节课时而宜跨越整个学期的话，教师必须利用网络等现代通讯工具，开拓多种途径，师生就困惑、选题、质疑、推荐等展开对话，从而实现师、生课堂之外的互动。比如教师设立公邮、班级群或微信，聘任班级助手不定期随传相关章节资料，引导学生发现并相互推荐资料，进行共享；又如教师开通个人博客，展示辅助性配套材料，及时更新，并回答学生跟帖或通过微信提出的各种文化问题。或者直接设置"在线答疑"，学生发问后，教师定期集中回复。① 在这方面，不妨多借鉴、吸收慕课教学中较先进的做法。

三、考核方式的探索

"编筐织篓，重在收口"，对于中国传统文化课程的教学改革，

① 不得不承认，在当前普遍重视科研轻教学的高校学术体制导向下，愿意如此突入教学的教师少之又少，近乎凤毛麟角。这是行政力量主宰高校运作、量化考评绑架高校教师的时代悲哀。

根据学生实际设定科学、合理的考核方式，也是重要一环。几乎绝大多数高校课程都采用平时成绩和考核成绩 3∶7 或 2∶8 的比例进行，但这并不利于形成区分度，对学生形成紧张感，并检测出学生的真实能力。徐立昕曾就此门课程的考核方式做出过思考，作者认为一些做法在现行体制下操作性不强。但她提出的考核原则（激励、应用、灵活、创新）及考核目的具有可取性。[①] 鉴于《中国文化概论》是对学生进行人文主义教育的重要载体，及其对提升青年学子的重要性，作者最初采用闭卷形式，学生在投身专业复习之余大量死记硬背，答题并不理想，后作者与教学秘书协商改为考查课，以一次性递交论文的形式，又发现擅长“剪刀加糨糊”的学生大量地从网上复制，作业频频“撞车”。此后，作者在加大平时考核力度（占比由 30％升为 40％）的基础上，探索出如下考核方式结合使用。

（一）平时成绩的判定

据如下几个方面的综合表现来恒定：一是课堂发言和小组讨论中的参与度和准备情况。这在课堂穿插中进行的提问、就所布置的选题进行的思索和发言情况可查出。二是考察采风后撰写的思想随笔（从平时提供的话题中抽选来写亦可）、在网上推荐资料、提问发言的活跃度；三是教材未讲部分的读书情况，收齐后翻阅、评估。

（二）考试开、闭卷任选

最后由学生选定考试方式，如为开卷，则学生自备材料，进入考场独立答题，个半小时内完成一篇文化方面的“作文”。如想闭卷，则考前两天公布试题，学生立即准备，考试时空手进来，严禁携带任何参考资料，可凭此前查阅情况和课堂记忆理解任意发挥。此两法各有千秋，从数届实践来看，学生普遍愿意选择后一种方式。

---

① 徐立昕：《“中国文化概论”课程考核方式改革的探索》，载《东山师范学院》2011年第 11 期，第 118～121 页。

教学是一门有着缺憾的艺术，中国传统文化课程教学中需要关注、值得思考的地方远不止如上这些，凡他人谈论过的认识、措施、建议等，作者概不重复。零散所论，纯属个人教学实践中不成熟的心得，抛砖引玉旨在引发大家共同探讨，切实推动高校中国文化概论课程的教学改革，使之常教常新，产生实效，点燃一代又一代青年学子的文化修身梦、文化强国梦。

第二节　中国文化概论课程教学中的地域与校园文化视角

中国文化概论是当前文科类及综合类高校的基础专业课，也是理工科大学常年开设的公选课之一，在宣扬人文精神、提升青年学生文化素养方面，发挥着重要作用。随着民族复兴的振兴、民族文化的特色保存与对外输出，以及各地纷纷宣扬地方文化、寻求发展之路，这门课在高校培养方案和课程设置中更加受到重视和关注。一些有条件和想法的高校甚至在历史学院开设“儒家道家文化研究”、“戏曲文化”、“山水文化”和“日本文化”等课程，与之呼应以形成学院独特的“文化系列”的课程体系。[①] 近 20 年来，很多教师积极探索，结合教学实践撰写了不少教改成果，指出当前此课程在教材建设、教学方法、课程体系等方面存在的各种问题。[②] 对于其中主要观点、做法，作者选择性地赞同并借鉴。对于有学者曾提

---

① 作者曾在服役的单位开设公选课“文化三部曲”系列：《中国文化概论》、《中西文化比较》、《中外文化交流史》。

② 近年来代表性的论文有：介永强：《中国文化史教学再思考》，载《陕西师范大学继续教育学报》，2007 年第 4 期，第 114～116 页；韩钰：《谈对外中国文化教学中的因材施教》，载《重庆科技学院学报》2009 年第 12 期，第 229～230 页；陈荣杰：《公共必修课“中国文化导论”的反思》，载《中国大学教学》2006 年第 3 期，第 26～27 页；郁梅：《中国文化教学：挑战与对策》，载《山西广播电视大学学报》2009 年第 1 期，第 63～64 页。

出但并未详细展开的从“地域文化”和“校园文化”角度来切入教学，这里稍作发挥。

一、从地域和校园文化角度切入教学的必要性

教学是一门需要教师全身心投入、不断尝试探索和改进的艺术，尤其是采用某种教学模式执教了数届后更是需要推陈出新。从地域和校园文化角度切入不失为一种可取的选择。

其一，传统文化是中国历代先人智慧地创造，它虽博大精深、传承至今，但因时空之隔，对当前90后大学生来说终归有些隔阂和淡漠。自五四新文化运动后，中国社会从传统走向近代并踏入当代，失去了传统农耕文化为主导、宗法制伦理型延续、文言书写承载士大夫趣味的传统语境，新生代大学生是在市场经济和商业环境下成长起来的，随着人才流动和竞争加剧，大学学习具有相当的功利性①，在网络交流和图像审美的影响下，大学生普遍青睐短、平、快的“快餐文化”和“微阅读”、“电子阅读”，加之近30年的改革开放西方文化的大量涌入，许多大学生盲目跟风，唯“西方”是举。在这种背景下，大学生对传统文化显得淡漠、觉得生疏也就不足为奇了。

而传统文化散发活力并分散在中国大地各处，需要学子海滩拾贝般地走近它、认识它。从广义上来说，传统文化是由各地独具特色的地方文化组成，早在春秋战国时期，形成与特征可通过地方文化得以体现。而当前中国大学分散在全国三十余个省市区和自治州，每个市区几乎都可以充分挖掘其独特的地域文化，就地取材地对大学生进行人文教育，可有效避免语境变迁带给学生的隔阂。

其二，大学生一般为18～24岁左右的青年，虽经过高考步入

---

① 王春华：《当前大学生学习态度问题及其对策分析》，载《遵义师范学院学报》2012年第6期，第98～100页；陈相吉、张俊：《对高校扩招背景下大学生学习的几点思考》，载《湖北广播电视大学学报》2010年第2期，第109～110页。

相比中学更开放的大学校园，但主要时间和精力仍然在专业课程学习上，只有寒暑假和实习期间有机会多一些接触并了解社会。长期身处学校使他们对校园文化最为亲切和熟悉，因此，课堂教学中适当结合校园各项文化活动开展传统文化教学，以之作为载体实施人文主义教育，将能起到事半功倍的效果。

其三，中国传统文化不是封建的、过时的古代文化，学习此门课程不是单纯带领学生进中国博物馆去看看古人留下了哪些“古董”或“宝贝”，而是关注文化知识、文化情怀，在知识的系统学习中活学活用，此门课程的大纲即有明确规定：

> （本专业课）引导学生较为全面地了解中国文化的知识和理论，较为深入地掌握各种主要文化现象的特点；在学生初步具备文史哲基本知识的前提下，继续提高对文化现象的综合分析能力，更加准确地认识我们民族自身和当前的国情，并使这种能力和认识渗透于各门课程的进一步学习之中。

学者也有类似认识：

> 尽管中国文化概论主要侧重理论的灌输，但我们还是要重视理论联系实践，结合当代文化现象，进行分析和解剖，以提高学生学以致用的能力。①

因此，从地域和校园文化角度切入中国古代文化的教学，是培养学生分析和解决问题的能力、提高其活学活用能力的有效途径之一。

二、具体操作方式

这种切入性讲解的方式如何操作才有效呢？怎样才能取得预期的效果呢？依作者经验，可尝试从如下三个方面进行。

---

① 李军林：《精品课程建设的内容与对策——从〈中国文化概论〉说起》，载《新闻爱好者》2009年第24期，第104～105页。

其一，在讲解中竭力选取地域和校园文化方面的经典案例引导思考、切入分析，或者举证时力所能及地多选些地域和校园文化方面的例子，尽可能建立起关联。比如，当讲到文化与地理环境的关联时，作者以在山城重庆求学、工作八年为例，分析巴渝地势陡峭、坡路众多致使相当一批成年男子拿着绳子和扁担，在火车站、公交站台找活儿担货，这形成了山城的“棒棒军”景观。因山城处在山水之间，受长江和嘉陵江的阻隔，船只码头众多，“棒棒军”常年奔波劳作，天热脱掉上衣光着背心，江边就餐时喜好麻辣，火锅文化由此繁盛，这便形成了重庆人豪爽、耿直、坦率的性格特征。这样从地理环境到生存方式到区域性格逐层的分析方式，激发起学生——尤其是川渝一带学生浓厚的学习兴趣，课堂比单纯传授所谓要点更加活泼。随后十分钟，西南、东北等地学生也迅速结合这种思路，从地域角度进行分析。

又如，讲到“一方水土养一方人”并形成一方文化时，举例校园食堂就餐买馒头前排队最长的可能是哪些省份时，学生几乎异口同声地回答：河南、山东、甘肃等省。然后从这些省份独特的地形及其种植入手，分析此地人们哪怕分散到全国，依然保持有对“面粉”深切的情感，以及他们对中国饮食文化的独特贡献。同时结合《舌尖上的中国》等精彩片段和制作花絮来讲授，学生听得津津有味，也印象深刻。再比如，讲到传统文学的韵味与魅力时，也从地域角度入手，分析了《巴水苍茫》、《尹仁巷》、《船神》等长篇小说中大量巴渝独特地方方言的娴熟运用，既扩大了学生视野，也为学生迁移性地应用文化知识去认识和分析周边文化事象作出了示范。

其二，带领学生实地进行“文化采风”，在参与中调研，在身临其境中去体验和提高。中国传统文化绝不只是停留在博物馆中，而是渗透、蔓延在祖国大地各个角落，我们要像当年余秋雨思索、撰写《文化苦旅》那样，积极开辟第二课堂，布置、引导学生去现实生活中实地地进行“文化采风”，去进行一些必要的考察和调研活动，获得对于传承文化最直接、最鲜明的感官冲击。

如在开讲“导论”文化的四分法后，作者利用学生积极申请省级和校级大学生创新项目的机会，引导他们撰写《京杭大运河徐扬段的文化遗产及其保护》论证本子后，布置他们从徐州出发，前往扬州一带考察大运河文化遗产，在历史的穿越中触摸运河的“胸襟”。课程中间带领学生去徐州博物馆、汉画像艺术馆以及东坡石床、放鹤亭与黄楼等地考察参观，回来撰写 3 000 字以上的思想随笔，文稿全部上传到班级微博，在传阅中相互评析、分享。对于这种采风调研的方式，学生兴致盎然，普遍认为是亲近中国传统文化的重要方式之一，远比课堂上静止讲授来得鲜活，印象深刻。

其三，组织学生开展专题性的“文化调研”，制作 PPT 或写成思想随笔，汇报上交。在一学期 48 或 36 课时的讲授过程中，可穿插安排 2～3 次“文化采风”活动，带领学生深入当地博物馆、相关文化景点，从而开辟第二课堂，利用独特地域文化对学生进行印象最深刻的人文教育。其中一次是现场采风，以参观为主，如作者带领学生去徐州(所在大学驻地)汉墓遗址及汉兵马俑遗迹实地了解两汉文化，学生对文化的分类以及徐州作为古彭城具备“北雄南秀”特征有了更深刻的体验。一次是以布置平时作业的方式，让学生从如下题目中选择其一：

(1) 徐州在古代涌现出哪些学术翘楚？从他们身上体现出怎样的文化面貌、彰显出怎样的一种文化精神？

(2) 文豪苏东坡当年在徐州有哪些主要事迹？考察其流传至今的在徐遗迹，分析他对建构徐州文化的突出贡献。

(3) 以徐州 9 项国家非物质文化遗产(剪纸、琴书、香包等)为依据，分析徐州独特的民俗文化。

类似的题目，一般需深入地方考察后查阅资料、做出思考方可完成。学生可以制作 PPT 上交，也可以写成 3 000 字以上的思想随笔[①]，由教师批阅判定平时成绩，对于优秀作业可在微博、微信、班级群上传阅、共享。

其四，依托校园文化活动传播和宣扬传统文化。有学者指出，“传统文化教学改革不能仅仅成为一个孤立的教学行为，而应该渗透到学生在学校的每一个日常生活当中。”[②]做到“渗透每一个”虽较难，但抓住契机，立足于主要的校园活动，营造校园热爱传统的文化氛围还是可行的。如学人所论：

> 教师应努力将传统文化资源融入学生喜欢参与的团队活动、课外活动、社会实践活动中去。学校可以利用开学典礼、升旗仪式、纪念日、各种宣传日适时对学生进行民族精神和传统文化教育；也可以通过开展诚信教育、礼仪规范教育、公共关系教育、遵纪守法教育，培养大学生团结和谐、真诚相待、关爱他人的品格。把“弘扬和培育民族精神”教育活动和加强校园文化建设结合起来，在学校体育节、艺术节中营造浓厚的“精神文明建设”氛围，展示活动的成果。

这类载体主要有三类，一是学校大面积的入校和毕业时的典礼、仪式等；二是平时学生会组织的个性常规活动；三是班主任和辅导员走访宿舍、组织郊游等日常管理工作。这一方面需要学校领导重视校园文化的建设，另一方面需要校内部门之间的互动与合作。比如发动校团委、学生处、教务处等主要部门联手协作，每年开展和传统文化密切相关的“古诗词朗诵”、“儒道释经典著作品读”、“走进古代教育家”、“传统乐曲欣赏”文艺活动；又如针对每年数千新生到校后，在“入学教育”仪式上利用孟子、朱熹、张载等古

---

① 鉴于当前学生擅抄袭，不宜做成学术论文。

② 姚电：《地方高校传统文化教学改革的实践与思考》，载《宜春学院学报》2009年第5期，第125～126页。

代思想家论士大夫应有的品性来熏陶学生；在端午节举行类似“屈原与中国文化”、“今天我们该如何纪念屈原”等专题征文活动或读书会…… 譬如，江苏师范大学自 2013 年起每年 6 月数千本科生和硕士毕业离校时，举行穿汉服、行汉礼的庄严而隆重的古典式毕业典礼，受到学生的一致好评与社会的普遍赞誉。

三、相关注意事项

依托地域文化或校园文化开展中国传统文化课程的教学，在当前不失为一种尝试，是利用“空间”上的便利来引导学生学习传统文化，减少畏惧感，增加亲近感。在操作中还有很多需要注意的地方。

首先，地域和校园文化只是切入点，并不能完全代替教学中的主干内容。在讲授中国文化时理应立足于教材，从文化寻根、横向剖析、分类专题等方面为学生建构相对完整的课程知识体系，这是课程的主干内容，是由课程的大纲决定的。而讲解过程中适当结合地域文化和校园文化来发挥或宣扬，只是作为切入点，是教学改革的一大视角，而非教学内容的主体，在这点上决不能主、次不分，尤其是教师对某个地域极熟悉而滔滔不绝，忽略了课程的主要内容，则不可取。

其次，适当预留空间，让外地学生走近其家乡文化。这里的“地域”，绝不只限于高校所在地，对于来自五湖四海的大学生来说，他们对熟悉的家乡最为了解，在回答问题、采风考察、撰写随笔中，都是可以摄取的。同时，这要求教师平时做“有心人”，具有开阔的视野和广博的知识结构，对多个地域有些体会和了解，对当地的历史遗迹，著名人物、风俗习惯和非物质文化遗产等极为熟悉。

再次，教师宜多关注校园周边和 90 后特点，融入其中避免“隔代”。大学教师要想受到学生欢迎和好评，一个重要途径是走近学生，了解其所思、所想，他们平时关心什么？有哪些需求与爱好？90 后在个性风采、网络通讯、情感宣泄、消费实践等方面有哪些新的变化?[1] 这样才能在主讲中迅速抓住学生的兴奋点,才能娴熟地挑选地域文化和校园文化作为切入点,才能发挥才智指导学生参与和传统文化相关的各种校园文化活动。

虽然我们在连续几年的中国文化概论教学中运用此方式,积累了一些不尽成熟的经验,但此方式并不见得对所有教师都适用,这只是一种改进现有教学的切入视角,需要继续探索和完善。

21 世纪,全球多元文化纷纷兴起并在不断对话和碰撞中,受到各民族、各国家的高度重视。在经济发展到一定程度后,文化的发展与创新成为时代的重要话题。纵观国内数十年走过的历程,无论是本土地域文化——诸如巴蜀、吴越、岭南、燕赵、荆楚、中原文化——数十年来的兴盛,还是在全球化浪潮中推动中华优秀文化传承与弘扬,并试图“走出去”与国际接轨,彰显出中国文化的优势与特色,高校中国文化概论课程所承载的多种功能在新时期更加显赫与重要。这尤其需要任课教师在中华民族实现“文化强国”和“中国梦”的征途中,能采用新的教学手段和方法去调动学生对传统文化的热爱。当前高校大学生普遍生长在通俗文化和娱乐文化泛滥成灾的环境中,他们对千秋万代无数祖先创造的民族文化精髓,还缺乏必要的了解与熟悉;他们还没有对传承与弘扬祖国优秀文化以服务于当前社会主义文化建设的重要性和迫切性有充分而深刻的认识,这尤其需要任课教师高瞻远瞩,不断改进教学方法,既立足于传统的专题或领域,也不可忽视大的时代背景,来把这门极有文化内涵的“古”字课讲鲜活,讲得具有文化气息。

---

① 莫付欢:《非主流文化影响下高校美学教学改革探析》,载《柳州师专学报》2011年第2期,第101～104页。

第五编　高校美学课程教学新探

美学是当前高校文学院(或中文系)针对汉语言文学等专业普遍开设的一门专业主干课,也是哲学、艺术设计、新闻传播等专业的一门必修课,旨在通过对美学理论知识的系统深入学习,培养学生的审美能力,提升其审美水平,增强其文化修养。美学课程也是当前对大学生实施人文教育的重要载体,国内很多职业院校和理工科大学将其作为专业课和公选课开设,受到学生们的普遍欢迎与重视。

第一节　当前高校美学课程的两种教法

美学是从人对显示的审美关系出发,以艺术作为主要对象,研究美、丑、崇高等审美范畴和人的审美意识、美感经验,以及美的创造、发展及其规律的科学。美学是以对美的本质及其意义的研究为主题的学科。

美学课程是一门汉语言文学专业的基础性、提高性和素质性的课程,通过它的学习要求学生了解美学的对象和范围,美学的学科性质。美学的学习方法在于培养和提高学生的发现问题、解决问题的能力和水平。

近 30 年来,很多教师从各自专业角度并结合实际经验,就如何上好这门课进行了探索，发表了20余篇教改论文①，其观点见解和操作方法值得在美学课堂上借鉴与推广。

然而，因课程的性质与特点不同，美学课程在多年教学中也涌现出诸多问题。② 如内容庞杂和课时紧张之间的冲突，因教学导向的不同近年来很多高校美学课程由48课时减为40课时，甚至公选课只有32课时，导致课程前松后紧或核心内容无法讲完，就已仓促、草率结课的尴尬局面出现。学生普遍反映课程抽象难懂，审美能力并没有得到很大提高，与开课预期落差较大。作者在教学中也经常反思和拷问：如何有效避免这些问题发生，从而使美学课上起来形象生动、容易接受些？如何针对学生特点调动其学习积极性并真正地学有所获？作者坚信"因材施教"和"与时俱进"的理念，认为高校美学教学应针对学生专业、类属的不同，立足于教学对象分别采用相应的教法。这里结合作者在学校执教美学课

---

① 梁巧娜：《高师院校美学课程的几点思考》，载《高教论坛》2003年第5期，第92～94页，第106页；吴雪丽：《思辩与感悟——关于"美学"教学的思考》，载《西南民族大学学报（人文社会科学版）》2003年第10期，第150～152页；周枚：《网络审美对高校美学教学的启示》，载《文学界：理论版》年第4期，第271～273页；莫付欢：《非主流文化影响下高校美学教学改革探析》，载《柳州师专学报》2011年第2期，第101～104页；田文强：《"日常生活审美化"对高校美学教学的思考》，载《台州学院学报》2007年第1期，第33～37页；贾玉铭：《实用美学：当代美学求索的必然选择》，载《西南交通大学学报（社会科学版）》2006年第4期，第129～132页；刘艳梅：《美学的当代发展与美学教学改革》，载《美与时代：学术（下）》2011年第8期，第28～30页；史玉辉：《汉语言文学教育与美学教学》，载《文学教育》2010年第11期，第136～137页；张黎红：《高校实用美学教学新探——论运用美术作品比较对提高学生审美能力的作用》，载《科技信息》2006年第11期，第187～188页；李媛、刘玉平：《多媒体网络技术在美学教学改革中的必要性》，载《绵阳师范学院学报》2008年第7期，第151～154页；何旺生：《论加强成人高校〈美学〉教学的实践性》，载《安徽教育学院学报》2003年第2期，第106～109页；洪永稳：《美学教学的难点与解决方法》，载《合肥师范学院学报》2010年第4期，第118～121页，等等，读者可参考。

② 多篇教改论文也集中谈到过这些问题。如李琳、史鸿文：《当前我国美学教学存在的主要问题及对策》，载《中国高等教育》，2001年第21期，第42～43页。

程(有时又称“实用美学”或“美学概论”)多轮教学经验,从专业课与公选课两大层面来谈谈自己的浅显看法,以期对高校同行有所启迪,并期待方家批评指正。

一、不同的教学理念

商业社会到来之际,对当代大学生进行必要的审美教育已成学界共识,尤其是在新世纪十年来高校频繁涌现诸如马加爵、药家鑫等案件以来,这种呼声尤为迫切。美学课逐渐从哲学、文学专业领域走向全校公选课平台,得到高校师生的普遍认同。在教学中必须因材施教,根据接受对象的层次、类属、特点等不同,采取相应的授课方式,而这基于不同的教学理论。

对专业学生开设美学课,主要系统而深入地讲授美学基本知识,包括美的本质特征、美学学科史、审美范畴及其发展、审美意识及其特征、审美心理及其构成等,涉及美的本质、构成、心态、经验等关键内容,从而使学生具备一定的理论素养,既为鉴赏、评析身边各种审美现象打下基础,也为顺利地衔接到其他相关课程(如“文学概论”、“中国古代文学”等)学习作出有力铺垫。一句话,《美学》作为专业课必须在建构学生审美体系、形成审美理论框架、增强其审美素养等方面,作出积极努力。教学内容的确立和教学方法的选择等,都应围绕这一基本理念展开,无论是课程中对周边审美现象的分析例举,还是课程中部分地涉及自然、社会、服饰等专题审美领域,都宜作为审美理论知识和体系框架的延伸与拓展。即专业课的美学教学,宜以形而上的美学理论知识梳理为主,以训练学生的抽象思辨力、审美分析力为基本导向。

而高校公选课的开设主要在于针对学生的兴趣爱好,通过多学科涉猎完善其知识结构,以拓宽学生的学术视野,增强其文化素养,为社会输送具有宽口径和跨学科素养的人才。故美学课无论是作为所在学院临近专业的选修课,还是作为全校理工科专业的基本公选课,其教学理念在于使学生初步掌握一定的理论知识后,涉猎居室、饮食、广告、科技、人体、工艺等不同专题领域的审美，以切实增强学生的鉴赏能力，提升其审美水平。一句话，美学作为公选课不宜过多停留在审美体系和理论框架上，应在形而下层面增强其实用性，贴近学生现实，涉猎和学生兴趣爱好密切相关、和今后工作生活须臾不离的专题领域，使之真正“接地气”。

从我们的实践来看，如果错开交换着上，其效果就会大打折扣：使得专业学生基础不牢，公选课学生听得满头雾水。

二、不同的教学内容

不同的教学理念关乎美学课程开设的价值、目的和意义，也决定和影响着对教学内容的取舍和分配。在高校教师普遍反映美学教学内容庞杂和课时有限存在矛盾的情况下，如何选择教学内容、怎样开展教学设计，就显得尤为重要了。

对于文学、哲学等专业来说，美学课程一般开设 36 课时或 40 课时，作者认为前松后紧或虎头蛇尾的教学，或者学生学完后没有形成脉络线索和知识体系的教学，都是失败的。而这在当前高校文学院、哲学院中并不鲜见。一些学生甚至据此得出“大学大学，就是大而化之地学”或者“大学大块地不学”之类的认识。为改善这种局面，有效遵照美学课程教学大纲、教学设计就显得十分必要了。据我们的经验，由于汉语言文学专业学生在修完文学概论、马列文论以及大部分中国文学史、现当代文学等课程后才开设美学课(一般在大三高年级)，初步具有一定的作品品鉴力、文本感悟力以及必要的理论思维力，水到渠成地学习美学课程就有了一定的专业基础。我们将 40 课时分为三大组成部分：“引论”部分主讲“美”及“美学”本体——美的内涵、本质及特征，美学学科发展史，涉及中外著名美学家对美的探寻，不同派别涌现出的观点及其评析，美学发展历程中的经典人物和著作等，明了美学课程研究的对象和范围。附带性论及美学研究的意义和方法等，这部分约 7 课时。主体部分精讲审美活动、审美类型、审美意识、审美心理、审美文化五大版块，重点掌握审美发生的几种主要理论学说、审美意识的形成与发展、关于优美崇高等审美范畴以及审美活动的各种流派等内容，从而提升学生的抽象思维能力（毕竟关于美学课程的大部分书籍都置于图书馆B类中），建构学生关于美学学科的理论知识结构。这部分约28课时。第三部分主讲与人们工作生活最密切的自然美和社会美，配以大量案例分析和作品赏析，增强学生欣赏美和创造美的专业能力，约5课时（亦感觉很紧凑）。显然，对于专业学生来说，因有一定的专业基础，为充分发挥美学学科在其专业学习中的主干地位，第一、二部分是课程的主要组成部分和关键内容，其中第二部分是课程的重难点。这种教学设计既有关于美学学科发展的"史"的纵向回顾，也有关乎美的各层面的横向探讨（如审美活动、审美类型以及美分类中的自然美和社会美等），对培养学生的理论素养和审美能力有着较明显的成效。而在课时有限的情况下，对于一些教材中所涉及的艺术美、科技美、大学生美育等，或者在课程最后由任课教师点出、布置，让学生下来自修，或者干脆省去。原因有二：其一，美学课程不能大而化之地包罗万象，这无异于消解了美学应有的边界。况且学界对于"艺术审美"是否应大篇幅进入当前美学课程中持有怀疑和批判的态度。其二，大学课堂不是教材的完全照搬，不是主讲教师的满堂灌，教师需针对教学需要做出相应调整，灵活自如地进行教学设计，教师在主导课程的同时还学生学习的自主权。

而作为公选课的"美学概论"，其授课对象面向全校四个本科年级不同专业理工科学生，他们多半抱有提高审美欣赏水平的学习愿望（不排除有相当一部分为完成学分而选择相对轻松一些、也不那么严格的课程），且学习基础较弱，缺乏相关的作品积累，故在教学内容的选取上必须考虑到学生的实际，尽可能体现课程的实用性，他们对高深而抽象的美学理论不感兴趣，更乐于接受那些从身边常见的审美现象入手总结出审美认识的基本内容。因此照搬给专业学生教学的美学知识显然不合适。我们在32课时的美学概论公选课上，采用如下处理方式：在导论部分用2课时讲当前对大学生进行人文教育和美育的必要性，从而将美学课程置于社会环境中人的全面发展的语境中审视，突显此门课程的重要性和必要性。然后设置两章，利用约6课时的时间集中讲解两个问题："美学"是什么？"美"是什么？前者涉及美学学科史，后者关乎美的本体及其内涵、特征等内容。在串讲过程中涉及中国著名美学家关于美的探寻及形成的各种流派、各种关键人物等。紧承其后，用24节课时依次讲解和大学生学习生活——乃至今后工作、处世等密不可分的10个实用专题：自然美、社会美、人之美、服饰美、居室美、饮食美、广告美、科技美、工艺美、艺术美。从而将教学重心落实在实用性审美上而非纯粹的美学理论上。这种做法显然对审美范畴、审美心理、审美意识等内容作了淡化甚至省略处理，仅有开头两章涉及美学理论。虽然面对的是理工科学生，但作为美学学科绕不开的重要内容，这两章也是必讲的。其次，在立足于具体实用性专题讲解时，课时依然很紧，对于"广告美"和"艺术美"等则可做简化处理，部分内容可采用布置作业、上交备案的方式让学生自学，或者提供研讨题目让学生汇报和交流，由教师检查和备份。

需要说明的是，纵观国内近三十年先后涌现出的数十种美学概论教材，真正适合教学的并不多，部分教材或者是纯学术研究的产物，内容虽具有前沿性，但过于晦涩和艰深，教师难教、学生难学，即忽视了教学的特殊性，不适于教学；或者如一些职业类教材过于简略，内容上无法涵盖美学学科应有的基础知识。因此，主讲教师有必要有针对性地选择2～3种教材，相互参照，取长补短，有效进行教学内容的取舍与补充。由于任课教师专业的不同，对部分内容有所侧重和偏好也是可以理解的，只要在深刻理解美学学科的特殊性（不同于艺术学、文学等）和充分考虑到授课对象的前提下，适当发挥、拓展和调整是值得提倡的。

三、不同的教学方法

教学方法的选择直接影响到最终的教学效果。教学方法的运用既体现出任课教师的教学能力和水平，也关乎学生最后的收获。无论面对哪种类型的学生，美学教学大纲上均有“增强大学生审美水平”的条目，故其教学方法具有一定的共同性。这主要体现在两个方面。

(1) 采用师生互动式教学法。无论是讲解美学课程的理论还是具体应用部分，教学中均不可像传统教学那样一言堂、满堂灌，任凭教师唱独角戏，否则，当讲到审美本体和学科史的追寻时，学生就会产生厌倦感，并最终失去学习兴趣。教学中要发挥教师的主导性，体现学生学习的主体地位，在互动中推动学生积极思考，激发其学习的主观能动性。从作者教学实践来看，主要在课前精心设置问题，在讲解过程中适时抛出以供学生积极思考，实现课堂的有效互动。如讲到“人文教育与当前美育”时，设计问题为：

当前高校在育人方面存在的主要问题及我的对策建议。

论中外著名科学家成就取得与形象思维和灵感思维之间的关系。

又如讲到“美”的本体与“美学”学科史时，设计如下问题：

举例分析康德提出的“无目的的合目的性”？

举例分析在某件作品中凝聚着自己的本质？

是否社会存在物、任何人的活动都是美的？

如何使相对抽象的表达说得“非常逼真、生动、形象”？

又如讲到“形式美”章节时，设计问题则为：

欣赏张艺谋早期代表作《大红灯笼高高挂》，并结合他的其余前、后期作品，分析其中色彩的运用效果及其魅力。

结合实例，分析“形式”和“内容”的关系。

……

我们在设计问题时通常遵循三大原则：一是来自学生周边生活，让学生感到亲切，有话可说；二是具有开放性和包容性，任何学生都可见仁见智；三是在思考过程中能够运用并体现出课堂所讲的审美理论来。经数届学生检验和反馈，以问题主导课堂的互动式教学不仅使教师教学胸有成竹，而且也能促进学生积极思考，有效改善课程的沉闷气氛。这种教学方法值得推广。

(2) 绝不停留在理论的单向讲解上，而是将其与实践相结合，增强美学知识的实用性，促使学生在实际应用中逐渐提高审美欣赏力和品鉴力。因此，我们设置的课堂提问或者课后作业，均来自学生周边实际，具有很强的实用性，力图让每个学生都可随意发挥、畅所欲言。如讲到理论性较强的“美”与“美学”时，设计问题为：

近几年中国网络为何频现“最美”系列？举出实例并分析其中的根由与文化内涵。

又如讲到“人文素养与美学教育”部分，设计如下问题：

为90后群体画像，谈谈从美育角度完善其人格、和谐其身心的途径及思考。

论当代大学生中的实用主义倾向结合其表现、成因，谈谈你的对策、建议。

结合近10年大学校园内典型案件，分析高校美育教育的必要性。

……

过多的理论讲解会使学生觉得课堂枯燥乏味，这是当前许多高校美学课程教学中的一个通病。结合形而下层面、增强美学的实用性已成为学界共识，许多学人均有过呼吁[①]。在从学生反馈来看，这可能是当前美学课程教学的一大趋势。

而针对不同授课对象和教学内容，作者在教学的方式、方法上也有所区别。

作为专业课，在审美理论知识上力求讲得深入、透辟，在此基础上形成教学内容的逻辑链条，切实增强学生的专业功底。在讲解"美之本体"时，设计如下节次：从历时性角度学习西方哲人对美的艰难探索，追寻柏拉图等名流的足迹展开思索；美的根源；美的本质；美的特征。运用人类学、心理学和文化学的方法，深入讲解审美意识、审美心理和审美文化等板块；紧密结合文学、戏剧、影视等艺术门类中的具体作品，讲解优美、崇高、悲喜剧、中和、滑稽等审美范畴。审美理论讲解的深入和透辟有三个基本保障：一是课时倾斜，占据专业课时的 80%左右；二是紧密结合专业作品。如讲到美学学科发展中维科的"诗性智慧"时，让学生从中国古代文学（或文论）中寻找经典范例予以论析；在讲到美的特征具有感染性和创造性时，让学生从古今中外文学作品中举例分析，增强其运用能力；三是在具体讲解中充分考虑到前后课程的衔接性和延续性。如讲到审美经验、意境等理论知识时，勾连起文学概论课程中的文学创作机制、文学形象中的意境等内容，从而增强专业学生链接知识、融会贯通的能力。而在公选课美学概论课堂上，这种讲法显然超过了学生的现有基础和接受能力，不太适宜。

而公选课美学概论课堂中，既有信电、化工、安全、建筑等理工

① 这方面文章较多，典型如莫付欢：《非主流文化影响下高校美学教学改革探析》，载《柳州师专学报》2011 年第 2 期，第 101～104 页；田文强：《"日常生活审美化"对高校美学教学的思考》，载《台州学院学报》2007 年第 1 期，第 33～37 页；贾玉铭：《实用美学：当代美学求索的必然选择》，载《西南交通大学学报（社会科学版）》2006 年第 4 期，第 129～132 页；何旺生：《论加强成人高校〈美学〉教学的实践性》，载《安徽教育学院学报》2003 年第 2 期，第 106～109 页。

科学生，也有法学、社工、广电、会计等社科类学生，既有告别高中刚入大学的新生，也有受过三年专业熏陶的大三学生。学生类型的多元化要求教师照顾到不同学生胃口，必须脑子中始终装有教学对象，使课堂讲得深入浅出、通俗易懂，同时不乏学理性。据此，美学课程可在增强课堂形象、生动性上多下功夫。依作者实践，做法有二：

一是无论在美学理论章节还是实用专题章节，在讲解中增补大量直观性图片。世纪之交日常生活审美化对传统审美形成巨大挑战，呈现出审美大众化、审美课题视觉化、审美方式直观性等典型特征。① 这在大学课堂也不例外。由于修课学生全为90后，他们是在网络信息化和审美图形化环境下成长起来的一代，对于直观图像的敏感和喜好远远超过静止的文字符号。因此，我们在公选课备课中花费大量时间搜查各种配套图像资料。如在讲解“什么是美”时，为帮助学生从各种丰富的生活经验中获得启发，依次辅以代表性的十余张精美图片：鲜花、校花、吉檀迦利、时尚模特、秀丽山川、楼阁、云雾、长城、飞流瀑布、雄伟长城、焦裕禄、贝多芬……播放瞬间辅以点睛之笔的解说，学生们在全神贯注中露出会心微笑，在一场视觉盛宴中获得审美享受，啧啧称奇。这种图像的直观性冲击远胜千言万语的描绘。在讲解“美的来源”时，辅以古希腊之后代表性的图案、书画和雕塑等，都取得了显著成效。尤其是在涉及“形式美”时，图像更是发挥了单纯文字无法言传的魅力，各种建筑、人体、花朵把“形式美”的线条、味道、颜色等要素及其魅力展示得淋漓尽致。

二是精心搜查、下载相关视频资料，以“片花”形式结合内容讲解和播放。这有利于充分发挥多媒体手段视、听兼备的优势，全方

---

① 田文强：《“日常生活审美化”对高校美学教学的思考》，载《台州学院学报》2007年第1期，第33～37页。

面刺激学生感官,“多管齐下”地调动其学习积极性。比如在讲解“自然美”时,辅以黄山、嵩山、九寨沟、野人谷传说方面的视频(多为纪实片),一般以 3～8 分钟为宜,或者剪辑其中片段直观呈现,使学生足不出户就能随着讲解而“走遍天下”、“神游四海”。在讲解“社会风尚和习俗美”时,辅以《玉林狗肉节》、《王刚讲故事》片段、《今日说法》片段等,都取得了较理想的教学效果。我们在每年教学备课中不断发现和增补视频,三年后将之刻录为 10 G 的光盘。所含内容极为丰富,教学中基本能做到“信手拈来”。

在主讲公选课美学概论时,为了体现教学的形象感与生动性,无论是在图片视频资料的选择上,还是在口语的传达上,力求把握四个原则:一是资料多元化,照顾到不同专业和年级的本科生,既有艺术类的各种室内设计和现场演唱,也有建筑类的各种道路桥梁、铁塔夜景。二是图片和视频资料的新颖性,由于作者有每天听广播、看新闻、刷微信的习惯,对于新近社会各界发生的典型事件了如指掌,随时将其纳入 PPT 中作为课堂案例予以分析,让学生感到新颖和亲切。三是图片和音频资料的运用应服务于内容的讲解,而非简单地呈现,使知识讲解和音像资料融为一体、紧密关联。四是直观资料运用的前、后,或者以设置问题的方式推进课堂,或者以发言讨论的方式及时分析总结,使之成为学生加强体验、得出认识、获得教育的重要载体。

四、其余方面:考核方式的不同

基于授课对象、教学目的的不同,为检测出学生掌握知识的牢固程度以及运用课堂所讲去分析具体文化现象的能力,美学概论在课程考核上突破 3∶7 的传统模式,采用不同的方法。

对于专业学生平时 30%的成绩,不再采用考勤和交作业相结合的方式考核,改为提前布置章节题目,由学生下来准备然后利用课前五分钟登台讲演的方式。这既锻炼学生面对公众阐发观点的自由表达能力,也锻炼了他们运用书本理论分析实际生活问题的迁移能力和应用能力。而对于70%的期末考试,则有学生自主选择:或者提前告知题目学生下来准备,考试时仅带草稿纸来作答;或者采用闭卷考试,在答卷上自由答题。经多次试验,学生更倾向于采纳前一种方式。

对于公选课美学概论,采用事先布置作业题目、学生提交作文的传统方式考察,往往事倍功半,交上来的多是网上拼贴、复制的作业,甚至宿舍成员之间论文相互"撞车"的现象比比皆是,这既不利于独立思考能力的锻炼,也不利于学生创新能力的孕育和激发。为改善这种局面,切实增强学生的应用能力,我们采用提供思考方向、学生制作PPT或短片、登台交流讲演(时间不够无机会者可直接提交作业课件)的方式来检测结课的70%。这极大地减少甚至避免了学生拿到题目后,不假思索地就网上"剪刀加糨糊"般拼贴、抄袭的不良学习习惯。

在学界高度重视科研、轻视教学及其改革的当今,部分高校教师在时间精力有限的情况下逐渐意识淡薄、怠慢教学,同一门课程教案往往通用于所有专业和年级,我们不敢苟同这种做法。美学乃至一切其余课程的教学,均应遵循"因材施教"的理念,针对不同专业、不同基础的学生,选择不同的教学内容、采用不同的教学方法等,才能实现各自的教学目标。以上两种不同教学方法的尝试尚处于初步探索中,需在实际教学中进一步调整和完善。

第二节　高校美学教学中的"平衡"原则

从课程设置来看,美学是当前综合性大学和师范类大学汉语言文学、哲学等专业的主干课之一。就中文系来说,它和文学概论、古代文论、西方文论等课程共同建构起学生的专业体系和知识结构,也都具有抽象性等特点,对增强学生的理论思维能力具有重要作用。这门课程一般在高校汉语言文学专业高年级(大三)开设，从多年来教学实践来看效果并不理想，据作者与多名同行交流，均反映教师压力较大，不仅内容庞杂根本上不完，而且多数章节较抽象，备课量大，学生听起来也枯燥，课堂沉闷缺乏活力。另据问卷调查显示，“有 94.3%的学生认为美学课程太抽象，涉及的知识面太广，56%认为目前美学学习的困难与教学手段不够丰富有关。这一数据正反映了学生对于美学学科的普遍看法。”[①]可见，学生学习的心理期待和最终成效之间存在较大差距。许多高校同行也意识到这一问题，近年来陆续发表了 20 余篇教改论文予以探讨，试图改变这一现状。我们贯彻“因材施教”的教学原则，曾撰文《当前高校美学课程的两种教法》（本章第一节），可资参考。然而在近数年来的教学实践中，我们进一步反思后发现，“平衡”原则的实施有助于缓解这一尴尬局面。

所谓“平衡”，即事物各种构成要素之间寻找到某种协调和均衡，避免某一要素过于显赫和突出，另一方遭受压制和遮蔽，从而走向偏执、极端等反面。它关涉一种分寸的把握与适度。在美学教学中的“平衡”则来自于主讲教师在教学设计时，对教学时间的安排、内容的选择、思维的运用、方法的调度等，作出有助于最大化实现教学目标、提高教学效果的灵活处理。

一、内容平衡

为何要在大学普遍开设美学概论课程？其教学目的和意义何在？一句话，“开设本课程的指导思想是适应加强大学生素质教育的需要。从各科类大学生的普遍需求出发，兼顾文理科学生的不同审美情趣和审美实践，注重通识性美学知识的传授，引导学生将所学的美学理论应用到生活中的审美实践，激发学生在美学理论

① 李媛、刘玉平：《多媒体网络技术在美学教学改革中的必要性》，载《绵阳师范学院学报》2008 年第 7 期，第 151～154 页。

指导下去创造美的热情。”[①]然而，在课时极其有限的情况下，如何最大限度地发挥这门课程的人文教育功能以切实提高大学生的审美欣赏力和创造力？作者认为宜在教学内容上取得平衡。

美学课时大幅度压缩后，一些教师往往抽选部分章节，蜻蜓点水、大而化之地稍作梳理，或者上至高潮处、关键段便临近结课，学生囫囵吞枣、走马观花地过一遍，根本无法建构该门课程完善的知识结构和理论体系。起初很多老师颇多怨言，认为教务处不懂教育规律。其实，这与传统的教与学的体制较顽固、师生的教学观念有待改变有关。作者从求学阶段到工作至今，均反对那种缺乏教学设计、从头至尾按章节教学、何时结课何时终止的教学方式——很多学生反映这种方式容易“缺斤少两”，只见树木不见森林。基于此，作者认为在美学课程教时有限、内容庞杂的情况下，实施“平衡”原则不失为一种改进之途。

其一，根据教学对象和目的意义，对教学内容适当、合理地进行剪裁和取舍，精选最核心、最基础性的内容。通观当前各种美学教材，无非涉及如下内容：导论（美本体及美学学科史等）、审美活动（艺术起源、美的来源等）、审美范畴（优美、崇高、悲喜剧等）、审美经验、审美意识、审美心理、审美文化等。这些主要板块构成美学学科完整的理论体系，然而在这个精美的“瓮”中，在我们看来某些美学知识只限于科学研究，并不见得适合于课堂教学，一些内容比较艰深晦涩，作为学术研究谓之前沿未尝不可，但作为教学内容本科生难以理解和接受，如“审美经验”、“审美文化”可以简略提及而大可不必展开，或者作为教师研究成果予以介绍和推荐，这对引领、启迪学生多思考、适当拓宽视野是很有益处的。

再者，“审美心理”涉及大量文艺心理学方面的内容，在文学概

① 郭青春：《美学原理学习指导·前言》，中央广播电视大学出版社2007年版，第1页。

论等课程中有涉及，也不必展开。故权衡、取舍后的教学内容有两个特点：一是为本学科最核心的基础性知识，如导论、审美活动、审美经验、审美范畴等内容，无论面对专业学生还是全新公选课，都是必讲的主干内容。二是教学内容总体上适合于学生接受，与课时取得了某种平衡。因此，无论是新教师还是老教师，执教美学时要摒弃那种“贪多求全”的教学观念，“样样皆抓样样垮，样样皆通样样松”，美学教学要突出教学的重难点。

其二，在美学教学中，理论性内容与实用性内容要取得某种平衡。美学在传统古代艺术概念中被定义为研究美的学说，现代哲学将其定义为认识艺术、科学、设计和哲学中认知感觉的理论和哲学。这门关于感性学问的学科，从学科归属来说属于哲学类，因文学艺术的创造、欣赏和批评均离不开必要的美学理论，故此课程在国内很多高校的学科设置中置于文学院（或中文系）汉语言文学专业之下，在哲学、艺术学等专业也有开设，只不过讲授的出发点与侧重点稍有区别。因此，学科的特性决定了美学重在传授审美理论知识，各种审美现象不过是教学中帮助学生理解知识、掌握理论的案例罢了。[①] 然而，在讲到审美类型时，涉及诸如自然美、社会美、形式美等相对形而下的内容，而这些关于旅游、风俗、科技、服饰等具体领域的审美知识更容易引起学生的兴趣，这些与生活密切相关的类型审美，对学生当前的学习和日后的工作都有极大帮助。国内很多职业学院在为秘书学、工艺设计、服装学等专业开设此课时，干脆直接取名为“实用美学”，其章节除“导论”简略涉及美学理论知识外，各章均涉具体审美领域，侧重在美学的应用性。

① 正是此观念的隔阂使数届学生形成了认识的误区，他们原本以为美学课大量涉及美的鲜活事例，分享美的事物，有助于提升自己的审美能力和欣赏水平，不料学了数章后觉得稍显枯燥乏味，理论难懂，与课程预期颇有差距。殊不知，“美”和“美学”并非一回事，美的事物、现象和美学的学问虽有密切关联，但不可同日而语。

美学课程开设的目的在于,通过系统学习审美理论知识,增强学生的审美能力,提升其欣赏水平和文化素养。因此,理论知识的系统学习是前提,不可或缺,如教学中始终停留在相对“形而下”的审美实践层面,则容易架空美学,一方面学生的理论思维水平得不到锻炼和提高,日后分析和解决涉“美”问题的能力无从体现;另一方面基础的薄弱和知识的不牢固,将带来后面学习无法弥补的负面效应。

然而,过多地讲解审美理论,在课时紧凑的情况下省去具体领域的审美实践部分,则也容易产生两大弊端:一是课堂易陷入沉闷,学生听课枯燥、乏味(教师在讲解过程中贯穿部分丰富的实例、感性的现象乃至精美的视频图片等资料,也可一定程度上缓解课堂的枯燥感,“稀释”理论的抽象性),容易丧失学习兴趣;二是学生的应用能力得不到有效的训练,日后很难在生活中面对鲜活的实例做出审美的欣赏、评析乃至创造。诚如著名学者宗白华先生所说:“美学研究不能脱离艺术,不能脱离艺术的创造和欣赏,不能脱离‘看’和‘听’。”[①]可见,美学的教学要引领学生在实际生活中如何运用所学审美知识、调动感官去看、去听、去触、去嗅、去说,在拥抱生活中去欣赏美和创造美。并且,随着新时期商品社会的深远影响和网络信息时代的到来,加强美学教学中的实践性环节,提倡将审美理论与具体现实相结合的呼声与日俱增,几成今日美学教改的显著趋势。如李媛引用英国学者 George Eliot 的观点指出:

> 美学教学不应当停留在纯粹理论的分析上。……美学的教学不能只停留在对于理论的分析与理解上。应当将抽象的理论与艺术作品充分的结合,借助于多媒体网络技术有效的手段展示出来。而非传统教学中将具有形

① 宗白华:《艺境》,北京大学出版社 1999 年版,第 378 页。

象、丰富的艺术只是作为感性材料加以介绍。①

田文强在思考了日常生活审美化对当前美学教学的影响与启发后，撰文指出：

> 力求传统美学理论与现实审美褥要相结合。应该承认面对新的审美对象，一些传统美学理论在今天的审美现实中已变得软弱无力。诸如"审美无利害"、"距离产生美"等观点，都在不同程度上受到挑战。而处在商品化的社会里，美再也难保自身的高雅纯洁，而不可避免地会带有享乐体验、欲望追求等世俗功利性。对此，在美学教学中我们除了要谨慎地解释传统理论外，还要尽可能使传统的美学理论与现实的审美需要接轨。②

贾玉铭则撰文指出：

> 马克思说：哲学家们只是用不同的方式解释世界，而问题在于改变世界。反对把哲学观点作为绝对的公式和教条套用到美学研究之中，反省美学研究发展至现阶段所出现的低迷、冷寂现状的原委，期盼美学家们能"屈尊下移"，呼吁把美学研究的热情和精力更多地投向实用领域，是本文行文的逻辑起点。作者并非有厚此薄彼之意。③

无须多引，足见当前高校美学教学中加强审美实践性的必要性了。基于此，我们认为无论美学课是48课时还是32课时，教学中宜在理论知识和审美实践中寻找到某种平衡。我们的做法基本

---

① 李媛、刘玉平：《多媒体网络技术在美学教学改革中的必要性》，载《绵阳师院学报》2008年第7期，第151～154页。

② 田文强：《"日常生活审美化"对高校美学教学的思考》，载《台州学院学报》2007年第1期，第33～37页。

③ 贾玉铭：《实用美学：当代美学求索的必然选择》，载《西南交通大学学报(社会科学版)》2006年第4期，第129～132页。

是七三开，即在讲解基本的审美理论知识时，大量从学生周边、生活近处选择鲜活的案例予以分析；无论课时多少，在合理分配学时、进行教学设计后总会留出6～10课时来学习“形式美”、“自然美”、“社会美”三个最基本部分。如为公选课，则可加大审美实践教学的力度，涉及衣、食、住、行及科技、广告、工艺等不同门类和领域的审美。

二、时间平衡

近十年来，在教育部不断发文推进素质教育、大力进行高校教学改革的趋势下，高校各专业课程大力压缩课时，加大了实验技能、学生自修、实践运用等环节，从而使传统的由老师从头至尾主讲、学生被动接受的教学局面受到巨大冲击。一些涉及时代较广、作家作品较多的课程如中国古代文学、外国文学史等，在有限的课时内根本无法上完。设想美学改为64课时，能上得“完”吗？无非是多涉及一些内容少留些遗憾罢了。因此我们认为，在当前高校普遍压缩课时的态势下，美学教学还宜寻求时间上的平衡。

其一，既然压缩课时的目的在于加强教学实践环节，教师就不能“包干”式地全盘通讲(往往也吃力不讨好)，而要转变教学观念，引导学生处理好“课堂内”和“课堂外”不同时间段学习美学课程的关系。课上是老师主讲时间，要合理规划、凝练内容、精心设计，切实提高课堂效率，增强课堂信息量①，确保学生学习的实效与收获。所讲部分往往是必不可少的重、难点性内容。而每章均可设置少量部分让学生课下“消化”，作者不是采用传统预习、复习的老套方式，而是受到慕课教学的启迪，以布置“选题”与“节次”的方式，督促学生下来及时查阅资料、交流思考然后在课堂上反馈、检查，从而成为学生平时作业的组成部分。如讲完难点内容“美的本

① 笔者并不赞成在课堂上放慢节奏、大块时间讨论甚至教师不做总结、点评的“散漫”式教学方式。

质"后，就"美的特征"一节布置给学生下来查阅资料思考：

为表达"人要在逆境中学会乐观和坚强"的观点，诗歌、戏剧、影视中采用了哪些形象或故事来表达？体会其魅力。

举2～3例，分析你专业里的"创造美"，课堂上作简要交流。

又如，在讲到社会美中的风俗美、人情美时，布置新近话题让学生思考：

近几年中国网络社会为何频繁出现最美系列？举出实例并分析其中的根由与文化内涵。

近年广西玉林"狗肉节"闹得沸沸扬扬，在风俗场域中有哪些鲜明观点在较量？你能得出哪些认识？

这样，既锻炼学生查阅资料、阅读中思考、提炼和概括观点、课堂上面对公众交流和讲演的学习能力，也有效地避免了主讲教师从一而终通讲、单向"满堂灌"的弊端。变传统填鸭式教学为以学生为主体、激发其潜能的开放式教学，使师、生双方在"教"与"学"中都得到了某种程度的解放。必要时，主讲教师既可根据学生的准备和发言情况判定平时成绩，也可在学期末结束时汇总全部话题、作业和观点，作为班级阶段性成果予以展示，起到很好的加深印象、敦促学习的作用。

其二，教学时间上"平衡"的另一种方式是让课上无法展开的相关文献资料、网站资源等，发放给学生供课下参考或链接，从而将有限的课堂延续到无尽的课余中去。

传统老观念是某学期开设一门课则学生这学期就紧密围绕这门课展开学习，学期一结束就把课本扔到一边、彻底弃之不顾了，而后面学期不断开设新课往往使学生应接不暇。我们认为，主讲教师应在平时课堂上调整并分析学生的这种落伍于时代的学习方式和观念，宣扬规划性学习和终身性学习的重要性、必要性。鉴于课时的有限,教师在主讲美学课时节奏极快,很多延续性的配套资料——作品分析、美学网站、相关博客、视频公开课等,建议提供给学生让其周末或寒暑假进一步学习,如有疑惑可通过短信、跟帖、微博等方式及时与教师沟通。当然,这种时间平衡的推行,需要学生具有一定的自觉性和主动性。作者在担任班主任的每一年里,针对学生每学期的核心课程和兴趣课程,都是如此规定和指导的。

三、思维平衡

随着研究的深入和时代的变化,美学涌现出诸多分支——如传统的“认识论美学”、“本体论美学”、“价值论美学”、“艺术哲学”等,以及当前的“图像美学”、“网络美学”、“生态美学”等,它们均有一个共同点即具有一定的思辨性和抽象性。如上所论,美学作为集中研究感性领域的一门学问,其相关研究书籍在图书馆均置于B类(哲学)之中,其理论的抽象性对学习者提出了较高要求。而对于素来擅长感悟和直觉的中国人来说,依托美学等课程进行审美思维训练、提升理论思维的水平尤为必要。

依作者数届教学经验,教师如果一味讲解审美理论知识,在思维的王国中“自得其乐”,学生必然听得一头雾水,看休闲娱乐杂志、睡觉梦周公、低头玩手机者比比皆是。这种对课堂的背弃在于教师没有妥善处理好思维转换之间的平衡。我们认为,美学课程提升学生抽象思维能力宜在渐进、缓慢的过程中进行(毕竟本科生不同于研究生),灵活地在逻辑思维和形象思维之间游走,以“稀释”的方式化解抽象理论带来的板滞与艰涩,使之展现亲切的笑容。毕竟在图像语境下成长起来的90后新生代大多从日常生活中获得审美愉悦,如学人所分析:

> 追求视觉愉悦和快感体验已成为我们日常生活的重要因素。出门上班,公交车和地铁里贴满了色彩斑斓的图像;闲暇逛街,道路边和橱窗里呈现的仍是夺人眼球的图像;在家看电视,接触的还是形形色色的图像。影视、

> 广告、摄影、服装表演、卡拉OK、平面设计、商品包装、家居装饰等等，正在不断地生产和再生产着潮水般的视觉符号。如今电视、广告、电脑、互联网几乎将所有的文化样式收归于自己名下并将其视觉化：MTV把音乐变成视觉化，戏曲TV把演唱变成视觉化，诗TV、散文TV把抒情写意变成视觉化，而那些根据名著或畅销书改编的电视剧，则是把小说变成了视觉化。一句话，用眼睛去看在今天已变得越来越重要了。美国学者米歇尔称这为"图像转向"，即在当代文化中，因传播方式的革命，人们越来越倚重于通过图像来理解和解释世界，文字性的静观体验正在被影像动态的感性直观所取代，成了当代审美文化的重要特征。[①]

因此，美学教学中不可不考虑如何尽可能地以较形象的方式去讲解和引导。从作者数载的教学实践来看，如下两种方式较有成效：

一是在讲解某个理论知识点时，发散式地引用身边事例和鲜活场景，让学生借助司空见惯中文化现象，不知不觉地获得领悟。如讲解美学学科发展史中康德提出"美是一种不涉利害的审美判断"时，配以黄山悬崖岩石上的奇松图，在引领分析植物学家、商人、作家三种类型的人面对奇松采取的态度后，辅以曾卓名篇《悬崖边的树》，使学生开启形象思维，在审美愉悦中对抽象的理论获得深刻理解。又如，在讲解狄德罗的"美是关系"理论时，以青春期学生最熟悉的恋爱过程中的反语"你真笨！""你好讨厌！"为例，引导学生理解。在讲解"美是生活"时，直接展现走过高考的学生都熟知的北大金碧辉煌的校门来分析。这种直观性的教学方法较受

① 田文强：《"日常生活审美化"对高校美学教学的思考》，载《台州学院学报》2007年第1期，第33～37页。

学生好评，需要任课教师多思、多想、多运用。

二是在涉及近似的审美范畴、术语乃至理论观点时，教师要严格区分，避免混淆和雷同，这便有效地训练了学生的理论思维。如涉及美与美感、美与真善、对称与均衡、虚实与空白、幽默与诙谐、悲剧与悲剧性、审美感受与审美趣味等的关联与区别，这些都是训练学生审美理论思维能力的关节点，教师需认真备课，课堂上洞察入微，做出细致区分。

三是穿插、交替讲解审美理论章节和具体门类的实践章节，实现抽象思辨和形象直观的轮回。美学课程最初关于美本体认识、美学学科史、美学范畴等内容相对抽象，涉及衣、食、住、行和科技、广告、工艺和文艺等的领域审美则相对直观和形象，容易理解和接受，教学中可打破逻辑顺序，将二者交替进行，未尝不是一直新颖的教学尝试。

无论采用何种方式，我们认为主讲教师既不可以弱化学生抽象思维能力的训练为代价，一味讲解具体门类的审美；也不可过多沉溺于审美理论的框架走不出来，而忽略了锻炼学生运用审美理论分析身边文化事象的迁移能力，宜在二者之间寻找到某种“平衡”。

四、方法平衡

对于一般的高校课程来说，需要任课教师根据对象和内容灵活运用多种教学方法，更不要说执教美学这样难度较大的综合性课程了。无疑，美学课程要想上得清新活泼、充实饱满，深得学生欢迎和好评实属不易，这尤其需要任课教师在方式、方法上调度和思考，在多元方法的综合使用中寻求到某种平衡。据作者实践所得，如下两个方面值得关注。

其一，寻求多媒体教学与传统口授教学之间的平衡。近十年来高校普遍采用多媒体教学已成不争的事实。它具有形象直观、便于展示、方便灵活等特征，深得各校师生的青睐。而传统的采用粉笔和口授的教学方式则具有教师备课充分、能与学生进行肢体表情等交流、促使学生同步笔记等优点。二者各有千秋，学界对其多有全面的分析和冷静的认识[①]，但无论谁都无法否认在高校多媒体几乎独霸鳌头的今天，传统口授教学方式依然有其独特的魅力所在，宜将二者有机结合，教学中“两条腿”走路。

基于此，我们在美学教学中也极为注意寻求二者之间的平衡，即不唯一“法”是论，据讲授章节灵活运用、综合调度，使此二法“各司其职”、物尽其长。比如在讲到劳动创造了美时，运用多媒体技术大量展示中外的壁画、器物等，带给学生鲜明的视觉冲击；在讲到形式美中的色彩、形体等要素时，也配以大量图片，增加学生直感；在探讨自然美时，以简练的视频将学生带入祖国神奇瑰丽的美好山川之中；在涉及人的外在和内在美时，从足球、体操、拳击等体育项目中大量择取经典图片和视频……然而尽管如此，我们并不认为多媒体技术是万能的，为控制课堂节奏、避免陷入华丽花哨之中，在美学课程教学的很多地方坚持采用传统的粉笔板书、口头讲解的方式，把学生从一味读图中带回现实，从多媒体的感官刺激中回归师生互动，享受交流的乐趣。比如勾勒美学学科史的发展历程时，针对柏拉图、亚里士多德、维科、康德、鲍姆嘉通等美学家的理论观点，作者无涉图像视频，纯粹采用口授讲解法，使学生直面观点；在讲到“美的形象性”时，引导学生充分发挥自己的想象力和感受力举例（如把常见的、较抽象的“我爱你”改换为形象性的多种语句），学生各抒己见、畅所欲言，与教师分享、互动，课堂氛围同样活跃；在讲到形式美的节奏韵律时，激发学生发散思考，他们分别从呼吸、心跳、军训步伐、广场舞中举例感知，也是采用传统的口述

① 参阅龙珑：《高校多媒体教学存在的问题与对策》，载《钦州学院学报》2011年第4期，第108～110页；陈洁君：《高校多媒体教学的利弊分析及对策》，载《黑龙江教育学院学报》2011年第7期，第72～73页，等论文。

方式;更不要说后面在涉猎艺术美中的"文学特征及其魅力"时,带领学生以朗诵的方式感受、体会经典诗词在声、形方面的多元魅力。当前高校应当着力培养90后新生代学生对"文字"(而非图像)的感知力,互动、交流的渴望,学会在倾听、面谈中学习、吸收。

其二,美学教师应在单向主讲传授和学生自主研习之间寻求平衡。贪多求全的陈旧观念不仅使教师个体主讲变为"独角戏",也束缚了教师积极进行教改的手脚,累自己累学生,得不偿失。我们认为,教师应精选主讲内容而不必章章皆涉,适当展开讨论式教学十分必要。其步骤有三:先是课堂上抛出话题,让学生下来思考准备;接着由学生小组查阅资料、思考讨论,汇总观点;教师利用一次课主持全班集体讨论,各组发言,引导争鸣。比如,讲到导论中的"人文素养与审美教育"部分时,设计开放性话题如下:

选一部你最感动的文学或影视作品,谈谈它如何促进了你感性和理性的统一。

结合身边所闻所见,谈谈日常生活审美化的当代表现及其价值、影响。

结合见闻、经历和体验等,分析德育、智育、体育分别与美育的关联。

美与美学:

依你的印象、感受与理解,"美"是什么?你曾为哪些美的事物激动过、感叹过?

举例分析感性的东西背后包含某种深刻的道理甚至真理。

当前人们有哪些常见的回归感性的生活方式?举例分析之。

从百年中国服饰的变迁,分析人们的审美变化及其原因、特点、意义。

形式美:

以实际生活为例，选取形式美构成规律中的“对比”、“匀称”、“节奏”等予以分析。

自然美：

结合你的某次（或数次）观看景点，旅游经历，谈谈你曾经从自然审美中获得过哪些较为深刻的感受、体验与收获？

社会美：

选择展现人类“三情”的、你最熟悉的歌曲各1～2首，与大家分享。

从日常的衣、食、住、行中，选择你最熟悉的1～2类，分析当前审美的日常化与生活化。

艺术美：

关于《红楼梦》，大学不读是一种缺陷和遗憾；工作后无所谓，不懂金融理财才是人生的失败。你是否赞同？如何看？……

当然，以上这些话题也可作为平时作业。我们认为，美学主讲教师必须在备课中逐渐形成自己的“话题库”（也可激发学生提供），关注热点和前沿，不断更新和完善，以便于灵活安排“讨论课”穿插于课程中间。显然，适当采用互动、探讨式的教学方式，打破了由教师垄断讲坛、主宰课堂的局面，既调动了学生的积极性，也培养了学生的创新思维，锻炼了其语言表达力。是传统单向主讲法的有力补充，值得尝试和推广。

此外，教师还应在知识的拥有、倾倒与吸收、更新之间，在对学生既有了解、形成固有印象和摸索新生代个性特点、学习面貌之间，寻求到某种“平衡”，限于篇幅，不再赘述。总之，美学课程的主讲教师要督促自己树立“终身学习”观，在平时不断地学习和进步，既“知己”也“知彼”，打造自己成为深受学生好评的优秀教师。

“实用美学”相比“美学”增加了“实用”二字，是基于听课对象在本校主要是理工科大学生，他们选课、听课具有较强的功利性，不太愿意听一些玄乎的、抽象的理论课，他们对无关痛痒的、没有多少实用价值的课程也不感兴趣。虽然任课教师认为所谓的“美学理论”非常重要，是这两种类型课程必不可少的共同内容，但经我们多次和学生互动了解，发现很多大学生更愿意教师在稍微讲一些美学发展史、流派观点、审美心理等理论知识外，以更大的篇幅来分类——诸如习俗美、服饰美、人体美、自然美等——予以具体讲解，以提升他们的审美欣赏水平。因此，实用美学更应突出它的“实用”性来，宜分专题来细讲。在物质文化快速发展的今天，人们的精神需求和心灵活动也日趋丰富和多元，实用美学的研究范围和对象也在不断扩大与变化，这尤其需要任课教师在课程中有所涉猎或纳入；其次，在读图、娱乐和喧哗充斥人们视听的今天，在快节奏弥漫到大学校园、一些学生求学也带着很强的功利性的今天，在社会“三躁”（急躁、浮躁和烦躁）也开始渗透到校园的今天，曾经的一些审美理论知识也要与时俱进，这需要主讲教师能把审美讲得有说服力、有实用性，这在当前是不容易做到的。因此，我们认为，高校实用美学课程的教学改革“永远在路上”，任重而道远。

第六编　当前高校比较文学课程教学的反思

比较文学是高校汉语言文学专业在高年级(第六或第七学期)开设的一名重要课程。随着比较文学学科四十年来在国内的飞速发展,此门课程的教学问题也引起很多省份的比较文学学会重视,曾组织过多次研讨会。2011～2014 年期间,作者有幸带过三届学生,发现这门课程因其综合性和理论性,教好是颇有一些难度的。很多章节都必须在古今中外汇通的节点上展开,它对任课教师的作品积累、知识结构、理论思维和学术视野都提出了很高的要求。但通过认真的备课和投入的讲解,这门课程也给了老师极大的收获,带来的审视和思考也是延绵不尽的。

第一节　全球化背景下高校本科阶段比较文学教学新探

自 20 世纪 80 年代至今,比较文学学科在国内获得迅猛发展,各高校纷纷设立相应硕士、博士点,各种教材和专著的出版如雨后春笋,应接不暇,彰显出此学科蓬勃发展的良好势头。其中,开设专业课程展开教学、培养人才是该学科发展的重要环节。围绕本、硕、博三个不同层次人才的培养,学界就比较文学“教什么”、“如何教”进行了多次系统而深入的探讨①。据作者搜索和不完全统计，相关教研改革成果也有数十篇，郝岚、蒋芳、王孝成等人就国内开设比较文学课程在教材、师资、内容设计、教学方式、学生学习等方面存在的问题进行了全面总结和深入剖析，为同行调整教改目标和方向提供了多元思考。②

2011 年 9 月，据工作单位的下属院系安排，作者接受了比较文学教学，最初颇有拿捏不安的心态。作者认为，中国古代文论的方向、知识结构和学科视野都很受限制，上好这门综合性很强的高年级专业课程很有难度，要讲得让学生易于接受绝非易事，承蒙领导不断打气、鼓劲，后来只得“赶鸭子上架”，接受这一挑战。

从内心来说，接受这门课也是基于以下三大考虑：一是十多年前作者读大三时，这门课程根本没有学到什么，读研后非常遗憾，尤其是需要中外文化和作家作品的比较时，知识结构、思维视野都捉襟见肘，写论文更是心有余力不足；同时希望这种“悲剧”不要再延续，毕竟比较文学是汉语言文学非常基础和重要的一门专业课（尽管很多学生读书时并未充分意识到）；二是作者硕博阶段有“比较诗学”的研习背景，加之对中外文化也很热爱（已执教中国传统文化和中西文化比较的公选课数载），执教时也许稍微有一些底气吧；三是我们一直反对做机械的教书匠，喜欢把课堂当作“试验田”，通过播种、浇灌来实施相应的教学改革，融“教学”和“研究”于一体。对具体教学展开研究，必须有前期大量的教学实践和充足的体验感受，但上完几轮后，个人收获非常大，通过教书促进自学

---

① 据作者所知，国内专设有“比较文学教学”的学会，先后已召开过 6 届比较文学教学研讨会，这在“中国文学”诸多学科中还是不多见的。

② 如郝岚：《目前比较文学教学亟待解决的几个问题》，载《中国比较文学》2004 年第 2 期，第 56～61 页；蒋芳：《对本科生比较文学教学现状的思考》载《遵义师范学院学报》2005 年第 3 期，第 23～26 页；王孝成：《比较文学教学中存在的问题及对策》，载《河南工业大学学报（社会科学版）》2007 年第 4 期，第 122～123 页，第 126 页。

个人收获非常大。

很多教师异口同声地认为，比较文学的教学理念和方式也应追求创新，与时俱进，不可落后于学科建设的步伐[①]。否则，将成为制约比较文学人才培养的瓶颈。尤其是随着社会环境的急剧变化，各国文化交流日趋频繁，在融入世界的同时力图文化强国、保持民族特性的呼声日趋高涨，比较文学课程在新的语境下如何教学成为一项迫在眉睫的重要任务。此外，在90后大学生成为本、硕在校学生的主体之后，如何根据学生特点调整教学内容、改进教学方法，达到因材施教的目的，也是每位执教者需要思考和探讨的课题。

一、全球化背景：多元文化并存和民族身份的认同与增强

随着经济全球化时代的到来，各国之间文化的交流和碰撞空前激烈，世界逐渐呈现出多元文化并生的格局。"文化全球化语境下比较文学研究的基本特征是跨文化研究，它以文化全球化为语境，以新人文精神为指导思想，依据'和而不同'的原则，以有效的对话模式进行跨文化比较文学研究。"[②]因此，新时期比较文学教学在讲解流传学、渊源学、媒介学等章节时，绝不能只是注重基本理论知识的传授，也不能刻舟求剑地采用老式教材而不注重作家作品、文学现象背后"多元文化"的拓展。这就要求主讲教师必须不断审视所处的风云变幻的现实语境，立足于全球文化融合、多元文化冲击的格局，以开阔的学术视野来建构学科知识结构，决定教学内容的取舍和对重难点的把握。

---

① 曾有老师就思考过新时期比较文学教学应相应改革，突破此前陈旧的教学模式。如陈香玉、王占峰：《跨文化语境下本科比较文学教学的重要性及原则构想》，载《凯里学院学报》2011年第4期，第150～152页。

② 王占峰、连丽丽：《文化语境下的比较文学教学研究》，载《长春师范大学学报：人文社会科学版》2011年第5期，第144～147页。

（一）学科特点：作家、作品背后的“文化”根基

主讲比较文学必须牢牢立足于作家作品和文学现象背后的“文化”，是由该学科自身特点所决定的。在文化交流日趋频繁的今天，任何一部作品问世、一种文学现象产生后，往往是通过纸媒、影视以及移民、传教等多种方式传播到异域他乡，和他国文化产生碰撞、融合与渗透。封闭性地、“自足”地研究本土文学只会走向孤立，在全球化的今天只能成为一种空想。如华中师范大学胡亚敏在论及比较文学课程的意义与作用时指出：

> 比较文学是伴随着资本主义开拓世界市场的历程诞生的，是在文学和文化交流的基础是发展起来的。在人文学科中，《比较文学》处于文化沟通的前列，它的一个重要使命就是促使各国文学和文化的联系和交流，在世界各国文学之间架起理解和沟通的桥梁。[①]

可见，在进行中、外甚至外国之间作家作品比较时，立足于其双方文化土壤成为这门学科的一个显著特征。当前不少学者界定比较文学时，常用跨国界、跨语言、跨民族、跨学科等字眼来形容，而跨文化是其中最根本的依据，比较文学研究只有进入到了文化层面，才具有其厚度和生命力。聚焦文学现象背后的文化，其贯彻力度远胜过传统的国别文学和某阶段文学。因此，在教学中主讲教师必须具有开阔的学术胸襟，敏锐的文化眼光，善于建构不同作品之间的文化关联，将纯粹的作品上升到文化的高度去进行解读和比较。

如讲到比较文学的“汇通性”时，让学生就《安娜·卡列尼娜》中的安娜和《雷雨》中的繁漪之异同进行比较（此为“文学比较”），同学们从她俩的地位与家庭、冲破束缚追求爱情自由的方式与结

① 胡亚敏编著：《比较文学教程》“绪论”，华中师范大学出版社 2011 年版，第 5 页。

局等方面详尽盘点和罗列，在此基础上分别将其置于中、俄文化文学中的妇女形象、命运和地位，并结合各自创作时代的文化语境中加以汇通研究，上升到已婚女性为追寻爱情自幼冲破家庭而最终背弃的悲剧性主题以及这一主题在中、俄文学中的不同表现来研究，就进入到了作品背后的文化层面（即为“比较文学”）。一切对人物形象的品鉴、对小说写法的分析等，最后都以中、俄文化的不同及其特征揭示作为旨归。如果任课教师在教学中时时处处引导学生在盘点了不同作品的异同后，能分析出文学背后的文化传统与文化差异，就基本不会偏离学科的主要方向。

其次，无论是讲到比较文学的世纪特征还是不忘涉猎学科的最新进展和前沿动态，都离不开对全球化时代的一体化和多元文化的讲解。如学者所论：

> 20世纪下半叶以来，随着第三世界主体意识的强化，西方中心论被冲击和削弱，出现了文化民族化、多元化的趋向，正是文化的多元性构成了对趋同性的制约。而比较文学作为跨文化的文学研究正好顺应了多元文化的时代要求。①

在教学中涉猎比较文学在当前的走向时，少不了对其与时下正火热的文化研究之间的紧密关联进行分析，需要引导学生将学科置于宏阔的世界文化转型的大格局中去审视，需要将作品置于不同国度文化传播、文化碰撞的大趋势中去打量，这必将有助于引导学生深刻理解该学科的“开放性”等特征。

（二）汉族特征的认同：由中国到东南亚

在教学中重视不同国别文化的深层挖掘、中西文化体系的鲜明对比之外，任课教师不应忽略当前文化交流的另外一面：各国都十分注重保持自身民族特征而不是裹挟于世界潮流中丧失了自身

① 胡亚敏编著：《比较文学教程》，华中师范大学出版社2011年版，第30页。

的文化个性。“发展中国家的知识分子拿起西方后殖民批评的武器，对抗欧洲中心主义和西方现代性。他们认为文化上的渗透是一种文化殖民主义，文化交流将帮助文化殖民主义的建立，因此，呼吁通过对自身文化的肯定来抵制被西方现代性同化。”[①]因此，在比较文学教学中宜通过具体案例和反复强调来引导学生形成批判性思维，而不是对外来文化一味叫好，对本国作家作品重视不够。这对新时期成长于改革开放快速发展时期、受西方各种文化熏陶影响极大的90后青年学子来说，显得尤为迫切和必要。

如很多学生跟风欧美，对本土的亚洲文化较为淡漠，这既与学科视野(多是在中、欧之间比较)较狭窄有关，更与学生长期对东亚文化圈、非洲文化圈、美洲-犹太文化圈的文学关注和重视不够有关，视野势必受到很大影响。因此，在课堂上，教师鉴于学生对欧洲文学和文化了解较多，可多举例东亚和非洲的文学进行比较与汇通，有助于学生“总体文学”观念的逐渐形成。有学者指出：

在阐释“影响研究”这一专业术语时，除了以易卜生、卡夫卡对中国文学的影响为典型论据外，还应把日本的川端康成和大三健三郎以及拉丁美洲的马尔克斯对中国文学的影响纳入教学范围。在阐释“比较诗学”时，除了剖析中国古代文论中的“文气”和“风骨”，西方古代文论中的“模仿”和“迷狂”外，还应提及印度文论中的“味”和“韵”，日本文论中的“幽玄”和“风雅”，以及阿拉伯文论中的“技”和“能”。[②] 这无疑为同行教学树立了榜样。只是这样的比较还应加大力度，这尤其需要任课教师在备课上投入大量精力和时间，这对其教学研究都是极其有利的。作者为日后转向亚洲主要国家文论之间的比较研究，在2012～2014年间的比较文学教学

① 胡亚敏编著：《比较文学教程》，华中师范大学出版社2011年版，第30页。

② 陈香玉、王占峰：《跨文化语境下本科比较文学教学的重要性及原则构想》，载《凯里学院学报》2011年第4期，第150～152页。

中，搜集到了大量这方面的材料，常将其引入到课堂中去，使学生有耳目一新之感，也不失为教学路途上一个小小的开拓和创新。

二、视野、思维、方法和能力

自比较文学被国家教育部列入学科目录正式建制以来，其教学在本、硕、博三个阶段如何贯彻，成为学界关注的一大重心。鉴于比较文学在当前各高校本科生中教学效果很不理想的情况[①]，很多教师提出该课程不适合于本科阶段开设[②]，或者在开设中必须考虑到本科生擅长形象思维的特征、加入大量具体生动实例以软化理论，这激发了众多教师共鸣。作者身为学生时，接受此课教学几乎毫无效果，印象寥寥，近年来接触身边大三大四学生，他们亦有同感。因此，我们认为，当前高校本科阶段比较文学教学，不在于将十几章的诸多内容讲完，不在于教师单向度苦口婆心地传输，不在于选择闭卷还是开卷对学生进行考试和测评，根本在于如何在教学过程中，通过理论和实践相结合想方设法地拓宽学生的视野、训练其比较思维和分析批判作品的能力，夯实这三项基础，很多其他素质（如通过"学术训练"来锻炼学生的写作能力、比较文学专题的开拓、各种理论的全面掌握和较深理论素养的形成等），皆可放到硕、博阶段去提升和增强，这才是对课程科学、合理安排，对教学目的明确化、对教学定位清晰化的重要前提。

（一）教学中多在打通视域、开阔视野上下功夫，中外作品和多学科交叉

对于本科阶段而言，比较文学要建立切实可行的教学目标，不宜贪多求全、面面俱到，尤其是在近年来高校课时普遍压缩、教育

① 蒋芳：《对本科生比较文学教学现状的思考》，载《遵义师范学院学报》2005年第3期，第23～26页。

② 谢天振：《强强联手，规范比较文学的学科建设》，《中国比较文学》2003年第2期，第1～10页。

部要求增强实践应用性环节的当下，这往往是很多老师教学观念没有更新、教学方法没有改变的思想顾虑。在精心挑选部分主要内容、紧扣教学重难点来设计教学过程、规范教学方案之后，主讲教师应把重心放到如何引导学生树立一种开放、融通的学科意识，在思考、分析、撰文等多个方面都具有比较开阔的学术视野上，在我们看来，这就牵住了“牛鼻子”。这是基于以下几方面考虑的：首先，比较文学课程虽然多在大三、大四高年级开设，学生具有一定的中外作家作品的积累，但其由擅长感性思维到理性思维的过渡还需要一个训练的过程，突然接触理论性、综合性都很强的课程会很吃力，其学习积极性易受影响；其次，比较文学学科的设立和教学的推进，必须充分考虑到本、硕、博三个阶段的依次递进和各自培养目的，不要盲目将原本属于硕、博阶段培养的目标下移，恨铁不成钢，往往会适得其反。

我们在几届教学中，尝试引导学生培养融通的意识、形成开阔的视野，并取得了初步成效以与同行交流。具体做法有以下数种：

一是在举例讲解某种文学现象时，尽可能拓展多个点，形成由点及面的知识网络和思考导向。如在讲到中外作家近似情节、意象等的描写时，举例柳宗元的《黔之驴》围绕驴和虎的关系展开情节，古希腊文学中《伊索寓言》中关于“驴披虎皮”的系列道德寓言外，还可进一步举例印度佛教文学中《嘉言集》、《本生记》中关于驴虎关系的训诫故事，这就连贯成一条线，将学生的视野扩展到多个纬度，当然这首先需要任课教师视野开阔并精心备课。

二是就中外某个比较点展开观照时，尽可能引导学生从亚洲、欧洲、非洲、拉丁美洲多个文化圈中去寻觅和分析，打开局面、拓展思路，避免相对老套、陈旧的例子和分析。如讲到中外“比较诗学”章节时，让学生就他们最熟悉的“风骨”、“文气”观和欧洲“迷狂”、“模仿”进行比较，还应涉猎日本文论中的“幽玄”和“风雅”、印度文论中的“味”和“韵”，阿拉伯文论在的“技”和“能”，五个相关点的采集，有助于学生对各国共同“文心”的思考与探寻，有助于他们对“总体文学”的体认。这种跨民族跨国度的多点涉猎，要求学生具备较完善的知识结构，这对推动他们博览群书、对此前各学科知识进行整合也是一种极好的督促。

三是引导、安排学生搜寻、积累，阅读材料时视野开阔，兼顾多家主要的核心材料，而不是浅尝辄止；培养学生以敏锐的眼光去发现和查看材料。如讲到“影响研究”一章后，布置作业让一个小组查找“中国文学在海外”的相关资料文献，学生收齐在法国、朝鲜、美国、英国、德国等多国的专著(后为90年代“中国文学在海外”丛书，乐黛云主编)，启发学生再找几本关于“中外文学交流史”的大部头书，每人负责一章，概括主要观点共享。另外一个小组在硕、博论文网上输入相关关键词查找数十篇毕业论文，带领他们去发现有价值的文献，发现文献之间的侧重点和不同切入点，迅速进行鉴别、取舍和提炼，等等。可见，训练学生开阔视野的方式完全可以贯彻到平时的作业实践和同步训练中去。

对于这种多元观照、多角度例析、多国度涉猎的教学方式，远胜过单一、孤立、狭隘的教学方式，对于学生视野的扩大和思维的训练具有深远的影响。前贤李达三先生曾指出培养学生的学科“视域”是比较文学的教学目的之一。另有学者指出：

> 涉及本科生教学，切实的教学目的则是初步确立打通的意识，和一种开阔的、包容的观念、眼光与观察问题的视角，用有些学者的话说这可以被称为视域(perspective)。
>
> 本科生教学的目标是初步确立打通的意识、一种开阔的眼光与审视问题的视角，那么过于细致的学科理论和学科史形成就不应是本科教学的重要内容。
>
> 就目前大学教育的现状来看，无论是紧张的课时，还是各门课程师资素质的状况，都不可能使学生在各门课

> 程的学习中去综合获取此类专门的知识，形成开放的视野与眼光。这就更要求提高对比较文学本科教学重要性的认识。①

由此可见，以宏阔的视野来考量中外作家作品，培养学生站在一定宽度去收集材料，一定高度去思考问题，一定深度去提炼和解决问题，这应是《比较文学》教学的重要目的之一。

（二）依学生分流（如就业、考研、出国等不同）情况，对本科生比较文学教学重新进行定位，重点培养其比较的思维和分析作品的能力

比较文学和世界总体文学密切相关，作为一门综合性很突出的学科，它要求学习者具有丰富的作品积累和广博的文学现象储备，能融理论于实践，在具体实例分析中去提炼、概括、理解、掌握理论。这些特征决定了此学科的教学不可能在国内所有高校以同样的标准和要求去实施，众所周知，国内高校的软硬件（师资力量、氛围环境等）出现分化：从985到211再到省重点、一般本科，其教学传统和水平能力的各不相同的，因此该课程的教学标准不可能一刀切。不能一厢情愿地把在重点大学实施此门课教学尚且效果不明显的模式照搬到普通院校中去。此外，高年级学生毕业时有考研、就业和出国等多种形式的分流，以学汉语言为例，有毕业去企事业机关从事文员的，有去媒体机构做记者和编辑的，有去中小学做教师的，只有极少数能考研深造，读研后能进一步接触到较深奥和抽象的各种理论知识，大多数学生在本科高年级阶段获得的只是一种思维训练和能力锻炼，而非知识的苦口婆心传授。如学界所论：

> 本科生的比较文学教学不能以培养“精英”为目的，而是要通过学习，让学生了解比较文学的基本常识，初步

① 郝岚：《目前比较文学教学亟待解决的几个问题》，载《中国比较文学》2004年第2期，第56～61页。

运用比较文学的研究方法，辅助自己的学术能力，开阔文学视野，拓宽思维空间。为使其培养用比较的、联系的、平等的、汇通的方法观察事物现象、具有创新处事能力奠定基础。①

因此，在作者看来，本科阶段比较文学教学应多举实例来启发学生去分析，把大量关于作家作品的案例融入理论中去，软化理论。正如中山大学易新农先生所言："比较文学本身要求研究者具有开阔的视野，开放的多向多层次的思维方式，故应特别注意启发式教学，培养学生比较分析的思维习惯和能力。"②他曾结合自己多年研究成果，举例论析，具有启发性，读者可参看。立足于科研的教学，在启发学生时往往会"活水"不断。融科研入教学，以教学推动科研，实现二者的互动和共赢是作者的一贯追求。

三、因材施教：针对90后学生的教学设计

当前比较文学教学要想上得一要有收获，学生在知识和能力上能得到提高和锻炼，二要生动活泼，对学生具有吸引力，必须备"学生"，充分考虑到90后学生的身心特点和接受能力，采用相对直观的教学手段，随时尝试和变换新的教学方法。

（一）90后学生特点的不同是引发教学转变的根源

有比较才有鉴别，对于老教师来说，当前主讲比较文学课程的效果似乎不如15年前那会儿，70后、80后与当前90后因成长环境的不同，求学面貌也呈现出很大的差异。也有学者反映一些高校教师的教学观念滞后，不善于在教学方法上根据学生特点和课时安排做出必要的改变，颇有点"一厢情愿"的味道。在新时期，比

① 蒋芳：《对本科生比较文学教学现状的思考》，载《遵义师范学院学报》2005年第3期，第23～26页。

② 易新农：《开拓学习和研究的新领域——谈比较文学教学》，载《中山大学学报》1999年第1期，第44～46页。

较文学教学不仅要备“课程”,更要备“学生”。作为学习的接受者,90后学生成长在社会急剧转型、网络飞速发展、高校普遍扩展、教育走向大众化的信息时代,普遍具有好奇心强、易于接受新事物、思维活跃、个性张扬、比较自我、易接受非主流思想、价值观念多元化等特点[①],呈现出和80后、85后较显著的差异。因此,上课教师在内容的取舍、节奏的把握、问题的设置、作业的评判等方面,须充分考虑到当前大学生的这些特点。在教学前、后不同环节始终拷问该如何去真正地“因材施教”？对“材”与“教”是否达到了“知己”“知彼”的程度?[②] 该如何针对每一两届学生特点的不同做出相应地备课调整?

(二)采用影视资料活跃思维,增强直观性,融理论知识入生动的教学案例中

比较文学主要是讲基本原理,在教学上就必须特别注意理论联系实际,深入浅出,还应注意教学的生动性、形象性,使学生易于接受。鉴于90后学生普遍生活于信息时代,从小起就对电子产品感兴趣,对音像视频资料传达出的直观而形象的视图信息极为敏感,在当前比较文学教学中最好尽可能采用一些配套视频资料,帮助学生理解内容。如在讲到中西文学的相互影响时,适当安排了“丝绸之路的开拓”、“马可·波罗来华”、“利玛窦的中国之行”等视频资料;在涉及《再别康桥》、《断章》、《陈情表》及西方大量爱情诗时,同步播放清晰动听的MP3音频,瞬间带领学生进入一个唯美的境地。另有教师讲解“跨学科研究”时,安排学生欣赏黑泽明导

① 周仲瑜、徐彦:《90后大学生心理特点调查》,载《重庆科技学院学报(社会科学版)》2013年第10期,第194～196页。

② 从多年的教学实践来看,作者认为这是衡量一个大学老师是否称职的重要标准之一,可惜在这个普遍重科研、轻教学的“异化”时代,在这个教育产业化、人心功利化的时代,其实施已相当艰难了。

演的《乱》与莎士比亚的《李尔王》两部电影，然后进行讨论和比较。[1] 这些都是可取的教学方式。

不过辅以影视资料辅助教学需要注意三点：一是这种视频资料常作为“点心”不能冲淡“主食”，要精心筛选和剪裁；二是资料和教学内容必须紧密相关，否则冲淡课时。三是平时尽可能储备、积累相关资料，必要时可发动学生，展开资源共享。

（三）课下对学生积极性和主动性的调动

比较文学课程教学固然由任课教师主导和推动，决不能成为老师独角戏，一味在讲坛上灌输，由过去“人灌”变为现在“机灌”。教师的重要职责之一是竭力采用、尝试多种教学方法，调动学生的学习积极性，设置不同活动环节，让学生在参与中体验和感受，在动手中实践和总结，从而获得最直接的认知。

比如每章快讲完之前，组织小组准备课堂讨论，学生查阅资料后提炼观点、小组协作后课堂发言、不同观点参与探讨、教师予以引导和总结；比如讲完法国学派的影响研究和美国学派的平行研究后，将班上近 60 名学生分为两组，分别针对这两类话题搜查中外文学史上的经典案例。督促学生根据个人阅读，下来及时查阅资料，每一例写出 300～500 字的提要式介绍，最后汇总后发向全班，在资源共享中训练协作力和表达力，极大地拓展了学生视野。

全球化时代全面到来，这将促使高校本科阶段的比较文学教学做出必要调整甚至改革，以应对文化互动、学生特点诸多方面的变化。只有任课教师平时以身作则，以开阔的学术胸襟引导学生将文学现象和作家作品的比较融入文化层面、竭力拓宽其视野、提高其文本分析力，才把握住了此门课程教学的主要目的；只有在执教比较文学前前后后，心中有学生，善于兼顾到新时期 90 后学生

① 梁丽英：《管窥本科阶段比较文学之教学》，载《甘肃政法成人教育学院学报》2006 年第 3 期，第 106～107 页。

的特点与趣味，在教学手段和方式上积极寻求变革，哪怕是极小的探索和尝试（如同步配套一些音频和视频资料等），都可能受到出乎意料的教学效果。

正如“开放性”是比较文学课程的本质特征之一一样，与时俱进地变革教学方法，吸收和采纳新的教学观念，也将成为这门课程应有的基本理念之一。

第二节　新时期立足于90后本科生的高校比较文学教学新探

近30年来，比较文学作为中国语言文学一级学科下的一个二级学科，发展极为迅捷，无论是编订教材、出版著作还是发表论文、学术交流，都在为这门学科的建设推波助澜。学者曾就中国比较文学19世纪末至今的发展历程进行过回顾和总结，就其教学的历史和现状做出过较详尽的梳理。[①] 而国内目前关于比较文学教学的年会就先后召开过六次，单就“学科教学”设立学会并常年讨论，这在中文下的诸多二级学科中是不多见的。

据不完全统计，学界关于该学科教学的讨论文章先后发表过数十篇，探讨较为全面和深入。主要从审视评议各类比较文学教材、分析教学中反映出的问题与不足、就教学进行反思并提出对策和建议、尝试新的教学模式和教学方法等方面展开。[②] 但随着时势的不断变化，尤其是学科发展外部环境的变化和授课对象——学生的更新转换，此课程在教学中会涌现出许多新的问题，需要从

① 朱惠东：《中国比较文学教学的历史和现状》，载《昌潍师专学报》1999年第1期，第68～74页。

② 这方面的代表性成果有：王孝成：《比较文学教学中存在的问题及对策》，载《河南工业大学学报（社会科学版）》2007年第4期，第122～123页。

教者进一步跟踪和探讨。这里不揣陋见，仅就教学数届学生比较文学课程中的体验与看法、思考与改进做一总结，以切磋于同行、求教于方家。

一、教师维度：比较文学课堂的主导者

比较文学课堂教学中涌现出的诸多问题，在汉语言文学诸多课程中相对突出和集中。一方面由这门课程独特的性质与特点所决定，另一方面也与任课教师的执教理念、方法以及如何处理教学中遇到的诸多环节有关。同样的课程，在不同学校由不同的教师执掌教学，其成效是大不相同的，学生的感受与收获也大相径庭。教师作为课程的施教者和课堂的主导者，其《比较文学》相关知识的储备与积淀、自身教学素养的增强与提高、课堂教学艺术的掌握与运用等，都发挥着重要作用。这里，结合数载教学体验，仅拈数端以论之。

（一）关键词：难度，广博，师资，研修，备课

按照多年国内惯例，本科高校比较文学课程通常在第 6 或 7 学期开设。作为高校中文系的一门专业主干课在高年级推出，它具有极强的综合性，一方面，需要“教”、“学”双方具有很好的理论修养，前期“文学理论”、“西方文论”等课程学得较为扎实，接受起来才会自然衔接；另一方面，需要师生有大量古今中外的文学作品的积累，对众多作家作品和文学现象极为熟悉，学习起来才会轻松自如。即“比较文学”课程无论是从理论思维水平还是文学知识积累方面，以及二者的结合与运用方面，都对主讲教师提出了较高要求。正因为如此，它已成为高校中文系公认的一门难课，既难教也难学[①]，学生反映较为抽象，理论性很强，超过了其接受预期和能力。这无疑对主讲教师提出了很大的挑战。

---

① 蒋芳：《对本科生比较文学教学现状的思考》，载《遵义师范学院学报》2005 年第 3 期，第 23～26 页。

而据作者了解，在高校扩招后很长时间里，各高校主讲此门课程的教师多是老本科生，中途外出进修或访学，或是由现当代和外国文学的老师兼任，而纯比较文学方向毕业的硕士或博士生根本不够分配(好在近五年来情况已有好转)。不同学科的教师似乎都能沾点边儿，甚至临时上阵，但教学质量能否保证，还要打一个问号。即便是当前硕、博时期攻读比较文学方向的科班教师来主讲，也需要广博地学习，不断地提升和进步，方能胜任此课程教学。这不仅是当前高校几乎所有课程的共同要求，基于比较文学课程独特的性质和特点，它对主讲教师的知识结构、理论思维、学习品质和胸怀视野都提出了更高的要求。我们认为，要想将比较文学课程讲得深入浅出乃至深受学生欢迎，非得平时绷紧“弦儿”在以下几方面多投入不可。

一是要以开阔的胸襟、包容的气象学习中、外各种文艺理论和思潮。在讲到比较文学兴起的世纪特征时，需教师对全球化语境下的后现代思潮有全方位地关注，需对新时期世界多元文化的并起与纷争有所涉猎，也需教师对文学在社会文化多元化的格局中的功用与位置有清醒的认识，这已不单纯是吸纳此前关于19～20世纪西方一波接一波的各种思潮、琳琅满目的各种主义便可应付自如的了。在涉及比较诗学章节时，需主讲教师对中国近代文学批评和西方文学观念，对五四时期中国接受外来思潮的历程，以及西方诸如结构主义、解构主义等思潮要了如指掌、信手拈来。没有对中西文艺界既往思潮、理论的透彻消化，没有对当前各种理论的一定涉猎，是很难跟上学科发展节奏的，教好这门课也将成为一句空话。总之，比较文学课程需要主讲教师在成为“杂家”的基础上打磨自己的“专长”，既要有中、外广博的知识储备，又要有开阔的理论胸襟。在这方面，建议教师平时不妨多看看《世界文学》等刊物，浏览中国人民大学复印资料中关于西方研究的最新成果。

二是要有立足于作品，擅长讲故事、进行文本分析的能力。仅懂理论是远远不够的，比较文学课堂教学需大量中外作家作品作为例证，将文本分析融入理论讲解中，学生才能接受得快，不至于产生枯燥、乏味和烦闷之感。如讲到平行研究时，以小仲马的《茶花女》和冯梦龙的《杜十娘怒沉百宝箱》为例展开分析，教师要以精简而富有吸引力的语言讲故事，结合各自的文化体系谈其异同。在讲到中外都创作“吝啬鬼”时，要会绘声绘色地对奥洛克、阿巴贡、葛朗台、严监生等经典形象予以描绘。而且所涉举例最好生熟结合，不能全是学生熟知的陈旧而过时的老套例子（很多在其余课程中涉猎过），只有适当补充一些新鲜的、有说服力的作品和文学现象，学生才会保持学习的好奇心和新鲜感。这就要求任课教师平时广博地阅读，不能单凭网络公众教案和资源来备课，而要有自己的储备和取舍，以自己的眼光去发现，融入自己的理解，同时要在作品的分析和传达（品鉴力和分析力）方面多下一些功夫。

三是在备课上尤其要投入和付出。比较意识的增强和培养是比较文学课程的教学目的之一。要比较，就必然涉及两个或多个作品、文学现象之间的对话与碰撞，需要对其格外熟悉，既要把握作品，又要吃透理论，尽可能地融生动、活泼的举例入抽象的理论讲解之中。这需要主讲教师在备课上大量投入，梳理得清晰些，理解得透彻些，准备得详尽些，不仅课堂上发挥起来从容自如，有滋有味，学生听起来也容易引发共鸣，更有受益。在当前高校普遍依赖 PPT 教学的语境下，教师备课的精细度直接影响到他（她）对教材的准确把握、对内容的深刻理解和对分析的娴熟传达。对所讲章节内容的六分七分初浅把握和九分十分深入理解，所产生的效果是不可等同而语的。此外，诸如课程设计的诸多环节及其效果，无不与备课投入正相关。这既仰仗于听课学生的印象和评价，毕竟他们是课程的接受者；在众多高校重科研轻教学的当今，无疑也关乎教师的职业良知。

（二）教学观念：课时少，教材薄，多在教学设计上下功夫

当前高校比较文学课通常在32～48课时之间，即便如此，很多高校教师均反映，由于教学内容丰富庞杂，根本无法上完。而近年来随着各高校普遍压缩课时、增强实践教学环节，课时之紧张可见一斑。因比较文学课程涉及发展史、研究方法与范围、影响研究中的流传学、渊源学、媒介学三章，平行研究的主题学、形象学、文类学、比较诗学四章，以及文学与其他艺术形式、文学与社会科学、文学与科学技术等大量跨学科内容，如果求全部或大部分都涉猎，恐怕64课时也未必能够上完。

因此，从根本上来说这不是一个课时安排不对称、节次太少的问题，是关涉教师采用何种教学观念来教学的问题。有学者建议采用建构主义理论来教学①，我们很赞同。在作者看来，比较文学教学要突破以往主要由教师课堂上满堂灌、学生被动接受的传统模式，改由教师精心进行教学设计，抽讲重难点总结，布置讨论话题和配套作业让学生通过查阅资料、小组讨论、课堂汇报等方式来进行，要转变教学观念，在教学内容上合理剪裁、学会取舍，在教学方式上积极改革、周密布局。

一方面，所选教材厚薄要适宜，内容要精当。比较文学学科发展数十年来，先后涌现出陈淳、曹顺庆等学者编写出的数十种教材，有的内容太庞杂，枝蔓有余而不适合在本科阶段为初学者全面开设，有的适合作研究生教材，曾有不少学者就教材的缺陷与不足进行过批评。通过几轮教学实践，深表赞同。对于大三初学者来说，教材务必简明实用，阐释精当，反对将那种纯研究型的著作作为教材，学理性太强，不够简明、凝练，内容和难度均超过了本科生的接受水平和现有基础，让其畏惧，无异于打消了其学习积极性。

---

① 王占峰：《建构主义视阈下的本科生比较文学教学模式改革》，载《绥化学院学报》2006年第5期，第158～160页。

面面俱到、十分详备的厚本教材,也不适合,对师生双方都是一种负担。不过教师在备课时需就有关知识进行必要的拓展与延伸,完全可以多方查找,多种教材兼备,海纳百川。尽管如此,也不应有啥都要讲到、一章不漏的念头,须知“样样皆抓样样跨、样样皆通样样松”,贪多求全往往导致嚼而不烂,生吞活剥在所难免。经多方比较,胡亚敏主编的《比较文学教程》厚薄恰当、简明实用,是诸多教材中较为适合的一种。

另一方面,转变教学观念需任课教师对教学内容进行精心设计、对教学方式积极改革。鉴于高年级中文本科生的教学目标是初步确立“打通”的意识,培养起一种开阔的眼光与审视问题的视角,对于一些相对抽象和过于晦涩的内容不妨进行有机取舍。如跨学科研究中,文学与音乐、绘画的关系,因联系紧密且较受90后学生的关注,可详讲、多讲,而文学与宗教、哲学和心理学等内容在文学原理课程中有涉猎,为防重复可直接省去,放到硕士阶段去深化,或布置作业让学生去查阅资料后展开讨论;又如平行研究中的“形象学”和“主题学”在平时学习中会大量遇到,属必讲,而比较诗学关乎中外文学理论(原本理论色彩就很浓厚),可略去,置于硕士阶段再设专题展开。文类学中关于中、外文类的理论及其发展等内容,可略讲,涉及文类的缺项时,不妨以“中国古代有没有悲剧?”、“汉民族有没有史诗?”作为话题,抛出让学生讨论。这样既节省课时,也给学生预留了一定的学习空间。

二、课堂维度:学生锻炼和提升的阵地

在学界盘点当前比较文学课程教学中遇到的各种问题时,普遍认为“未曾接受过课堂教学的学生,不明白比较文学为何物;有课堂安排但终因无力投入学习的学生也只能‘走过场’。整个比较文学教学,形式也好,内容也罢,都难如人愿。距离必修课实际要求甚远，与学科发展的需要相差很大。”[①]而问卷调查显示，“师范生认为他们在本科阶段中所学有关比较文学的知识与中学语文实际教学距离较远，处于一种可有可无的境地。”[②]显然，当前我国高校比较文学课程教学效果并不明显，亟待改进。作为学生习得知识、锻炼思维、培养能力的舞台，课堂这一维度绝不可忽视。

（一）教学安排

比较文学课具有综合性特点，在理论素养和作品积累方面对师生都提出了很高的要求。正如中国比较文学学会副会长、北京师范大学文学院王向远教授在《比较文学课程的独特性质与功能》的报告中指出，比较文学课程有两个独特的宗旨和功能，第一是“打通”，即将中外文学史课程联通起来，将文学史与文学理论贯通起来；第二是“封顶”，将此前的课程知识加以全面笼罩、覆盖、综括、整合和提升，使之形成一个立体的知识论建构，这样才能使比较文学课程教学达到最优效果。[③] 因此很多本科院校放在高年级开设，具体学期学界争鸣不一。

我们认为，课程安排应根据学校培养目标和实际情况而定。从我所在单位的几届实践经验来看，本部因大一开设大量的平台课，学生接触专业较晚，比较文学开设在第七个学期，虽与学生考研复习、就业求职等相冲突，但只能如此，否则靠前则古代文学和外国文学都没上完，学生容易听得云里雾里。而独立学院无平台课干扰，一上来就进入专业课程学习，则此课程开设在第 6 学期，学生有很好的前期课程作为衔接，基础较扎实，亦无他事纷扰。

---

① 蒋芳：《对本科生比较文学教学现状的思考》，载《遵义师范学院学报》2005 年第 3 期，第 23～26 页。

② 岳峰：《高师比较文学教学改革与中学语文新课程改革的对接研究》，载《教育探索》2008 年第 8 期，第 22～23 页。

③ 王向远：《“宏观比较文学”与本科生比较文学课程内容的全面更新》，载《中国大学教学》2009 年第 12 期，第 55～60 页。

一般说来，比较文学在本科阶段最迟不宜晚于大四上学期，各高校应据情况进行教学调整，做出灵活安排。比较文学和中外文学类、文论类课程联系紧密，有此铺垫后接受起来才不会很隔阂。

（二）添加具体的实践教学板块

比较文学课程相比现当代和外国文学等具体国别或阶段文学而言，具有浓厚的理论色彩，“学生普遍反映教材的理论性太强，过于抽象和概括，他们的现有知识结构同教材的要求之间明显存在一定差距，因此学习难度较大。”[①]比如理解可比性，影响研究中的负影响和反影响，超越影响和回返影响等，需要学习者具有较强的理论思辨能力。因此，为避免课程让本科生望而生畏或敬而远之，建议在理论教学中适当多添加一些具体实践教学板块，一方面，缓和抽象理论本身带来的板滞和生涩，将理论化入实践教学中，起到润物细无声的效果；另一方面，有助于在具体实践中培养学生“活学活用”的迁移能力，学会运用书本理论解决具体实际问题，是一种必不可少的专业素养。

具体的实践教学需要主讲教师精心设计，形式完全可以多样化。如课堂布置难易适中的思考题，供学生当堂讨论，如讲到中西作家笔下的“异化”主题时，选择蒲松龄的《聊斋志异·促织》篇、弗兰兹卡夫卡的《变形记》和尤涅斯库的《犀牛》三个典范文本，激发学生的思考与分析，从中得出一些理论性甚至规律性的认识。又如阐发理论中结合大量生动、活泼的举例，我们在讲到中西爱情诗的对比时，可选取李白的《春思》、《怨情》和莎士比亚的“十四行诗”作为典型来切入。

又如采用“问题”导向法来教学。通过设置一个个的“问题”来引导教学，每一章内容、每一节课堂不断地穿插预设的“问题”，引

① 胡健生：《试探比较文学教学中增加研讨内容的目的、方法和效果》，载《四川教育学院学报》2007年第3期，第18～19页，第23页。

发思考，促进分析。如讲到平行研究时，开篇抛出《浮士德》和《西游记》异同分析的问题，过渡到对此概念内涵和研究范式的分析，学生有了感性的作品认识后，对于理论呈现也就不那么淡漠和抗拒了。

（三）教材要简化，并适当添加辅助材料

当前国内比较文学的教材如雨后春笋，参差不齐，学界对其不足进行过全面的总结和分析，一致认为教材应视不同阶段区别对待，不能把很多属于研究生阶段的内容提前转移到本科生，区分初学、了解和专题、升华等层次。其次，本科生比较文学教材不能太厚太庞杂，过于学术化不便于讲解。最好的教材是内容适宜，凝练简洁，理论阐释与实践锻炼获得某种平衡。如蒋芳曾指出：

> 本科生的教材就必须有自己的特点：理论知识编写要通俗易佳，具体个案的举例要与理论联系密切，每章节后应附有范文和思考练习题，帮助理解消化。使学生在有限的课时内弄懂、会用。①

郝岚则认为：

> 大家普遍认为，教材总的原则是不宜过细、过厚，提出指导性、纲领性的理论框架，列出重要的经典篇目便可以完成作为教材的任务，不能将教师发挥的余地挤到最小。而且目前的实践证明，更具实用性的教材往往是“理论+实践”的，即既有理论框架又有范文实例的。②

而作者认为，在编好教材的同时，应组织学界同行编写相关的辅助资料和作品配套同步进行。一方面，不宜进入教材的部分内

---

① 蒋芳：《对本科生比较文学教学现状的思考》，载《遵义师范学院学报》2005年第3期，第23～26页。

② 郝岚：《目前比较文学教学亟待解决的几个问题》，载《中国比较文学》2004年第2期，第56～61页。

容可在资料荟萃中看到，作为配料可有选择性地吸取；另一方面，资料集开设多个板块有助于满足不同学生的学习需求，如“经典案例剖析”、“国内研究成果追踪”、“名家剖析范文借鉴”、“延伸性思考题”等，都不失为喜闻乐见的栏目。目前国内关于中国现当代文学的相关配套资料很多，而关于比较文学的目前寥寥，有待国内同行尽早推出。

（四）带领学生“下水游泳”，提升其理论思维力和文本分析力

对于比较文学课程的教学，前人指出要将本科生和研究生阶段的教学定位区分开来，不断明确化、具体化。就学士阶段而言，本科生的比较文学教学不能以培养“精英”为目的，而是要通过学习，让学生了解比较文学的基本常识，初步运用比较文学的研究方法，辅助自己的学术能力，开阔文学视野，拓宽思维空间。为使其培养“用比较的、联系的、平等的、汇通的方法观察事物现象、具有创新处事能力奠定基础”[①]。因此，在学习学科知识之余，任课教师宜想方设法来锻炼高年级汉语言本科生的作品分析能力，作者数届实践中常采用两种方法，较为有效。

一是提前安排具体篇目引导学生参与研讨。如讲到“传播研究法”时，将法国学者 C. 苏尔梦博士主编的《中国传统小说在亚洲》（国际文化出版公司 1989 年版）一书中收集的苏、日、德、泰、法、美各国学者撰写的 17 篇论文，提前发给学生，画出范围让其研读，学生课后小组分工，研读概括，上课发言，其余人补充，最后由教师点评、总结，视学生的准备态度和发言情况来打平时成绩，几届学生都不敢怠慢，准备较为积极，发言较为活跃。

二是精心布置作业，提供章节思考题供学生课后练习。全程结束后，我们提供了 20 余个开放式话题，学生在个人思考、查阅资

① 蒋芳：《对本科生比较文学教学现状的思考》，载《遵义师范学院学报》2005 年第 3 期，第 23～26 页。

料之后独立撰写论文，既为毕业时求职工作的学生开阔视域，提供思维训练的空间，也为试图进一步深造（如考研、出国）的学生掌握从事研究的主要环节和基本流程。

三、学生维度："恶补"功课之后的超越

学习的主体性发挥和潜能开采、兴趣激发最终落脚点都在学生。要想扭转在校学生感觉比较文学难学或听课后收获不大的一贯局面，或医治该课程与中学语文教学脱节失去了其指导性的不良症状，"学生"方面是不能不考虑的重要维度。当前关于此门课程的教改文章很少从"学生接受角度"谈及当今的学习者应该如何做，该有哪些准备，这里作者仅举数端，权当抛砖引玉。自古以来"教学相长"，一门课程的教学效果绝非仅有老师单方面所决定，作为高年级本科生，作为学习的主人翁，亦有勇于自律、严格要求和配合改进的学习责任。

（一）应与课程同步，配合所讲内容恶补中外典范文学作品

从我们多年与本科生相处了解到，当前90后学生都生活在信息时代，擅长读图，对经典作品涉猎极少，甚至敬而远之。有的学生三年专业学习下来，在修完中国现当代文学后，居然连鲁迅杂文以及《日出》、《家》、《子夜》、《骆驼祥子》等典范作品都没看过；在修完《外国文学》后，对歌德、雨果、狄更斯、托尔斯泰等世界一流作家的认知还停留在教材的阐述之中，而对《浮士德》、《战争与和平》、《双城记》、《复活》等作品压根没摸过。稍好一些的则用读图（如影视等）来代替读原著。这几乎是社会急剧转型时期整个浮躁时代风气向校园浸染的必然结果，亦是一个时代的悲哀！一些学生陷入误区，认为大一大二文学史的课程上完，考试一结束，读作品的任务就告一段落。我们常在比较文学课程讲到某些作品（认为应当是汉语言文学基本了解和掌握的）时，被学生们不断地摇头和一脸茫然的表情所惊讶和震撼。于是在接下来数届教学中，都不断地穿插性地规定学生应读的基本篇目，算是对学生提出了一定的"恶补"文本要

求。比如在讲“影响研究”之前规定篇目,让学生提前研读鲁迅的《狂人日记》和契诃夫的《第六病室》、果戈理的《钦差大臣》等(这时教师必须善于设置一定的检测方式);讲到“平行研究”之前,让学生研读沈从文的《边城》和威廉·福克纳的美国乡土小说;讲到“描写女性之美”时,鉴于学生对汉乐府《陌上桑》中描写罗敷较熟悉,布置篇目让学生研读《伊利亚特》和《安娜·卡列尼娜》中关于海伦和安娜的肖像描写等。这样随着章节教学的推进,不间断地引导学生直面文本研读作品,一方面为理解消化学科相关理论知识打下基础,不至于空对空;另一方面促使学生在考证成风、学习陷入急功近利境地的态势下,尽可能形成某种良好的阅读习惯。

而作为学生,也应在教师的不断强调和引导下,转变观念,恶补作品。对中外文学史上经典作品的涉猎绝不只是为了完成作业任务,而应从增强人文素养、拓宽知识结构等层面,力所能及甚至夸父逐日地研读一流的、经典的作品,既为日后职场提升个人内涵服务,也为大四考研深造打下基础。与此同时,任课教师还可呼吁、倡导学院采取读书节、读书报告会等形式,积极为所有中文学子营造“好读书、读好书”的良好学习氛围。

（二）训练视野和思维:比较意识

在反思此门课程难教难学、学生收获成效并不显著之时,学界均不赞成将本科阶段的比较文学课讲得过深过全,把原本属于硕士阶段的内容提前以显示其“专业性”。① 很多同行认为应重新审视当前高校本科生的比较文学教学目标,郝岚指出:

> 本科生教学的目标是初步确立打通的意识、一种开阔的眼光与审视问题的视角,那么过于细致的学科理论和学科史形成就不应是本科教学的重要内容。

① 谢天振:《强强联手,规范比较文学的学科建设》,载《中国比较文学》2003年第2期,第1～10页等文章。

> 涉及本科生教学，切实的教学目的则是初步确立打通的意识和一种开阔的、包容的观念、眼光与观察问题的视角，用有些学者的话说这可以被称为视域（perspective）。①

可见，比较文学的学科特点决定了它承载了打开学生视野、拓宽其视域、锻炼其比较分析的思维习惯和能力等诸多功能。

一方面，学生的学习视野空前打开，不再是局限于一隅，或者画地为牢、故步自封，对世界文学的总体格局有一种全新的体认，有助于形成以宏阔的眼光观察现象和分析问题的基本能力。如王向远先生所论：

> 它的基本宗旨是引领、帮助本科生运用比较文学的方法，对已经修过的中国文学史、外国文学史（含东方文学、西方文学）的课程知识加以整合和提升。它的主要目的不在直接地向学生教授如何进行具体的比较文学研究，而是教会学生如何宏观地看待、总结、概括具有全球意义的重大文学现象。在这一过程中，学生可以自然而然地对传播研究、影响研究、平行研究、超文学研究等比较文学的基本研究方法有所体会、有所把握，并能够建构世界文学的宽广视野。②

比如，在比较中西两个主要维度的文论时，除剖析中国古代的“文气”、“风骨”范畴外，西方的“模仿”、“迷狂”说和日本的“幽玄”、“发芽”，以及印度的“味”、“韵”、阿拉伯的“技”、“能”等也应有所涉猎和比较。尤其是对于日、印、阿三方的引入，将能极大地拓宽学

① 郝岚：《目前比较文学教学亟待解决的几个问题》，载《中国比较文学》2004年第2期，第56～61页。

② 王向远：《“宏观比较文学”与本科生比较文学课程内容的全面更新》，载《中国大学教学》2009年第12期，第55～60页。

生的比较视野。

另一方面，在学习流传学、渊源学、媒介学等章节时，学生逐步学会思辨地看待不同事物之间的差异与联系，就其异同进行辩证地分析和评判。这种比较意识和能力在这门具有“封顶性质”[①]的学科中，远比在其余课程中贯彻得更为坚决和彻底，对学生的引导作用也更大。如果这些课程能够抓住“扩展视野”、“比较意识”两个关键词，也就成功了一大半。

（三）督促研读教材，揣摩体会，提出问题

据我们多年观察和了解，当前高校比较文学课程成效不显著的一个重要原因是，学生对教材置若罔闻，不予理睬，根本不下苦功夫细读和揣摩。这几乎是高校各年级的一个通病，很多学生——尤其是新时代的95后、00后们，进入大学后不懂得读教材，不擅长于记笔记，过于依赖手机拍摄和任课教师现成的PPT（考前打印抢背），课程结束时教材基本上还是崭新的，学生仅仅满足于课堂45分钟的老师讲解（何况听课还要大打折扣）。作者从第一节课开始，就不断强调大学阅读元典和教材的重要性及必要性，并规定每隔数周后由学习委员收齐《比较文学教程》（胡亚敏编著），翻阅后为学生评定平时成绩，以此方式督促学生下来同步研读教材，并欢迎学生就疑难问题提出来集体切磋和讨论。作者执教的比较文学课程的班级，每届学生的教材都是要“黑边”的[②]，随便打开书籍，字迹勾画和眉批旁批必然密密麻麻。这种方式结合课后作业、课堂讨论等，成效显而易见。大三、大四选择学年论文和毕业论文选题时，以比较的方法研读作家作品的选题高居榜首。

---

① 王向远：《“宏观比较文学”与本科生比较文学课程内容的全面更新》，载《中国大学教学》2009年第12期，第55～60页。

② 通常学生翻书越勤，则书边黑得越快，成正相关。

四、结语

比较文学成为汉语言文学专业课程家族中的“珠穆朗玛峰”，老师难教，学生难学，自出有因，如抓住教师准备工作、课堂教改环节和学生行为习惯等切入点着手，必将能寻根把脉，找准病症，对症下药。

多轮教学后我们发现，无论老师多么投入，如果高校普遍将比较文学放在大四的第七学期上，效果很不理想。进入大四学生普遍“分流”(考研、考公、出国、就业等等)，往往对一些很重要的课程怠慢和疏忽，或者来到了课堂也“身在曹营心在汉”，无心思考和吸收，一些作业也大打折扣。这尤其需要教师通过实例分析和老生“说法”，来调动学生对这门课程重要性做出深刻的认识。在思想、意识上高度重视，才避免在毕业论文写作时将“比较文学”当成了“文学比较”，或读研后发现视野狭窄、理论欠缺而懊悔不已。

第七编　应用写作课程教学与教书育人之路

如同“社会转型”我们感同身受一样，对于近年来高校的“教学转型”、“学术转型”我们身在其中，同样铭心刻骨。作者作为高校扩招后逐步取得学历、踏入大学讲坛的一名“青椒”，对高校当前如何处理“教学”和“科研”二大维度，是颇有看法的。作者发现，很多青年教师由于来源很杂(有的毕业于各类学校并非“师范生”)，在“项目化”生存的体制束缚下，对待教学并不重视，有的得过且过忙于完成基本的教学任务即可，不大愿意去积极进行教学改革和探索，他们担心耗费时间精力，影响科研和个人发展，更不用谈教学理念的推崇和独特教学风格的形成了。十余年来，高校人才培养质量的滑坡，不能不说与此无关。这实在是一种隐忧。

伴随着教育部对高校循环展开教学评估，高校教学质量问题已引起学界高度关注。当前高校教学普遍存在照本宣科、平淡无奇、无法激起学生兴趣等问题，继而引起学生普遍的不满，这与高校扩招后学风建设滞后、高校项目化生存愈演愈烈、教书考核侧重于科研而淡化了教学、部分教师责任心丧失、教师普遍对教育艺术钻研和应用不够等多个因素有关。

据多年在大学教学的实践和观察，以及拜读中学名师谈教学[①]

① 肖川：《教师做反思的实践者》，西南师范大学出版社 2009 年版；陶志琼：《教师的境界与教育》，北京师范大学出版集团 2008 年版；等著作。

来看，这也与当前高校很多教师上课缺乏教学理念有关。

何谓教学理念？它指教师在教学中为优化教学目的、提高教学成效而贯彻的一种教育思想、教育原则，它能充分反映出教师的教育价值取向，有利于促进学生的发展。教学理念是教学中的灵魂，是形成独特教学风格的基础，没有教学理念，则教学会陷入零碎和平淡，很难在工作中脱颖而出、在职场斩获头筹；有了教学理念，则教学过程便能初步形成了自己的教学思想，相应的教学模式、教学方法也就配套生成。很多执教多年的教学名师，都在一定阶段形成一种经实践检验行之有效的教学理念，为教育界所共享。如孔子推行因材施教、言传身教和有教无类的教育理念，朱熹推崇自学、循序渐进和不同学术观点碰撞的教育理念，蔡元培采用寓教育于审美中的理念；陶行知主张“做中学”的教学理念，魏书生推行调动学生自我管理的教学理念，等等。

我们认为，教学理念的形成，需要在两个方面发力。一是他山之石可以攻玉，充分借鉴、吸取他人的教学理念为我所用，尤其是中华民族教育宝库中那些具有永恒指导性的、被公认的教学思想和理念，更应该被不断传承与弘扬。二是教师应适应风云变幻的时代，在改革的转折点上投入实践，主动提取，勇于发现、探索和总结。只有面对教学对象、教育环境的不断变化，不断地去尝试和改革，就能逐步有新的发现。二者分别是间接经验和直接实践，两相结合，相得益彰。

第一节　大学“青椒”教学理念的培育
——基于应用写作课程的一次探索

自 2012 年起，我们开始利用高校讲坛，在不同课程中加大教学改革力度，以逐步形成自己的教学理念。经过两年多的尝试，依托公文写作课程探寻自己的教学理念，现将想法和过程写下，与诸位高校同仁共享。

一、强化逐层递进的“五步升级”教学理念

对课程学习，很多师、生认为主要学好知识，打好基础。尤其是近年来很多高校大力压缩课时，任课教师普遍有知识传授的惶恐，殊不知这种观念已有些滞后。毕竟知识永无止境，课程作为知识的载体，依托它重点向培养学生的能力方面延伸，才是学习的趋势与导向。多年来，对于“知识”和“能力”的重要性及其关系，很多师生是有认识的。然而在信息时代和社会转型时期，社会对人条件、素养的需求是多元的，是变化的，是趋新的，如何培养高素质的新型人才是一项时代课题。

其次，当前近 60％的毕业生“工作非所学”，即工作内容与大学专业并不一致，错位和不相干者很多，但这并不影响他们的发展与深造。据悉，他们在大学期间收获的多是思维方式、开阔视野和朋辈交际。那么，照此看大学期间一名学生所学的专业甚至所学课程就并非预设的那么重要。我们一直在追问，究竟是什么还在学生大学毕业后留下长远的痕迹？课程开设给日后那些不从事本专业的学生能带来些什么呢？

基于此，我们自 2015 年起开创了一种逐层升级的教学理念，依次为“知识、基础→方法、能力→意识、理念→行动、习惯→境界、情怀”五大层次，依次递进，不断强化。知识只是学习的基础，书本都有，学生可“百度”，随用随查，非常方便。而方法运用转化为能力，然后上升到一个人的意识和理念，就逐渐内化为持久的动力了，它是一种修为、素养的体现，尤其是“行动”、“习惯”构成大学期间“情商”(EQ)的重要组成部分。俞敏洪、马云、柳宏志等当代成功人士，他们的创业无不是“行动”的结果。而“境界”和“情怀”是人文学科的终极追求，无论是课程涉及古代名流，还是校园讲座报告，或者中外案例分析，都能引领学生通过分析一个人的成败、得失、追求、胸襟来培养其做人的境界，以及关于天地、道德和人文的

情怀。经过几轮教学实践，我发现很多文科课程都可以朝向这五步升级的教学理念去努力，最后都能获得知识、能力以外的其他东西。

为贯彻逐层升级的五步教学理念，在每堂课教学中，分“知识内”和“知识外”及时总结上次内容，“知识内”是载体，是 PPT 内容；“知识外”是后四步所涉及的内容，需要本人总结和概括，并不断强化。因此，几乎每一次上课都能给学生耳目一新之感。

二、想方设法让学生“动”起来

改革开放后 20 年，国内高校普遍采用“粉笔＋黑板”的授课方式，那时尚未扩招，大学如象牙塔，学生接受的是相对精致的教育，还配有一些平时练习和辅导答疑。但近 15 年随着大量三本设立、大学扩招、高教实现跨越式发展和高校考评机制的改变、竞争激烈程度加剧，高校教学进入了课件、声像和互动式的全新时代，教学工具不断更新，教学手段变得先进了，一些教师习惯于翻阅 PPT，尤其是近年大力压缩课时后，快节奏地选讲和翻阅 PPT 更成为一种时尚。大班教学，人数众多，作业布置数量和次数过多势必会占用教师科研时间，在很多教师看来得不偿失。① 于是，必要的练习和辅导答疑在当前很多课程中减少几趋于无。② 教师备课、讲课都便捷起来，学生也跟着轻松甚至享受起来。在 2003 年前后，大学生依赖老师透露重难点、划范围、勾重点、平时向老师要 PPT、考前大量复印笔记也开始流行起来。这与学生平时训练不够、重考试结果轻学习过程有关。

甚至近年来进入到微博、微信、电子商务、电子阅读时代，师生

① 有的甚至把投入教学而忽视了科研的教师，调侃地称为“蜡烛”——燃烧了自己照亮了别人。这真是对这个时代的绝妙的讽刺。

② 据作者和一些 30 岁左右的新进大学教师聊天，发现他们中很多根本不知“辅导答疑”这一说。

貌合神离，教师在课堂上独自表演、学生则神游手机已不是新鲜事儿。老师在讲台上例行公事，学生则靠后排坐，遇上要求严格者，还保证出勤，反之则干脆逃课，近年作者遇到学生最后来要分的也不在少数。总之，当前大学生变得更加轻松起来，这对于掌握知识、学以致用是极其不利的。为此，我们在近年不断出新招儿，变换着方式让学生“动”起来，不让他们只是坐享其成，在课堂内外什么也不干——那不是学生应有的模样儿，甚至期末结束时觉得没有收获空空如也，甚至最后评教时责怪、鄙视老师。陶行知主张“做中学”，我们希望通过实实在在的“活动”来让学生掌握知识、提升能力、加深印象。

比如执教公文写作课程之初，作者曾布置一个全年级的作业，每人推荐一本自己近年看过的最喜爱的书籍，或发现的一个经典博客，简要写出推荐理由（200 字以内）。上课的两个月期间随时传给学习委员汇总，凡是敷衍者、态度不认真者、推荐品质不高者和推荐重复者，一律重做。最后由作者过目、编辑后发向全班，人人可看，一起共享。此举旨在工科大学营造一种读书的氛围，督促学生平时加强阅读，同时也锻炼学习委员的组织能力与编辑能力。最后形成两份书单，学生都普遍认同此举的意义，“取材于民，用之于民”。它能让全班学生“动”起来，看到朋辈最近在关注哪些有品质的博客，阅读哪些有内涵的书籍，远比网上现成的书单来得更加亲切。

不同课程可采用另外富有成效的“运动”方式，不让学生“闲”下来，让班上每个学生有事儿可做，甚至视情况加大“运动量”，是一种值得推荐的教学理念。

三、小组发现与分享

中国人口相对各领域有限的资源而言，永远都是供过于求的。校园内竞争之激烈，在保研和就业前夕可见一斑。此氛围导致学生平时相互沟通、学习较有限，尤其是微信畅通无阻、手机“天下无敌”后，学生普遍抱着自己的手机沉浸在个人喜好中，一批大学宅男、宅女也就应运而生。或者在韩剧和美国大片中忘乎所以，或者因个性腼腆、内向而不善交际，或者在个人天地里“自得其乐”。加之中小学教育传统，使中国学生进入大学基本上“沉默是金”，课堂上多“埋头苦干”，在面子和其他心理支配下不愿意提问，也较少主动参与到讨论中来。这从留学欧美的学者反馈对比来看，感受是最为强烈的。相比而言，西方学生因教育传统的不同，追新好奇，善于提问，积极发言，勇于参与。他们能表达自己的观点，在公众场合相互切磋、争辩和探讨，故课堂往往较为活跃。这种长处值得中国课堂借鉴。

为此，我们在几轮公文写作课程教学中，把班级分成10个小组，根据课程进度和内容轮流完成如下任务：

(1) 及时思考、查阅、交换：毛泽东反对“党八股”提出的时代背景、具体内容及对当前写作有哪些启迪？

(2) 及时思考、查阅、交换：中国传统社会最常用但1949年后少用的几种公文体式，分析其中原因。

(3) 及时思考、查阅、交换：以古代曹丕、陆机、刘勰、萧统和姚鼐5人为例，厘清他们对古代文体的分类（表现、进步、特点或影响等）。

(4) 及时思考、查阅、交换：从“写作”角度分析法学专业所需的“基本功”，要落实和具体一些，忌讳空泛、笼统。

(5) 及时思考、查阅、交换：从“法学”专业角度分析，在大学期间应如何准备国家教育改革层面提出的“核心素养”？

(6) 及时思考、查阅、交换：法学专业应读的经典书籍，提供书单1～2份。

这些题目通常有两个典型特点：一是紧密结合所授班级专业

特点，如小组搜查法学专业书单为学生提供阅读指南；二是具有一定的弹性空间，可供小组四五名成员协作完成，通过让每人参与其中锻炼其搜查资料、处理信息和独立思考的能力；最终将答案发到公共邮箱供每人下载阅读，并作为期末考题的部分菜单。

此举连同如上每人推荐的书目或博客，都传阅全班共享。

此外，在本轮教学中，我们还采用推动学生看报、分享观点的做法，培养学生的发现与分享能力。引导学生在玩手机之余，尽可能地看《中国教育报》、《中国青年报》、《光明日报》、《青年文摘》等具有较高品位和认可度的报刊。每次小组谈5分钟左右新近发现的关于中国教育改革前沿、青年成长话题、中国法治进程三个方面的各种报道，推动学生去发现、分享和关注。

在信息时代，学会发现并分享，是中国大学生应该培养的一项基本能力。从实践反馈来看，学生普遍认为此举贴近现实，有助于他们养成及时读书看报的良好习惯。这种教学理念对学生成长的重要性不言而喻。

四、加强过程性评价

直奔最后结果、看重最后成绩也是近十年来快节奏功利社会带给高校的负面影响之一。学生往往在课程前几次就急切询问课程怎么考试，或者从师兄那里问到如何考试、怎么对待，即他们会“看菩萨添颜料”，因不同的考试而采取相应的学习态度和方式。尤其是考查课，这种姿态势必会削弱对平时学习的重视。而每一门课程是否能学以致用最终取决于平时点滴的过程，包括听讲、查资料和看书拓展等。在大班教学和考评体制的管制下，很多高校教师也淡化了平时的过程性管理，如减少作业次数，以考勤取代作业，取消点评与反馈，通过一纸试卷来定优、良、中成绩，等等。这也势必助长了当前大学生普遍关注最后结果的势头。

为此，我们在2013年以后的教学中主要侧重“过程性”评价，哪怕多投入一些精力也不图“节省”。2016年秋季的公文写作课程教学中，着重做了两大改变：

一是配合公文类别大量增加平时训练力度。公文重在“写”和“用”，纸上谈兵无济于事，需要“水中游泳”、“路上开车”。这主要体现在平时讲解相应文体时，课堂快速地小练习，灵活采用自写、互校、抽查，课堂与课后、统一与自愿等多种方式交替，进行写作实训。

二是过程考核方式更新，一改此前期末“闭卷”考试或上交一篇论文的方式，采用三次平时习作叠加的方式作为最后的“考查”内容，切实增加过程性评价，避免死记硬背和抄袭剽窃。在最后的评卷中，我将平时成绩的比例提高为40%，并对学生提交的装订成册的平时成绩逐一批阅和给分。

通常，经过这种过程性学习的学生方知分数的获得更为合理、公平，来之不易，掌握知识也更加牢固、深刻，在实际应用中更能得心应手。

五、每天“改变一点点”

2016年秋，作者体检报告中很多指标亮红灯，引起紧张与惶恐。紧接其后，亲人患病住院，自己不得不奔波于单位和医院之间。那段时间对平时从事脑力劳动缺乏运动和锻炼，以及伙食、营养方面的不合理做法进行了全面盘点和审视，于是萌生了从今以后在饮食和运动上“改变一点点”以求人生健康的念头，诸如每天散步、晚餐后及时刷牙、吃浸泡醋豆等“小小改变”便由此形成，并把自己这种做法也贯穿到课程教学中，让同学依次在课间花2～3分钟谈谈自己的“每天改变一点点”，从我做起，寻求发现和改变，与大家分享，在行动的同时也接受一点点监督。

原本这与教学内容无关，仅仅作为课堂“花絮”来调节气氛的做法，却迅速得到学生们的响应。由于难度不大，又贴近生活实际，学生人人有话可说，他们分别从使用手机时间、给父母电话、吃烧烤、深夜零食、清晨喝开水、做宅女、入冬穿衣单薄等方面反思和切入，源自生活，涉猎无奇不有，既调节课堂气氛，也引发了学生强烈的共鸣。

不独是学生生活、学习中“每天改变一点点”，就是在学习的内容、态度、方式以及相应的目标、计划、执行等方方面面，也可依托课程引导学生“每天改变一点点”。如秋季教学中作者通过示范优秀学生笔记、上课不带手机培养自制力、每学期看两本经典书籍、提示自己不逃课、改变评价教师的角度、教材如何对待、未讲章节如何自修等，来寻求自我改变，示范学生。这对学生人生观念和生活方式的改变将是影响巨大的。当然，此举的开启，最初是作者示范和演绎自己的践行情况，现场和学生们交流感受和成效。

疯狂英语李阳的成功之道便是“多一点点”：Four short words sum up what has lifted most successful individuals above the crowd: a little bit more。他直接成功的秘诀就是四个简单的字：多一点点。认为凡事比别人多一点点，多一点努力，多一点自律，多一点实践，多一点疯狂。“多一点点”就能创造奇迹！这与作者所推行的教育理念异曲同工。改变多了，人痛苦，难有定力与恒心；改变少了，不见成效，无从进步；不改变，则积重难返。只有每天一点点，通过不间断的量变来寻求质变和突破，这对个人的身与心都是“蝉蜕”的过程，也验证了中国古代“积水成渊蛟龙生焉”以及“合抱之木生于毫末”的坚持不懈的人生精神。这种理念也值得在当前高校课堂中去贯彻，去践行，对学生的“育人”，也将助莫大焉。

如上总结为 2015～2016 年间执教两轮公文写作课程中所形成的教学理念，可能并非十分成熟，需要在实践中不断完善和调整。但作者切实感受到，在实际教学中有了教学理念的主宰与通常完成任务的所谓“教课”，效果是完全不一样的。前者有进步，后者宜平淡。至少，教学理念的形成代表了一名教师观念的初步觉醒，代表了他的自觉探索和教育追求。这些理念与方式也不见得同时使用，不一定立足于 1～2 门课，可开阔些在多门课程教学中据内容和对象选择性使用。

我们期盼并相信，当前中国高校还会有很多“有识之士”，会探索出更多、更好的教学理念，一同分享，一同践行。

第二节　当前大学如何依托课程来“育人”
——基于公文写作课程的一种教学尝试

在世纪之交中国高等教育实现了跨越式发展，在学校规模、招生数量等方面有了大踏步前进。随着而来的是 1999 年以后近 20 年高等教育本科教学质量的大幅度滑坡，学生素质、校风建设、教学成效等都似乎都不如以前，这已引起各界学者乃至教育主管部门的关注，相关评议和研究已很多。究其原因，与社会风气渗透、学生治理滑坡和教学管理不力等紧密相关，其中本科课堂教学质量的普遍下降，是其中不容忽视的重要因素，而这是当前高校教师的“教”所造成的。

一、当前大学的“教书”与“育人”相脱节：表现、原因及其危害分析

在教育界对高校教学的各式批评声音中，一种观点认为当前的中国大学存在“只教书不育人”的尴尬局面。教师在有限的课堂环境，注重书本知识的讲授，而较少关注当代 95 后、00 后大学生的身心特点与成长需求，注重运用新兴多媒体制作 PPT 来翻页式传播知识，而很难走近学生的心灵，不关注学生成长中的忧愁烦劳和所思所想，不针对学生群体普遍存在的问题因材施教或调整教学内容与方法，在大学生“三观”尚未彻底成熟的青春时期，主观把教育学生的任务交付给了辅导员和班主任，极少依托课堂来对学生展开教育。

据我们观察和分析，其原因有三：

一是当前高校项目化生存体制和重科研轻教学的传统不利于教师投入更多的时间和精力到“育人”工作中去。近十年来，高校各级各类项目眼花缭乱，从国家社科到省部级再到厅局级，每年向教师们“招标”，项目叠床架屋，层层将专职教师包围和捆绑，他们的职称晋升、工资奖金和职业发展无不与“项目”挂钩，这极大地制约了现有教师的工作积极性，不愿意投入更多的宝贵时间到教书育人中去。而十年来高校重视科研轻视教学也是不争的事实，科研导向促使更多教师把精力投入到可见成效且与自己发展密切相关的学术研究中去，而教学以满足工作量、不出教学事故为标准，不思进取，不愿投入去改革。

二是当年高校扩招后急需引进一批教师，导致如今高校教师队伍的良莠不齐。有的教师没有教学理念，有的教师素养不高，有的缺乏基本的师范训练，有的没有经过助课环节，他们虽拿到硕士、博士学位到高校执教，讲授专业知识是强项，但与学生打交道，发现学生存在的问题并有针对性的施教，甚至在传道、授业、解惑方面还较薄弱。这与 90 年代之前培养的大学教师相比，便格外鲜明。有人认为当前大学教师队伍整体滑坡，有的也提出了相关建议。

三是部分高校教师仅仅满足于教书，而忽视了“育人”环节，或者将课程、课堂应有的“育人”任务搁置，将知识传授和书本讲解理解为课程的全部，显得狭隘而庸俗。有的教师缺乏教学改革的动力和勇气，在不断地“填表”中轮回式地重复昨日的教案，而不愿意把精力放置在活生生的人才培育上，狭隘地将其理解为班主任和辅导员的事，或片面认为大学生的自我成长在心理健康、法律基础、职业生涯规划导论等课程中完成，与平时专业课和公选课无关。有的教师则压根儿产生了教学惰性或职业倦怠，缺乏教学改革的热情和动力。有的教师则不愿意与活生生的人打交道，在教育心理学方面尚有一定欠缺。

这种只教书不育人的大学课堂模式导致了三大弊端:一是学生普遍厌倦了知识硬塞,尤其是在任课教师缺乏高超的授课技巧,或没有幽默风趣的口才时。二是学生在微信、微博的带动下,普遍成为“低头族”,身在曹营心在汉,上课玩手机成为时尚,使课堂学习陷入恶性循环之中,学生不愿意听,老师不愿意讲。三是学生缺乏能力、观念等方面的必要教育,如花朵未曾浇水,树木未曾施肥,难以形成个性化教学,普遍对教师教学评价不高,甚至个别颇有怨言,却又无从道出。

基于这种现状,作者在近五年教学和带班主任的过程中,一直在思索如何改变这种现状。虽然大的外部环境无力改变,但执教的课程、带领的班级好比自己的“责任田”,可以进行前期尝试,每轮教学中边摸索边总结,也积累了一些经验可与国内同行汇报交流。

二、如何依托课程开展“育人”教育

“十年树木百年树人”,教育是一个长期的过程,慢工出细活儿。这既需要符合人才成长的基本规律,也离不开园丁长期的辛勤劳动。何谓“育人”?它指通过言传身教、知识讲解、师生互动、朋辈交往、校园活动等影响学生的身心发展,促使学生形成良好的世界观、人生观和价值观,使他们在品德、能力、思维、观念方面得到提升,最终成为德、智、体、美、劳综合协调发展的祖国接班人。依托课程来对当代大学生进行“育人”教育,已为部分学者所呼吁。

(一)构筑“心的桥梁”:师生问答的成效及表现

由于当前高校教师把主要精力置于学术科研,终日忙于课题申报,故与学生的交流显著减少。尤其是老师普遍奔波于新、旧两个校区,踩点上下车,学生通常只有在课堂上才能见到任课教师,当年北大季羡林等先生居住在校内,可与学生在板凳上聊天的场景几乎一去不复返。节奏的加快,使很多教师来去匆匆,即便是班主任也是每学期与学生见面两次罢了。缺乏沟通和交流,导致师生之间存在很多屏障，甚至有些高校规定教授给本科生授课也以形式意义居多。

为了真切走近学生的心灵，搭建沟通的桥梁，作者在2016年秋季讲授公文写作课程时特意开辟问与答板块，要求每个学生至少提一个问题给任课教师，内容和范围不限，可以是课堂教学的，也可以是大学学习的，甚至是心灵困惑、青春故事的，可以署名也可以匿名，以保护学生的隐私，可以课后也可以平时，不拘一格，给予学生足够的自由空间，听听学生真实的心声，也为他们释放心灵压力找到一个渠道。

建构这样一个问与答的桥梁后，每个学生都真切地道出了自身的困惑与迷茫，整个课程教学期间两个月共收到学生近100个各式问题，涉及听课、看书、过级、考研、出国、恋爱、二学位等方方面面，作者都一一认真给予回答，哪怕是备课到深夜突然收到学生在QQ上发来的消息，也立即全力给予回复。要求自己身临其境换位思考地真切对待学生，在回答方面条分缕析，注意层次感，并尽自己所能来解开心锁，在方向、途径、观念、思维等方面给予启迪。如：

清欢 2016-11-19 19:45:25

问：邓老师您好，我是汉语一班的×××。一直以来我在思考，我们本科毕业以后，只有很少部分的人选择马上就业、直面社会；而大多数人选择考研读研，两三年之后仍然会面临着就业的问题。读研难道仅仅是为一纸学历、为了迎合不断提高就业门槛么？除了这种直接的目的性，还有什么是我们可以追求的么？烦请老师指点一二。您辛苦了！

答：亲，你的问题很真切，有针对性，答复如下：

其一，读研和考上的人有很多种情况，如个人兴趣、父母劝导、喜好校园、职场提升之需要等，不全是为了学历和暂时逃避就业，这需要区别对待。

其二，你顾及“大多数人选择考研读研，两三年之后仍然会面临着就业的问题”，这种困惑根本不存在，过于理想化，甚至有些想当然。可以肯定地说，现在乃至今后研究生总体而言就业比本科生好（少部分工科专业出现暂时倒挂现象，不代表普遍），其职业发展空间更大、自我选择主动权更大。换位思考，假如你是工厂厂长，从投入和产出以及熟练度、上手快来看，扎堆的人投过来简历，你是愿意招聘初中生还是高中生呢？

其三，人生有些事没必要想透彻了才去行动，那容易限制自己，容易杞人忧天，考上才是王者，边走边看。路都是“走”出来的、“踩”出来的。——这个，嘿嘿，你比俺更懂哦！！

其四，不同人，要想把兴趣和职业结合起来，很不容易，也只有一少部分能做到。抛开提升素养、增加知识之类的“空话”外，这可能是一种比较务实的读研后的另外一种目的与追求吧。否则，有的人一生被安排，被指挥，被踩压，过得很被动，很窝囊，很苦痛，很……

呵呵，亲，你愿意做哪一种呢？

可再多问问过来人，希望能对你有所启迪。

爱你们的强哥

2016 年 11 月 19 日深夜

有的问题甚至答复了八九条之多。当然，围绕课程教学（比如内容、方法等）也有十几个问题。这种“教书”之外开辟的“育人”通道，深受学生的欢迎和好评。据下来了解，他们到大学读书三年来，还没有遇到采用这种方式的老师，能耐心、细致地回答每个学生提出的任何问题。其次，他们能在“心的桥梁”上自由漫步，在匿名后讲出自己任何的问题而不遮拦和掩饰。

我们不求学生对任课教师高评，而作为一种尝试以开辟大学“育人”的通道。育人的途径多种多样，可以是班级讲话，可以是校园活动，也可以是个别谈心。也许在课程结束后和学生见面的机会会和其他课程老师一样很少，但身在其位则谋其职，作者依托所讲公文写作课程但又不拘泥于该课程来展开“育人”教育。当然，这需要教师有认真负责的态度，需要耗费一定的时间，但因反馈互动具有很强的针对性，成效也明显，适当采用也是值得的。一名教师如有开放和包容的心态，给予学生及时的帮助，便可引领他们少走弯路，直面青春和人生。

（二）树立“大课堂”观，依托课程展开“育人”训练

公文写作可分为基础理论和具体文类两大块，课时分配为12∶20，很多教师在处理上几乎将全部精力用来讲解近30种实用文类，结合一些案例来讲解公文的格式规范和撰写要领，这会使课堂拘泥于知识讲解，因过于停留在规范格式上而缺乏必要的趣味性与活泼性，课程显得枯燥。课程上到中、后期后，效果大打折扣，“低头族”明显增多。

为改善这种现状，我们在本轮教学中围绕公文格式将课程置于大的写作与职场之中，形成“大课堂观”以管窥每种公文的写作要领。这种“大课堂观”关乎“三大维度”，类似于买纸招兵→纸上谈兵→临战出兵，单纯讲公文类似第二步“纸上谈兵”，不是很接底气，故需围绕具体公文类型适当讲解课前与课后的内容。这三步类也似于：买菜切菜→烧火烹饪→餐桌品尝。

一方面，无论是条据类公文还是办公类文书，它们都是在具体生活、工作中形成并服务于人的现实需要，其格式只是教材上呈现的规则要求，只有将其置于现实中才能增加学生印象；另一方面，学生当下在课堂上学习公文，终究是要毕业踏入社会，到现实职场中去运用公文的，其操作技巧、语词运用等都需要在职场中去“以不变应万变”，从而将书本所讲内化为个人能力。

基于此，教学中作者增加公文格式以外的前期准备、职场要点、写作技巧等，从而树立“大课堂观”，将“育人”理念贯穿于其中。而在前12节的理论知识中，将公文含义、分类、发展史、特征、功用、文面规矩、写作过程等置于大的写作系统中审视，避免冷静和枯燥的知识传授，把文学写作中很多需要注意的知识要点——如形象化语言的运用、偶对思维的训练、工整对称方式的使用等——融入写作理论中，同时选取典型的案例来布置作业，使学生通过训练来获得教育。如该板块的作业题目为：

(1) 就自己20余年的经历、体验和见闻，谈谈写作的价值以及自己的提升打算。要求1 000字以上；

(2) 以毛泽东为例，看“能写”、“会写”对一个人成长、发展有哪些重要影响？对年轻人有何启发？

(3) 从“写作”角度分析二战前后丘吉尔在英国首相获选中的获胜；

(4) 从近年来的文化名人如汪国真、史铁生、杨绛、梅葆玖及另外你自拟一人共5人中，任意选取3人，概括性地简述其业绩。要求独立作业，全面、得体、简练，300字以内。

(从题单中抽选四个，序号不变)

从多次训练来看，学生的参与积极性很高，普遍对教师设置的题目较感兴趣，基本能在谈出个人看法的同时，得到思维、情志、胸怀、口才方面的锻炼。尤其是第四题在学生查阅丘吉尔资料后从“写作”角度展开分析，后又在课堂上分享及演讲，极大地得到熏陶和鼓舞，通过历史人物产生了对写作功用价值的全新认识。

期末几位老师同时出题合成试卷，作者和另外一名老师的题目构成鲜明对比。该教师主要立足于书本，从狭义的公文类别与格式入手出题，作者则基于“大课堂观”从育人理念角度出题，视角相对要更加开阔一些。两类题目可比照如下：

同事出题：

(1) 简述应用文的功用是什么？(10 分)

(2) 由于急需对徐州市供水系统进行全面检修，2016 年 7 月 10 日～13 日徐州地区将面临大面积停水问题。徐州市人民政府就此事发文，提醒徐州市居民提前做好停水准备。请问徐州市人民政府发文文种应选择“通知”还是“通告”？请简述两种文体的异同，并说明选择依据。(20 分)

作者出题：

(1) 有人认为，公文太讲究规范格式、模型和套语等，显得枯燥而太冷静，实在没有多少文学色彩，似乎也缺乏美感。试就应用文自身的文体特点，或结合它与文学文体的差异，来谈谈你的看法。(10 分)

(2) 从“写作”角度分析近期特朗普在美国总统竞选中的获胜。(20 分)

选择“写作”角度分析特朗普是讲课当时的一个时政热点话题，紧扣现实注重应用性，也能对学生进行“育人”教育，且比单纯的文类试题有更宽广的回答空间。不单公文写作这种自由度较小的课程如此，就是那些与文史哲接近的文科课程更能够依托课程展开育人教育，这需要任课教师开动脑筋，精心进行课程设计。

(三) 在课程的前、中、后三大阶段设置“育人”环节

据我们实践，依托课程对学生开展育人教育，不应仅仅局限于课堂，可采用课前、课中与课后多个环节，多管齐下地实施。

“课前”是备课环节下功夫，一方面要在主要知识点上透彻理解、深入挖掘，看能从品行、思维、志向、心理、趣味等哪个方面切入，科学合理地设置问题或练习，或作引申讲解。教师需明确此堂课、此次内容旨在达到什么目的，要有鲜明的“育人”目的，如上设

置毛泽东、丘吉尔和特朗普三个领导人物与写作关联的题目，是为了从领导与笔头、思维与成才方面来“育人”的，也感染学生树立远大的志向。一名教师只有每次走进课堂之前，无论是知识讲解还是配套练习，都应贯穿明晰的“育人”教学目的。

“课中”是指讲到某个知识点时水到渠成地催生“育人生长点”，对学生的观念、习惯、品性和思维等予以洗脑，不是辅导员集中讲话那样强行地教导应该如何，需要怎样，而是妙笔生花地谈到某种观念、某种方法、某次习惯的意义，紧扣它对改善学生不良习性、当下学习质量、今后职场能力等来展开，让学生能在学习知识的同时顺理成章地接受和内化。我们围绕近三十种公文文体，在讲解中生成“育人”要点，课后及时汇总，第二次课前在提示上次所讲内容后，便放大字体回放，学生默念，通过温故和强化的方式使之内化，入脑入心。这需要任课教师做有心人，及时总结并提炼育人要点，然后在课程 16 次讲解中滚雪球式地回放。

这种做法能避免说者有意听者却无心的局面，避免教师课堂上顺带性地提一次，学生压根儿没放在心上，不当回事。在本轮教学的 16 次授课中，我们每次都把“育人要点”单挑出来，引领全体学生聚焦屏幕，凝神静气体会和揣摩，然后在课程结束前的最后一次教学小结中，规定让每个学生打印出来，师生同步再温故一次。如下是“育人要点”的示范(节选)：

育人篇：学习提示与理念温故

(1) 从中学到大学，是一个很大的跨越，要在大一多多揣摩、早早适应四部曲：彷徨、呐喊、朝花夕拾、故事新编。

(2) 写作的三大境界：能写，不惧怕；会写，善写，变成了一种优势和核心竞争力；爱写，成为寄托和生命的一部分；脱颖而出，技艺超群。快写，先者为王。

(3) 从秘书到部长：同等竞争力情况下“写作”能力

的扶持。

(4) 社会急缺能写的人，不缺能干的人：物以稀为贵，你的核心竞争力是哪些？

(5) 听课要带笔记本和签字笔，这是规矩也是常识。没有，就及时回家拿。

(6) 自己如何开始鉴别好书、适合自己的书？

(7) 适当学会记笔记，逐渐找到适合自己的听课方法：章节、时间、要点等等。古语云：不得笔墨不读书，好记性不如烂笔头。

(8) 为什么全面喜好模版？为何引发学者的普遍担忧？你有底线和规矩吗？

(9) 信息时代学会发现和共享：学习能力的大学的核心培养目标之一，不是被动等待、接受、填鸭等。

(10) 写作中如何寻求三者之间的平衡：规范的遵守、愿望的表达、个性的展示。

(11) 好的文章共同之处：道术之间、情理之间、真心真我、真性情、真趣味、美文。

(12) 大学“八折”论。

(13) 保研(内保与外保)前6个学期成绩拉通排名，勿留下遗憾与后悔。

(14) 大学期间无论是就业还是深造，多一些8、9开头的课程，关键在平时引起重视和投入精力。

(15) 为何那么多人留恋、回忆大学？给我们什么启发？

(16) 走出韶山冲的毛泽东在书房、床上、江边给我们哪些启迪？格言与信仰：文明其精神、野蛮其体魄！

(17) 这时代要成为写作的“快手”，上手快，行动快，写作快。

(18) 一个人换位思考、受众意识的程度如何,直接关乎其“成熟”度。

(19) 大学期间哪类书要精读? 教材、经典、元典。

(20) 文章要立意高远,才能在申请、比赛等中脱颖而出。一句话:格调要高。

(21) 从大学低年级开始,积极寻求“法学”切入点分析和看待问题:专业意识和专业眼光;(以汉语为例)

(22) 俺的格言:不读书不看报,精神迟早要垮掉;不看报不读书,活着好像一头猪。

(23)“意在笔先”、写作的“曲”与“直”问题。

(24)“文如其人”,文章是一个有机的生命体;文章的“内结构”和“外结构”。

(25) 说话、办事、写文章等,都要有“条理”。有条不紊就是好,它是一个人成功的素养之一。

(26)“执行力”是衡量一个人干事效率和发展空间的主要标准之一。想好就去干,拖延即落后。

(27) 好学校有差学生,差学校有好学生,一切“事在人为”,求学、工作、婚姻、职场等莫不如此。

……

(四) 课间励志型“片花”的生成

在全民进入微时代后,一堂课讲 50 分钟那些“95 后”学生似乎太漫长,近年来高校课堂上低头族剧增。当手机对学生的吸引力超过教师时,教师就应想出点子来应对。为穿插性地对学生实施“育人”教育,自 2016 年教学开始,我们会在连堂的 2 节课间隙,空出 3～5 分钟来专门安排“片花”,以励志形式对学生展开“育人”教育。如公文写作的 16 次中,就曾采用过如下材料来启发学生:

清华校长送给毕业生的五句话,值得一看!

方向比努力更重要,

能力比知识更重要，
健康比成绩更重要，
生活比文凭更重要，
情商比智商更重要。

八种可贵的心态

学习、领导、持久、合作、
积极、付出、感恩、自信！

奢侈品是什么？

在美国统计最新世界排名前十位的奢侈品分别是：

(1) 一颗童心；
(2) 生生不息的信念；
(3) 背包走天下的健康体魄；
(4) 愉悦和舒心的创业环境；
(5) 安稳平和的睡眠；
(6) 享受属于自己空间与时间的生活；
(7) 牵手一个教会你爱与被爱的人；
(8) 品味美好的心情；
(9) 自由的心态与宽广的胸襟；
(10) 点燃他人希望的精神特质。

作者在选取和运用这些材料时通常把握如下原则：一是必须经典，真实，可靠。在众多名人、案例或演讲、谈话中挑选精华部分，切实对学生有所启发；二是侧重在励志，传递正能量，能在胸怀、情操、趣味和格调方面激励、启迪学生，使其获得振奋；三是时间严格控制，四分钟以内，不可过长或拖沓，喧宾夺主，适得其反。四是纯粹在知识讲授间隙给学生小插曲，提提神，有助于转换听课神经。五是课程结束的最后一次教学小结中，再次回顾和强化。

学生可就其中听到的某些方面写写体会与感想，附着于平时作业之后，也构成此门课的收获之一。

以片花的形式，作为小插曲在2堂课教学中进行育人教育，是基于作者多年来，感叹“情商”对当代大学生心灵成长和“三观”建构的重要影响。90和95后大学生生长在经济快速发展的时代，从小环境优越，多在独生子女家庭中长大，很少经历风吹浪打，内心脆弱，“三观”在尚未健全时就受到社会转型与新兴媒体的多方位冲击，他们急需振奋人心的正能量来感召和鼓舞。而作者二十多年的求学和工作经历也深切感知励志型的“情商”教育将会影响人的一生，是当前高校“育人”教育中不可或缺的重要一环。

从小学到大学，育人环节贯穿一个人成长近20年，应据学生不同阶段的身心态度，采取不同的教育方法来展开。绝不只是到了大学就以学生都大了为由，以科研压力过大为借口来推脱“育人”环节，知识的讲授固然重要，但在毕业近六成的学生“工作非所学”的当下，在大学生各类心理健康问题层出不穷的今天，育人教育应是教育管理部门、任课教师和辅导员多方齐抓共管的大事，其中任课教师依托主讲课程展开“育人”义不容辞，责无旁贷。以上四个方面是在秋季主讲公文写作课程时同时展开的，只是作者的一次尝试，还望抛砖引玉，能引起国内更多同行的共鸣与反馈。

教学是一门良心活儿。学界普遍反映当前高校教师只“教书”不“育人”。虽说得有些过激，但能反映出高校在人才培养上存在着的问题。课堂虽有知识讲授但普遍缺乏育人环节，擅长灌输书本知识却不了解学生身心特点和现实需求，不能对症下药地培育人才。不育人，良心还安吗？我经常这样拷问自己。几个学期中，我依托《公文写作》课程，从诸多方面展开“育人”教育，这也只是本人从教生涯的一次开始。我希望能引起更多教育同行的重视，并积极推广。

附　录

附录1　当前大学稳定性公选课调查研究及对策分析①
——以中国矿业大学为例

大学是当代青年学子系统学习科学文化知识、提升人文社科素养、锻炼各种能力的重要阶段。除各专业知识学习外，全校跨学科、院系的公共选修课(以下简称“公选课”)已经成学生的第二课堂，是满足学子兴趣爱好、激发求知渴望的重要途径。很多同学乐于通过公选课去开阔视野、锻炼思维、学习知识、获取信息。基于学校的公选课开设机制，目前中国矿业大学近四万名本科生使用的是2008年版稳定性公选课，由于前后时间的变化、部分专业的调整、90后学生的高年级化以及近四年学校从海外引进优秀教师等缘由，公选课从课程设置，到教师教学和学生学习等，均需要“与时俱进”地调整和完善，因此，全校公选课改革迫在眉睫。为此，我们密切配合辅导员，带领建筑学、汉语言等专业学生，选择性地对全校共400名学生进行了一次问卷调查。

一、调查问卷设计

为获取学生对各类公选课学习成效的反馈信息，全面了解全

① 本文前期问卷设计、回收和统计等工作是在信电2008级和建筑2009级学生共同协作下完成的，特此说明并致谢。

校20余个院系、各个年级、不同专业学生对2008年版公选课的普遍认识与看法，同时为检测既定公选课在完善当代大学生的知识结构、建构其人文理想，增强其综合素质方面，发挥了怎样的作用与功能，并为推进公选课改革寻求依据、以尽早出台适应新时期各类学生学习需求的2012年版公选课，作者带领各年级学生集思广益，几经商讨与推敲，最终设计出一份较科学合理的调查问卷，以总体了解不同年级、专业与层次的调查对象对公选课的看法、认识及评价。

该问卷共两套题目，一套为客观选择题，包括单选题24道和多选题10道，试题紧扣调研初衷，涵盖面开阔，涉及教务处体制、公选课开始时间与类别、教师教学内容与方式、学生学习态度、效果等方方面面；另一套为开放性简答题，以和主观题相区别拉开差距，让学生进谏献策，提出公选课改革的具体意见和建议，还可听取学生关于公选课教学改革的真实声音。虽然本次问卷设计存在部分问题过于笼统（如缺课原因之“有事冲突”等）、开放简答题和多选题个别存在交叉等不足，但整体而言基本吻合调查的初衷。

考虑到调查学生分布面尽可能广泛，2011～2012年间我们特意选择了理科、工科、人文、社科四个类别代表性的专业共发放了450份调查问卷，回收445份，回收率占据99%，采集信息翔实可靠，科学客观，基本上符合调查要求。

二、调查结果分析

据调查发现，现实情况与期待有所出入，40%左右的同学对公选课“选而不修”，缺课现象也常有发生。虽然多数同学希望通过公选课获取所需知识，却不能以饱满的精神去学习，以认真的态度去修课。即使出勤，在课堂上也多半“身在曹营心在汉”，听课成效并不显著，个中原因值得反思，我们拟从管理、学生、教学三个方面将调查结果分析如下：

(一)课程设置与教务处管理方面

公选课系教务处根据学校培养人才目标以及现有师资、资源情况而开设,以满足不同年级、不同专业学生在学好本专业之余对知识的追求。为确保开课质量使学生真正学有所成,中国矿大教务处实行全校教师自报公选课、每四年一遴选的管理体制,在统筹把关的基础上推出一批稳定性课程,2008 版本有近 70 门课程,涵盖理、工、社科、人文等不同领域。教务处每学期建构网络平台,由专职教师和各行政管理系统教师提出申请,交代课程内容提出人数限制,经教务处审批后由全校本科生选修,同一门课程可开始多个小班,对于人数过少课程予以裁剪或整合。然而这种管理方式在实际操作过程中存在如下诸多问题,直接影响到公选课开设的成效。

(1) 部分公选课程设置不够合理,监管也不太到位

据调查统计,我校 53%的同学对学校开设公选课持“一般”态度,过半数同学对其不甚满意。虽有 72.4%的同学从思想认识上认同公选课的开设,认为对大学学习和以后工作较有价值,比较有用,但在行动上并不能保证及时出勤。调查结果显示,学生们对“逃课”现象普遍解释为学校课程设置对于实践锻炼不关痛痒、可有可无;学生们对于选修公共基础课的积极性并不太高,认为这些课程暂时无法发挥多少实际功用,意义并不明显。

相比而言,各年级学生对专业课则较为重视,毕竟这和最终的毕业证、学位证密切相关,轻视不得。据我们调查,从学生对学院专业课和全校公选课的态度分野来看,这固然与在校大学生对学习的认识层次及态度看法有关,但不可否认的是,当前公选课不被学生重视、各种缺课现象较为严重的一个重要原因是,学校推出的公选课“实践性”有待增强,一些课程依然停留在书本理论上,或者实际指导性不强,缺乏对学生现有知识储备、能力锻炼乃至日后职场导引的积极关注。这是学校教务处在审核新版公选课时必须引

起警觉并重点予以考虑的。

此外，据调查发现，学生反映近十年来由于各高等院校大规模扩招，各种硬件、软件建设的相对滞后也影响到公选课门类的丰富度和选课的成效性。比如中西文化比较、美学、恋爱心理学等深受学生欢迎的课程，往往一两年才有一次开课的机会，一旦设置120人的人教限制后，很多学生只能望“课”兴叹。每年呈递增趋势的大学生进入高等学府，更加彰显出学校在制度建设和设施配套方面的窘境（如考勤不力、监管不严等），以及由此导致的各种高校管理模式出现弊端，这均在一定程度上造成了学生“逃课”现象的时有发生。

（2）当前高校重研究轻教学的管理现状

一所优秀大学的定位应当是教学与研究并重，二者相得益彰。但中国当前高校普遍存在的态势确实重视科研而忽视教学，这在一些985、211院校表现得尤为明显，这必然会在公选课教师教学上体现出来。

本次调查显示，我校58.1%的同学认为选修课上可以学有所得，但教师授课质量尚待提高。显然，由于专业的特殊性和课程的性质差异，教学质量无法用统一标准（如分数等）去衡量和评判。由于教师评定职称时，上课数量保证完成基本工作量即可，对于实际成效并未做出考核，更多的是依据其课题项目和科研成果。因此，学生反映有些教师对于课程上得好坏与否，并不太重视，更谈不上在备课上认真负责、精益求精了。一些教师从上课状态、讲授内容乃至言辞语气间反映出对科研时间的偏爱。他们甚至认为，发表有分量的期刊论文才是提升职称、实现个人事业发展的关键。据调查显示，68.1%的同学表示在选择课程的过程中对于老师的认真态度、负责精神和授课质量是非常在意的。在当前这种重科研轻教学的语境下，倘若教学质量上不去，学生对课堂的兴趣便逐渐淡化，出现“一次多，二次少，三次寥寥”的到课现象。这种“多米诺骨牌”效应，在同学间传播开来必将形成系列负面的影响。

(3) 出现教学管理与学生管理不太协调的局面

长期以来，由于分工的不同，导致高校教学管理和学生管理之间未能形成默契与配合。据调查，49.1％的我校学生认为老师对待公选课较为认真、负责(不排除部分教师只是满足于完成任务)，而现有教学管理长期存在“一条线”现象，部分教师上课无多大创新，只传授专业知识，而无视学生的课堂表现，即教务处的基本管理只停留在监管教师到堂上，而无视学生的出勤率与课堂表现。同时，学生管理上也存在“一条线”现象，主要有学生处和校团委负责，两个管理系统各自为政，致使学生管理工作者与课堂教学管理者几乎没有太大联系。据学生反映，部分教师只注重让学生多从事各种社会工作，尽早锻炼适应社会；有的还要求学生旷课来协助自己所谓的“工作”，于是学生逃课有了冠冕堂皇的理由。这虽与部分教师职业道德存在问题有关，也与学校的教学和学生分开管理体制有关。

(4) 学校对非专业课的管理相对忽略

加强专业教育，造就品牌效应，是每所高校所注重的。但部分高校将主要精力与资源配置于特色专业建设上，而无法处理好专业课与公选课之间的关系。基于此，教务处相对忽略了对公共课、选修课等非专业课的有效管理，忽视了人才的引进与教学质量的提高，以及教师备课质量及创新程度的跟踪与检查。

此外，作为非专业课，全校公选课往往采取 100 余人的大课教育方式，使得教室嘈杂，课堂纪律难以维护，导致选课学生兴趣逐渐降低。调查显示，48.3％的同学认为学校对于选修课重视度不够，而 44％的同学认为只“一般”，只有近 8％的同学还比较满意。当前我校公选课课程考核方式多为“开卷”或提交“论文”(占总数的 40％)，学生认为最后只有递交一篇小论文就可万事大吉，必能通过获取相应的学分，这也在某种程度上降低了学生对于公选课的重视。通过调查，我们认为最后的考试方式也应纳入教务处的监督、管理之中。

(5) 管理制度执行不力

学校虽有关于教学的各种校规校纪，但对于公选课而言尚未真正落到实处。比如学校规定一学期累计旷课达相应节数，对旷课者要进行相应的处分，但在执行规章制度时却流于形式而并未落实。目前，我校很少有学生因旷课而受到处分，导致学生逃课没有丝毫顾忌，不考虑后果。偶尔逃课，最多只是被任课教师发现而予以免修或重修，而这对于自觉性欠缺的高年级学生而言是没有约束力的。

同时，任课老师和管理人员检查与监督力度不够，也是影响当前我校公选课开设成效的重要原因。由于学生来自不同年级和专业，考勤检查难度较大，再加上一些大教室的扩音设备并不理想，学生人事众多导致嘈杂不堪，听不清老师讲话，这也是导致大课逃课率较小课偏高的一大原因。

(二) 调查反映出学生在选课和学习方面存在的普遍问题

公选课为学生选修而开设，影响其成效的关键内因在于选课学生。本次调查反映出我校作为理工类院校，学生选修课程中出现的普遍问题，值得教务处、学生处等教育部门高度重视。

(1) 很多学生缺乏学习动力，对前途较为迷茫

现行教育体制中，应试教育仍占据主导地位，升学是学习的唯一动力。调查显示，近 50%的同学认为目前的公选课课程总体“一般”;49%的学生认为，理想中的公选课应使学生能够真正学到知识、增长见识、提升能力、增强素质等，但我校 2008 版近 70 种公选课(见附件，实则有的课程虽有名称存在，但数年中无法开设一次)与现实仍有一定差距。加上部分学生考进大学后，学习环境尚未适应，新的目标没有确定，思想认识不足，失去了中学时代十足的求学动力，因而他们在学习上松懈，没有明确的学习目标，没有

学习激情，这在非专业的公选课上表现得尤为明显，这也是部分大一、大二学生在公选课上经常开小差、没精打采的重要原因。

此外，在现行招生体制下，并非所有同学都能顺利读自己喜欢的专业。从本次调查的一系列数据表明（如对于认为我校公选课存在哪些不足的问答中，认为"学习热情不高，学习氛围不佳"的学生占57.8%之多），"上大学是为了毕业而不是为了学习"的观念也是造成当前我校大学生逃课较为严重的一个重要原因。

（2）部分学生希望高效利用自己的时间

调查显示，我校虽有62%的学生在思想意识上认为开设公选课"很有必要"，但实际显示，学生逃课依然较为频繁。他们认为自己能够充分利用上课时间来学习更有用的知识，并且认为自己来到大学是来学习"对自己有用"的知识的，而56.9%的同学表示在公选课堂上学不到真正有用的、对他们有切实帮助的知识。"我们不是一遍又一遍地听老师灌输一些无实际用处的课本知识或高中已学的理论知识，类似这些课没有必要在课堂上浪费时间"，调查过程中部分高年级学生如实反映道。

（3）学生太"忙"没时间上课

调查显示46.6%的同学缺课理由为"有事冲突"，除了课堂上老师停留在书本理论上、不够生动幽默、教案照本宣科等因素导致学生"选"而不"修"之外，当前我校学生还有一个重要而滑稽的逃课理由便是：没有时间，太过忙碌。他们忙着考驾照、忙着玩网络游戏、忙着谈情说爱、忙着考研考公务员、忙着打工赚点小钱、忙着奔波求职找工作……目前在学生间普遍流行的一句话便是："必修课选逃，选修课必逃"，这形象地反映出当前大学生的逃课现状以及对待公选课的态度与方式。

（4）学生普遍缺乏必备的自我管制与约束，松懈、懒惰情绪较为严重

据调查，在我校大学生群体中普遍存在这样一种心理：在中学

期间，学生受到的管束比较多，但是寒窗十二年终于到了大学，脱离了父母的管束，大学又极其自由，管理注重自律、比较松散，于是很多学生开始自我松懈，调查显示 50.9%的学生在公选课上聊天、玩手机，在他们看来，有很多的东西似乎比学业更为重要，如干部工作、社团会议、各种活动、临时试验等甚至朋友联络、网络游戏等等。因此当其所选公选课程相对乏味时，或者身边同学不去上课时，他们便很随行地以社团有活动、天气不好、身体有点不舒服甚至想要玩游戏等等理由和借口来“逃课”，长期如此地“负债”并未引起足够的警觉和重视。

在自我松懈、个人懒惰情绪的支配下，久而久之缺课便成为我校学生一种心安理得的习惯，长此以往必然陷入了到“逃课”的恶性循环之中。同时，大约 10%左右的同学开始并无逃课意愿，而是被周围人带动“从大流”，最终放松了自我要求，走向“放纵”。

(5) 心理压力较大，造成上课情绪波动

伴随着中国教育改革的不断深入，高校扩招十年来，越来越多的青年学子有机会步入理想中的大学校园。但大学并非天堂，不少学生感受到专业学习、能力锻炼、人际交往、考证过级、青春恋爱等各种压力，由此彷徨与困惑接踵而至。此时“逃课”便成了他们心理收缩、逃避现实的途径之一。

在调查中，经和周围兄弟院校比较和交流，我们发现当前大学生逃课现象极为常见，不少大学生基于心理压力、情感因素，个人情绪波动，往往视“逃课”为最佳的抚慰，这引起我们相当的惊讶，当前大学生到底怎么了？这不能不引起学校有关部门的重视与心理干预。

(6) 逃课考证增加就业筹码

现在的就业压力非常大，为了在毕业时找到一份体面的工作，有点想法的学生都会在毕业之前吸取一些社会经验，为将来铺路。目前，有很多学生逃课加入到“考证族”当中，凡是能够参加的考试，他们一定不会错过，就是为了增加就业筹码。虽说这是一种上进的表现，但也说明当前的就业压力导致大学生对于就业前景感到茫然无措。

（三）调查反映出教师在教学方面存在的普遍问题

教学相长，自古而然，教师是课堂的主导，直接关乎课堂的效果和学生学习的质量。调查显示，我校公选课教师普遍存在如下问题。

(1) 教师所申报开设的课程不够丰富多彩，离学生实际需求较远

调查显示，37.1％的学生认为我校当前公选课还不够丰富，至少每年能够和实际开出(实则有些课长期没有老师开始，近乎“名存实亡”)的公选课尚不能满足数万名本科生的学习需求；50％的学生认为我校宜增加“应该有的公选课”。可见，学生对08版公选课并不十分满意，对新版“菜单”有更多期待。

此外，44.8％的学生获取选课信息是“只看课名”，62.5％的学生认为选课网络系统上的课程介绍跟实际授课不相符合。经采访不同年级选课学生，他们认为网络系统上当时介绍的课程内容很吸引人(甚至有的就是凭借着导引介绍而选课的)，而实际讲授内容则有较大出入，或者“短斤少两”，或者偏离较大。这种文字介绍反而成为误导。因此，46.6％的同学干脆通过“他人推介”来选课；而24.1％的同学则是通过打探老师口碑来选课的。

(2) 很多公选课教师讲课缺乏必要的吸引力

调查显示，部分老师讲课无趣，无法引起学生的听课兴趣。学生满意公选课是原因调查中，“对内容感兴趣的”为62.1％，而认为“老师讲授好”的仅占50％；而56.9％的同学对公选课持“不满意”态度，原因在于“学不到有用的东西”。通过数据我们可以看到，其中教师授课的好坏与否，是否采取点名形式等因素，对我校公选课的出勤率存在着很大影响。

本次调查显示，一方面49.1%的同学认为大多老师只是为了完成任务而进行教学，教师授课枯燥乏味、形式单一少变、拘于一格，占近一半比例；如果只讲书本上枯燥的理论知识，则很难激起学生学习的兴趣；另一方面，亦有部分教师高估了学生能力，授予知识过难过深，很难消化掌握，无法听懂。据同学反映，“老师上课内容太老套，索然无味，很多课只要考前背背笔记就搞定了，上课又沉闷、枯燥，故不如多花点时间看自己喜欢的书。”调查还反映，58%的老师给学生的最终成绩都很高很接近，根本拉不开差距，似乎平时学与不学、学多多少都一个样儿。此外，59.5%的老师采取点名的方式来使同学被迫来上课，有些勉强，“本以为到了大学，上课会有趣一些，结果很让人失望，还不如自学。”这是众多学生的一致呼声。

（四）其他制约我校公选课成效的因素分析

这主要表现在不良社会风气的错误引导方面。除了高校课程设置、学生自身的因素外，不良的社会风气也是导致当前大学生逃课现象较为普遍的一个重要因素，如读书无用论的弥漫、求学急功近利化的扩散、贵族文化氛围的推动、自小短视而功利性的家庭教育等等。在这个“地球村”的信息时代，网络与影视作品极力渲染一种“富二代”、“军二代”、“星二代”等成长模式，这直接影响到当前我国大学生价值观的形成。多数大学生为“90”后，在其长期耳濡目染下，不自觉地将影视作品中的情节照搬到现实生活中来，产生了炫富、攀比等心理，加之在懒散和松懈心理的推动下，便顺理成章地编制出各种各样的逃课理由。此外，媒体经常报道某某大学生在校期间或毕业不久就成为百万富豪的成功案例，也如一剂强心剂，极大地刺激了当前在校大学生的财富欲和成功欲，从而无法理性和妥善处理好学业和锻炼、工作之间的关联，这也导致了部分大学生为了赚钱而散漫逃课，或利用公选课时机外去兼职，或联合同学自主创业。

三、对本次调查结果的总结与反思

从以上调查结果的初步分析来看，当前我校公选课在管理、教学方面存在诸多问题，急需改革。综合来看，导致学生对当前公选课普遍存在看法的原因大体如下。

（一）开课现状与学生期望的出入

虽然调查中学生普遍认为开设一批稳定性公共选修课对于当代大学生学习和成长很有必要，但很多同学对学校的现行公选课无论是从菜单丰富度上，还是教学内容与方式上，并不十分满意。他们普遍认为，理想中的选修课应该具有如下特质：① 能够真正学有所获，不仅积累知识、增长见识，而且可以提高技能、增强素养；② 课程应当具有很强的实用性，贴近生活，形式多样；③ 课堂应是活泼、自由、有趣的，不应照本宣科、中规中矩甚至死气沉沉。

在抽查、走访和调研中，我们发现学生对公选课普遍存在如下看法：

一是目前08版公选课虽在教务处网站上悬挂有近70门，但由于工作量已满足或无约束管理机制，很大一部分课程往往两三年内没有老师申请开设，近乎“名存实亡”，学生只能望“单”兴叹。

二是当前可选课程种类也不够丰富，如很多高校早已开设的艺术概论、国学导论、管理科学等课程未予考虑，远远未能达到不同年级和专业学生的多元化需求。

三是当前我校公选课的讲授内容较为枯燥、单调，一些老师的授课形式单一固定，不能调动学生的兴趣，激发其求知欲望并形成良好的学习气氛。调查结果显示，59.5%的学生希望老师在讲课内容上切实提高质量，而不是轻描淡写、过眼烟云或者像专业课那样对待。

四是当前我校的选课制度尚不十分完善，这直接导致很多同学选不到自己想学的课程。

五是同学们希望授课老师能尽可能幽默、风趣一些，以活跃气氛，使课堂轻松、自由而开放一些，同时也希望考核的形式不要增添额外的学习负担和压力，希望考勤和作业是合理并且有益的。当前我校公选课在品种门类和教学质量上，都让部分同学感到有些失望。

（二）师、生的责任意识

学生虽然对当前公共选修课有不同看法，但他们都表示应尊重积极投入、认真负责的授课老师。同时，学生也应“负责任”地选课，他们普遍反对出于学分目的而硬着头皮选课，他们认为这种行为不值得提倡。对于未缺课者，很多是在课堂上阅读不相关的书目或做其他科目的作业，也有的同学聊天和玩闹，这是不尊重授课教师辛勤付出的表现。

当前我校选修课机制尚存一些弊端。由于选修课选择范围比较小，所以常常不能选到自己喜欢且满意的课程，有时甚至被迫仅为了学分而不得不选择“剩余”的课程。此外，教务处规定仅为了拓宽学生知识领域就禁止选修本学院相关课程，也不尽合理，并且以学分制缩小选课范围或被迫做出其他选择，亦致使公选课存在的意义及最后的成效大打折扣。

（三）我校公选课与其他兄弟院校之比较

它山之石，可以攻玉。当前其余兄弟院校开设公选课的经验值得我们借鉴和学习，相比国内外其他高校而言，我校公选课开设目前还存在着一定不足。

先说国外。西方的许多高校较早尝试了选修课制度，并在长期的探索中已形成较为完善的课程体制，这也许是许多人认为西方大学教育在形式和内容上比我们更为宽松和自由的原因。在哈佛大学，其核心课程与专业课、选修课共同组成哈佛本科生全部的课程内容，选修课比例占全部课程的25％，其重点在于让学生掌握课程中所展现出来的人类组织、运用和分析知识的方式方法，而不仅是某一学科的系统知识。在某一核心课程领域中都包含大量的可供选择的课程。

再说国内。我国很多著名高校在选修课开设和建设方面走在前列，形成了一套较为独特的选课体制，并被广泛接受和认同，取得较为良好的效果。如据调查了解，北京大学选修课主要分为三大类：专业选修课、通选课、公共选修课。其中“专业选修课”是基于专业必修课基础上的专业领域内的课程知识拓展课程，能较好地满足不同学生的多元需求，为历届学生所认同和接受。而我校当前所开设的公选课程，在品种和类别上均未达到丰富化和多元化要求，也未将“专业课程”和“选修课程”有机地联系起来，致使许多学生选不到适合的课程（未向学校反映）而出现选修课“选而不修”的现象（即旷课、逃课）。并且学分制是全国多数高校普遍采用的方式，但也带来限制和弊端。学生热情削减，老师的兴致也不太高，学校的管理出现相应的懈怠，疲于应付。然而，我们也应该清醒地意识到，既然已有合理的模式作为基础，本校学生大多数也愿意选修课程，无论当前学校选修课存在何种弊端，都可及时总结多年来的经验和教训，在探索中不断前进、逐渐完善，寻求更科学、合理的开课方式。

（四）当前选修课体制极易催生学生强烈的功利性

单纯地为了学分而选修一些课程，既违背了最初开设公选课的意图，长此以往也导致“学分”高于一切的不良风气逐渐形成。为了学分而学习，从某种程度上甚至比为了“学习”而学习更为可怕，这不仅会影响学生在校期间对待其他事物的态度，而且有助于滋长学生的功利性，不利于其自身的成长和良好学风的形成。除此，目的性强，也表现在只热衷于选修与自身就业密切相关的实用性课程，而忽视了接受人文类、社科类课程的熏陶，以及个人内涵与文化素质的培养。事实证明，急功近利、贪多求快或鼠目寸光式的选课，并不利于学生的全面发展和健康成才，毕竟当前社会对人才的评价标准日趋细密和多元。此外，理工科大学生在体制之约束下“被迫”(被动)而不是积极、主动、自愿选修某些人文类课程，也是一种功利性学习的表现。

（五）当前公选课堂上普遍存在的消极现象不利于优良学风和校风的形成

学生散漫，缺课、逃课，迟到早退亦时有发生，课堂表现消极懈怠，嬉戏玩闹，不仅会造成极为恶劣的学习氛围，也会左右授课教师的课堂情绪。这促使部分教师此后对备课不重视，讲授照本宣科，内容枯燥，不注重形式改进，甚至强制性地以考勤方式对学生进行考核。这会形成恶性循环，最终破坏了大学校园里自由而浓郁的学习氛围，并最终影响到其他学科的学习氛围，甚至会影响到其他校园活动的开展。毕竟校园文化和氛围是形成一所高校独特面貌的重要因素，其缺失会使学校顿失光彩，进而影响到学校的未来发展和在校学生自身的成长与发展。

四、针对当前高校公选课普遍存在问题的解决方案

狠抓教学工作营造有利于学生发展的学习环境，切实提高专业与公选课教学质量，是当前中国高校的基本使命。近年来，各高校在积极开展本科教学水平评估工作后，教学质量普遍得到了提升。然而评估之后教学该何去何从，是继续维持现状还是开拓革新，这是摆在当前高校教务工作者面前的一道难题。当前，高校从师资到建设，从管理体制到考核监督等方面，对专业课都比较重视，而相对忽略和淡漠了公选课，从我校调查来看，其教学效果着实令人担忧：学生满意度不高，教学无特色，教学方法停滞不前……高校选修课教学的学时占到整个教学总课时的20%左右，其质量高低直接关乎“学生”这一产品的输出和反馈如何。因此，优化选修课教学环境，集中优势资源，激发学生自主学习的积极性，建立可行的教学评价迫在眉睫，即提高我校当前公选课教学质量势在必行。

本次调查显示，当前我校学生普遍对选修课学习表现出了消极的态度，对其讲授内容、上课方式等都存在或多或少的意见。一句话，选修课并没有达到学校预期的效果，许多同学为得到学分而漫不经心地来选课，甚至出现了“选而不修”的现象。针对所存在的诸种问题，作者提出如下整改措施以供学校相关部门领导参考。

（一）集中优势资源，提高教师素质

显然，大多数同学经过自身努力考入大学后，都希望接受更优质的高等教育。而这不仅表现为“数量”上的要求，更有“质量”上的追求。本调查反映，学生普遍认为提高选修课教学质量的关键在于师资。

其一，建议学校从制度上解决“名师上讲台”的问题。要把一大批学术水平高、科研能力强、教学经验丰富、爱岗敬业，师生一致公认的本校一流教师推到选修课前台中来，确保选修课教学队伍中有一支高水平的主讲教师，显示选修课教学的高水平教学阵容，让同学都能获得优质老师教授的优质选修课。

其二，校方可开设多种渠道，以增强同学对选修课老师的全面了解。在选课前，将选修课程的简介、教授配备情况、教师的研究方向、研究成果及求学历程等信息予以公布，使学生选课时对课程和教师有更深层次的了解。不被学生欢迎的课程，和教学质量较差的老师可定期予以监管和督促，必要时可实行末位淘汰制。

其三，校方宜想方设法建设一批选修课精品课程，增强本校选修课程的特色性。这些精品公选课，可从教学效果，数年来选修率几个方面进行评选，凡是被评为校级优质选修课程，学校给予相应的奖励，并资助一定的经费用于制作精品课程的电教片：一方面可以对校级优质精品课程起到一定的宣传作用；另一方面对讲授选修课的教师也存在一定程度的激励作用；同时还可以搭建网络平台，进行学校与学校之间的选修课交流，使老师在讲授水平方面相互交流，相互学习，共同提高教师的教学水平。

（二）丰富公选课教学模式

对于改善我校当前公选课教学模式，我们提出如下三点建议。

第一，选修课从教学、选课，到课堂传授方式都应不拘一格，实行开放和多元化的授课方式，给予老师更多的自主权，讲授科目、专题等内容可涉及交叉学科领域。教师所作的课题成果及新的科研成果都可以与同学分享，甚至带领同学参与研究，提高其选课的积极性、自觉性与主动性。

第二，给予学生更多的自主空间、学习时间。课堂教学课时可以根据课程的实际需要相对减少或者增加，灵活处理，与之对应的学分也相应变化。教学内容建议综合不同年级的要求统一安排，前后衔接，逐步增强学生的启发性、综合性、创意性，使公共选修课成为能够培养大学生“社会竞争力”的基本课程。

第三，让学生更加轻松地完成选修课程。减少公选课期末考试的科目数，将学习成绩量化在平时。如上课的考勤制度等，上课时可以让大家上台讲述学习选修课的感想以及在实际生活中的应用，用交流的方式提高同学们对选修课的积极性。综合考察后，给出成绩（优秀、通过、不通过三种考核评价）。

（三）学校教务处等部门应加强对公选课的常规管理

首先，学校可由教务处牵头，成立专门的“选修课教学评估中心”（或小组）。选修课教学评价与管理工作要作为学校教学常规工作来抓。评估中心由教学一线、管理二线及退休的有丰富教学及管理经验的专家组成，负责全校选修课程教学质量的评估和督导，从而确保选修课健康、有序地发展。

其次，进一步完善教学指标体系和评估标准。既能综合地反映选修课的特点，又能考虑不同的学科、不同层次的教学要求，尤其是教师创造性的教学特色和学生个性化发展水平。在评价原则上，应坚持指导性原则和激励性原则。在评价方式上，应坚持指导性原则，可以采取学生评价、老师评价和评估组评价三者相结合的方式，建立校领导、教师听课的制度，可随堂听课获取评价信息，召开课程评价会议等。课堂教学质量评价中，要注意评价结果的量化性、同类性、可比性、进步性。评价的结果要与老师的绩效相结合，实行选修课教学质量一票否决制，与评估、职称评定甚至年终奖的考核相挂钩。同时，评价体系要有一定程度的灵活性，对于部分老师的课堂教学新方式、新思路要给予一定的肯定和扶持。

（四）合理安排选修课时间和内容

（1）当前我校选修课的时间一般安排在晚上，学生普遍反映这个时间段身心最累、精力不集中（这也是造成选修课效果不佳的原因之一）。选修课的上课时间可适当做出调整，不妨改在周末两天的上午三、四节，这段时间学生的精力好，教学的效果也会有所提高。

（2）在课程内容上，由于某些科目的讲课教师较少，课程却相对受欢迎，学校方面应有针对性地增加一些科目，以满足同学们的要求，尤其是学校近三年来从国内外重点院校引进大批优秀博士，可将其吸纳到公选课教师队伍中充实、改善师资。

其次，选修课课程虽然很多，但学生感兴趣的颇少，少数甚至不得已而无奈选之。现在的选修课课程根据课程的时间或难易程度而设定不同的学分，有 2 学分和 1 学分不等。学生往往选择高学分的课程，理工科的学生也往往选择人文社科类的选修课，因此，会出现“选而不修”的现象。既然选修课是按照学生的兴趣、培养其综合素质而开设，在学分上理应相当。

再次，在课程范围设置上，一批具有实际功效的课程理应常设，而目前学校对于那些学生感兴趣，虽短期没有效果却助于培养综合素质的课程——如“经典名著选读”、“孙子兵法”、“英语口语”等——也不应回避。不宜单纯以学生选课人数是否达到为删减选课的标准。

此外，当前我校公选课的同一门课程多半只有一两位老师讲述，也限制了学生的可选择性，相同课程（尤其那些同学们都乐于选修的课程）可以由更多名的老师讲授，以切实增加学生的选课机会。

（五）加强学生的思想教育

第一，增强学生对于选修课重要性的认识。一部分同学由于认识上的偏差，出现选课疲于应付、纪律松弛等问题。他们对于选修课普遍有一种误解，觉得它远不如专业课重要，认为可学可不学。由于学校毕业条件中对选修课学分有相应的要求，学生一般走捷径地选择那些上课不常点名，学分也相对好得的课程，以避免给自己带来负担。另外，由于学生本身对选修课认识存在偏差，所以高校在开设选修课方面就更要加强对学生的思想教育（尤其是低年级时期），强调选修课在丰富大学生知识，培养学生全面素质和提升其各种能力方面的所起的作用。

第二，教师严格要求学生。教师在选修课讲授方面起到至关重要的引导作用，其上课的态度、行为习惯乃至言论等，也必然制约着学生群体对于选修课的重视程度。作为一名教师首先要严格要求自己，为同学树立良好的表率作用；同时，要经常和同学强调大学选修课对于形成大学生完善知识体系和独立人格的积极作用。完善上课考勤制度，严格督导学生的出勤情况，可适当提升平时成绩比例，以给学生必要的紧张和压力，督促自觉学习。

（六）学校想方设法平衡好学生的学习时间与课外投入

在本次调查中，有相当一部分同学由于课业负担重，无暇顾及选修课的学习，导致了选修课“选而不修”的情况。学校在这方面需要平衡好学生学习时间和课余时间的安排，在学生学好专业课、完成社团和班级工作后，能有充足的时间去投入学习，用积极、主动的心态去面对公选课。

五、结语

选修课良好成效的取得，得力于管理体制、教师教学、学生学习三方面的综合作用和共同努力。要使当前我校选修课真正发挥作用，使选课学生学有所得，此三者缺一不可，需要齐头并抓。观管窥豹，我校2008年版公选课实施四年来，固然取得了明显成效，然而存在的诸多问题不应忽视，对公选课的改革迫在眉睫，应引起校方的高度重视。只要不断推进公选课教学改革，相信终能达到开阔学生视野、拓宽学生知识面、提高其综合素质的教育目的。

（中国矿业大学力建、信电学院2008级、2009级部分学生参加本部分的撰写工作，待此说明并致谢意。）

附录2　中国矿业大学全校公共选修课调查问卷

第一套题目：客观题

一、单选题（共24道）

1. 你对我们学校目前的公选课课程满意吗？（　　）

A. 满意　　B. 一般　　C. 不满意

2. 你对开设公选课的态度是：（　　）

A. 没必要　　B. 很有必要　　C. 无所谓

3. 你觉得上选修课对你是否有用：（　　）

A. 很有用　　B. 比较有用　　C. 没有任何作用

4. 你选修课程的原因在于：（　　）（只能选择1～3个项目）

A. 受学校教学管理制度的引导与要求

B. 增强社会适应能力，更好就业

C. 个人兴趣　　D. 提高综合素质　　E. 完成学分

5. 你理想中的选修课是怎样的：（　　）

A. 能够真正学到东西、增长见识、提高能力

B. 实用、贴近生活、形式多种多样

C. 应更注重培养情操和技能

D. 课堂自由、有趣、内容丰富

6. 你希望公选课涉及哪些方面？(　　)

A. 学习方面　B. 生活方面　C. 工作方面　D. 社交方面

7. 你是否觉得学校的公选课课程不够全面，缺少你认为应该有的课程(　　)

A. 全面　　B. 差不多　　C. 欠缺

8. 你认为学校公选课上课时间的安排是否合理：(　　)

A. 很满意　　B. 还行　　C. 不合理

9. 你最喜欢在哪个时间上公选课(　　)

A. 周二周四的晚上　　B. 周五晚上

C. 星期六　　D. 星期天

10. 在选课前，你如何获取有关该门公选课的信息[可多选](　　)

A. 学校网站介绍　　B. 他人推介

C. 相关评论　　D. 无所谓，只看课名

11. 在这几年的学习过程中，你认为选课系统上的课程介绍跟实际授课(　　)

A. 很相符　　D. 不相符　　B. 基本相符

C. 不太相符　　D. 无所谓

12. 你认为学校对于公选课的教学是否重视(　　)

A. 重视　　B. 不重视

C. 一般

D. 应与专业选修课程同等对待

13. 在选修的公选课程中，你缺过课吗？(　　)

A. 从不　　B. 偶尔　　C. 经常(三次以上)

14. 你认为公选课应该配备教材吗？(　　)

A. 没必要，不会购买

B. 有必要，针对不同学科、层次的同学需配备一套全面简明

的教材

C. 无所谓，如该公选课考试需要就买

D. 其他

15. 你所修的网络公选课中自己真正感兴趣的课程所占的比例为？（　）

A. 占多数　　B. 约占一半

C. 只占很少一部分　　D. 几乎没有

16. 你觉得公选课对你的学习或思维方式的培养、综合素质的提高有没有益处？（　）

A. 很大　　B. 较大

C. 一般　　D. 几乎没有　　E. 不知道

17. 你认为公选课的最大收获是（　）

A. 知识增长　　B. 满足兴趣

C. 知识增长，且兴趣增强　　D. 什么也没学到

E. 不清楚

18. 经过公选课课程学习，你觉得教师授课质量（　　）

A. 很吸引人，且能学到知识

B. 讲课不吸引人，但认真听能学到知识

C. 不吸引人，且学不到什么知识

D. 其他

19. 考核结果情况（　　）

A. 通过

B. 给分普遍较高（80 分以上）

C. 给分普遍较低

D. 挂科较多

20. 考勤方式多采取（　　）

A. 点名　　B. 签名

C. 交作业　　D. 无　　E. 其他

21. 你认为老师对待公选课的态度是(　　)

A. 为了让学生学到知识,很负责

B. 为了完成任务,较负责

C. 只管完成任务,不太负责

D. 随便应付

22. 对于公选课,会在课后花多少时间学习或完成相关作业(　　)

A. 一小时内应付了事

B. 一天　　C. 一周

D. 一周以上　　F. 根本不愿花费时间

23. 你如何看待公选课老师布置作业(　　)

A. 没必要,增加学生负担

B. 可以巩固知识,但要适量

C. 不会造成负担,可以完成

D. 应该多布置作业,巩固知识

24. 你认为选修课对掌握必修课有无影响?(　　)

A. 影响非常大,能更容易掌握必修课的内容

B. 影响比较大,能了解必修课的课本的内容

C. 影响不大 ,只是知道必修课中一些简单的概念

D. 没有影响;　　E. 没想过

二、多选题(共10道)

1. 在这几年的学习过程中,你认为我们学校的公选课存在哪些不足(　　)[可多选]

A. 课程不够丰富

B. 课程内容枯燥无聊

C. 老师上课死板

D. 同学学习热情不高,学习氛围不佳

E. 教师没有很好的维持课堂教学秩序

F. 选课制度有问题，通常选不到满意的课程

G. 其他：（请注明：________）

2. 选课时，你选择某门公选课的最主要影响因素是？（　　）[可多选]

A. 教学计划要求（例如文科类学生必须选自然科技等课程）

B. 对课程感兴趣

C. 授课老师口碑好

D. 其他同学推荐

E. 其他课程选课人数已满，属改选

F. 个人公选课学分不够，随意选择的结果

G. 其他

3. 你上公选课一般做什么（　　）[可多选]

A. 认真听讲

B. 聊天，玩手机

C. 看其他书或做其他科目作业

D. 其他

如果缺课，原因通常是（　　）[可多选]：

A. 有事冲突

B. 老师授课方式或课程内容枯燥不易理解

C. 纯粹为了学分根本不想去上课

D. 学不到有用知识

E. 老师不点名，能通过考试就行

F. 公选课不重要，不如把时间花在英语或本专业课程学习上

G. 自控力不强，同学不去，我也不去

H. 其他

4. 通过公选课课程的学习，你对高校开设公选课的认识？（　　）[可多选]

A. 开阔视野，激发自己获取其他学科知识的兴趣

B. 能促进学生文科与理科、理性与感性、逻辑与形象思维的交叉融合

C. 可有可无,能学到的很少

D. 完全没必要,浪费时间还无聊

E. 其他

5. 你对公选课的授课老师有什么要求?(　　)[可多选]

A. 对上课内容的准备充分,认真严谨

B. 上课幽默自信活跃

C. 授课方式多样化(辩论,小组讨论,演讲等)

D. 运用现代教学手段(多媒体课件、录像)

E. 按教案上课,一步一个脚印

F. 经常开展课外活动

G. 老师打分可以高些

H. 多提供交流平台

I. 其他

6. 你喜欢的公选课成绩考核方式?(　　)[可多选]

A. 开卷　　B. 闭卷

C. 论文　　D. 课堂表现或专题演讲

E. 平时考勤　　F. 考勤情况、课堂表现和作业

G. 不考勤　　H. 其他

7. 你满意某门公选课的原因是(　　)[可多选]

A. 内容很感兴趣

B. 老师讲得好

C. 上课形式好

D. 容易通过

E. 其他

8. 你不满意某门公选课的原因是?(　　)[可多选]

A. 内容不合兴趣

B. 老师讲课不好

C. 学不到有用的东西

D. 作业和考核方式

E. 其他

9. 你希望老师在哪一方面提高教学质量？（　　）[可多选]

A. 演示技巧　B. 讲课内容　C. 板书技能　D. 讲解技能

E. 强化技能　F. 课堂组织技能

G. 多媒体组合教学技能

10. 你比较喜欢用哪种方式上课（　　）[可多选]

A. 传统授课

B. 多媒体展示，问答互动

C. 有效利用视频教学，适当插播一些相关主题片

D. 网上授课

E. 其他

第二套题目：简答题

（以下为开放性简答题，请认真思考后发散性思维，并要点化作答）

（1）据以往选课和教学情况发现，学生普遍对于学校公选课不太重视，缺课、逃课现象较为严重，据你观察和了解，是哪些原因造成的？

（2）就你自身学习公选课的情况，说说你对教师教学方面的改进建议以及具体意见。

（3）简要地谈谈你对学校的公选课（包括开课制度、课程菜单、选课途径、授课形式等）的具体看法。

（4）2008年版的全校稳定性公选课（如材料）已经过三年实践，在2012年新版课程菜单出台前，你认为其中哪些课程可删减、去掉或合并？在你看来又有哪些课程需要新增加和完善？请逐一列出。

（5）你同学或朋友所在兄弟院校的公选课是怎么设置的，有

哪些特点和经验值得我们参考借鉴？

（6）对于此次公选课信息调查你有什么意见或建议？或者你还有什么要对我们说的？

（本调查问卷的设计与发放与统计，由建筑 2011 级建筑专业 1～4 班参与配合完成）

参考文献

[1] 陈超，郄海霞.美国研究型大学的教学激励机制及其启示[J].高等教育研究，2011(5):70-76.
[2] 陈璐.研究性学习在大学教学中的境遇与对策分析[J].湖南社会科学，2009(4):212-214.
[3] 陈荣杰.公共必修课“中国文化导论”的反思[J].中国大学教学，2006(3):26-27,35.
[4] 陈宪年.师范性质的文学理论教学探索[J].佛山科技学院学报(社会科学版)，1999(4):77-79.
[5] 陈香玉、王占峰.跨文化语境下本科比较文学教学的重要性及原则构想[J].凯里学院学报，2011(4):150-152.
[6] 崔晓艾.论美学教学中探讨美本质问题的必要性[J].河北广播电视大学学报，2010(6):61-63.
[7] 邓肖丽.谈谈大学教学方式的改革[J].文学教育，2011(6):78.
[8] 杜惠洁，于蕾，汤智.大学教学方法改革向度的反思与展望[J].浙江工业大学学报，2011(3):302-307.
[9] 段祥贵.本科阶段比较文学教学内容设置的原则与构想[J].长春理工大学学报，2010(8):70-71.
[10] 费育曼、赵陈晨.高校网络写作教学模式的建构与教学反思[J].江西科技师院学报，2009(3):122-125.
[11] 冯敏萱.“乔布斯”现象对中文信息人才培育的启示:兼谈大

学教学改革[J]. 中国高校科技,2011(12):64-65.
[12] 付传. 公文的逻辑诉求与建构方略——基于公文写作教学的实践反思[J]. 黑龙江教育,2009(2):178-180.
[13] 过常宝. 关于古代文学作品选课程建设的几点设想[J]. 中国大学教学,2011(8):44-47.
[14] 韩啸. 论网络化的高校写作教学[J]. 安阳师范学院学报,2006(1):144-145.
[15] 郝岚. 目前比较文学教学亟待解决的几个问题[J]. 中国比较文学,2004(2):56-61.
[16] 何旺生. 论加强成人高校美学教学的实践性[J]. 安徽教育学院学报,2003(2):106-109.
[17] 洪永稳. 美学教学的难点与解决方法[J]. 合肥师范学院学报,2010(4):118-121.
[18] 胡家祥. 简论美学教学的育人功用[J]. 湖北师范第二学院学报,2010(4):104-106.
[19] 胡健生. 试探比较文学教学中增加研讨内容的目的、方法和效果[J]. 四川教育学院学报,2007(3):18-19,23.
[20] 胡铁生. 全球化语境下比较文学教学改革的可行性刍议——兼论比较文学学科的生存空间[J]. 黑龙江高教研究,2008(6):126-129.
[21] 宦书亮. 中国文化概论课教学改革探讨[J]. 教育探索,2008(5):34-35.
[22] 黄桂婵. 古代文学教学方法论[J]. 广西民族学院学报,2000(4):88-91.
[23] 黄红波. 试论高职英语教学中的中国文化教学[J]. 苏州教育学院学报,2007(2):79-81.
[24] 黄念然. 理论真实的品格与文学理论教学[J]. 文学教育(下),2011(11):10-12.

[25] 贾玉铭.实用美学:当代美学求索的必然选择[J].西南交通大学学报,2006(4):129-132.

[26] 简德彬.惊起许多兔子让人们去追赶——文学理论教学中的“可能性”命题[J].吉首大学学报(社会科学版),1998(2):105-107.

[27] 江秀玲.大学生人文素质培养与古代文学教学[J].陕西教育学院学报,2011(1):70-73.

[28] 姜国钧.中国古代大学的教学组织形式[J].大学教育科学,2008(6):65-68.

[29] 姜延秋,王欣.对当代大学教学改革的理性思考[J].长春工业大学学报,2009(3):76-77.

[30] 蒋芳.对本科生比较文学教学现状的思考[J]遵义师范学院学报,2005(3):23-26.

[31] 蒋芳.明确定位:本科生比较文学教学的当务之急[J].中国比较文学,2005(4):27-35.

[32] 金乃茹、杨振宇.多媒体组合教学设计在美学教学中的运用[J].佳木斯教育学院学报,2009(2):37-38.

[33] 康建强、郑小军.论当代大学古代文学教学的困境与突围[J].浙江传媒学院学报,2010(5):115-118.

[34] 冷洁.高校英语教学环境下中国文化教学研究[J].佳木斯教育学院学报,2011(5):311-312.

[35] 李春红.基于教学效率视角的〈文学理论〉教学[J].常熟理工学院学报,2009(10):101-103.

[36] 李迪江.消费时代的大众审美与高校文学理论教学[J].黄冈师范学院学报,2006(4):86-88.

[37] 李鸿雁.文艺学教学中“三创”教育模式的构建[J].黑龙江高教研究,2007(8):142-144.

[38] 李世忠等.论古代文学课程比较教学的材料组织方法[J].咸

阳师范学院学报,2009(4):80-83.
[39] 李晓卫.新形势下本科比较文学教学的实践与思考[J].西北成人教育学报,2011(5):60-62.
[40] 李新宇.中国古代文学教学改革反思[J].山西大同大学学报,2009(4):83-85.
[41] 李英然.高校中国古代文学教学改革的思考与实践[J].石家庄学院学报,2012(1):119-123.
[42] 李媛、刘玉平.多媒体网络技术在美学教学改革中的必要性[J].绵阳师范学院学报,2008(7):151-154.
[43] 李志义.对大学教学的三思[J].中国高等教育,2009(7):26-28.
[44] 梁丽英.管窥本科阶段比较文学之教学[J].甘肃政法成人教育学院学报,2006(3):106-107.
[45] 梁巧娜.高师院校美学课程的几点思考[J].高教论坛,2003(5):92-94.
[46] 林华.多媒体和网络环境下高校写作教学模式初探[J].理论观察,2006(6):116-117.
[47] 林庆扬.英语教学中中国文化教学的探索与思考[J].长春师范学院学报,2011(7):167-171.
[48] 刘春光.民族地区比较文学教学的新探索[J].赤峰学院学报,2011(5):259-260.
[49] 刘峰,杨秀芹.大学教学中期望效应有效性的依赖:师生互为主动[J].黑龙江教育,2008(9):46-48.
[50] 刘河燕.宋代书院与欧洲中世纪大学教学方法的比较[J].甘肃社会科学,2011(2):119-121.
[51] 刘红.中国文化教法的多元化尝试[J].中国成人教育,2007(3):165.
[52] 刘双贵.高校文学理论教学中学生兴趣的培养[J].哈尔滨学

院学报,1997(2):75-76,88.
[53] 刘伟.关于古代文学课程教学改革的几点思考[J].盐城师范学院学报,2010(5):98-101.
[54] 刘艳.高校文学理论教学中审美体验法的运用[J].教育与教学研究,2010(3):70-73.
[55] 刘艳梅.美学的当代发展与美学教学改革[J].美与时代,2011(8):28-30.
[56] 刘月新.文学理论教学的反思与重构[J].三峡大学学报(人文社会科学版),2009(S1):257-261.
[57] 刘智运.大学教学机制必须改革[J].教学研究,2011(3):9-11,35,91.
[58] 罗递敏.对高中英语课堂中中国文化教学的定性调查和研究[J].内蒙古师范大学学报,2011(6):116-118.
[59] 罗宏.文学理论教材建设中存在误区——文学理论教学札记[J].学术界,2005(2):140-146.
[60] 罗英侠.高校传统文化教学改革研究[J].洛阳师范学院学报,2007(4):199-200.
[61] 马万华.关于大学教学问题的理论探讨[J].现代大学教育,2002(5):19-24.
[62] 马永利.运用多向思维构建公文写作教学实践框架[J].辽宁师范大学学报,2006(6):79-81.
[63] 莫顺斌,孟丽华.高校文科学生"写作状态"调查[J].零陵学院学报,2004(5):195-201.
[64] 欧阳文风.实践性·人文性·趣味性——关于高校文学理论教学的思考与实践[J].长沙铁道学院学报(社会科学版),2008(2):88-89,107.
[65] 欧阳祯人.浅谈对外汉语教学中中国文化教学的几个问题[J].长江学术,2007(4):136-140.

[66] 潘定武. 古代文学教学散论[J]. 黄山学院学报,2011(2):115-118.
[67] 庞岚. 基于教师行为选择的大学教学与科研关系研究[D]. 武汉:华中科技大学,2010:1-75.
[68] 彭万隆. 中国传统文化教学中的地方文化个案剖析[J]. 高教与经济,2002(3):27-31.
[69] 漆向东. 大学教学:教之有方而教无定法[J]. 江苏高教,2009(4):98-100.
[70] 荣丹. 成人高校美学教学的思考[J]. 中国成人教育,2007(12):141-142.
[71] 荣复康,闫学云. 建构主义学习理论及其对大学教学活动的启示[J]. 南方冶金学院学报,2005(5):121-123.
[72] 沈敏. 大学生写作障碍及其原因探析[J]. 零陵学院学报,2003(3):55-57.
[73] 时伟. 大学教学的学术性及其强化策略[J]. 高等教育研究,2007(5):71-75.
[74] 史鸿文,李琳. 当前我国美学教学存在的主要问题及对策[J]. 中国高等教育[J]. 2001(21):42-43.
[75] 宋娟. 论中国古代文学教学设计与实施[J]. 黑龙江高教研究,2011(12):185-187.
[76] 孙满吉. 把握大学教学艺术创建和谐课堂[J]. 东北农业大学学报,2008(1):29-30.
[77] 孙仁歌. 走出文学理论教学误区[J]. 淮南师范学院学报,2010(4):104-106.
[78] 孙孝文,张安富. 提高大学教学质量的途径:"教"的视角[J]. 国家教育行政学院学报,2008(10):26-28.
[79] 孙雪霞. 当代视野下古代文学教学的"悦读"实践[J]. 中国大学教学,2011(10):55-57.

[80] 孙宗禹,杨健康.大学教学中“学生主体”问题的思考[J].现代教育科学,2004(2):117-118.

[81] 陶东风.大学文艺学教学和现代文学观念的建构[J].中国图书评论,2007(12):58-61.

[82] 陶志琼.教师的境界与教育[M].北京:北京师范大学出版社集团,2008.

[83] 田文强.“日常生活审美化”对高校美学教学的思考[J].台州学院学报,2007(1):33-37.

[84] 童庆炳.面向未来的思考——文艺学教学改革与教材建设二人谈[J].华中师范大学(人文社会科学版),2002(6):36-39.

[85] 童庆炳.文学理论教学的双向拓展[J].中国大学教学,2001(6):14-16.

[86] 涂承日.自主学习在中国古代文学课程教学中的实施构想[J].洛阳理工学院学报,2011(2):79-82.

[87] 万书辉.文艺学教学体系的开拓与改建[J].教学与教材研究,1994(1):22-24.

[88] 王炳珍.全球化时代的文学理论教学探讨[J].中国外校教育,2010(8):63.

[89] 王红乾.大学教学方法改革教师因素的思考与对策[J].中国电力教育,2011(13):54-55+57

[90] 王洪才.E时代大学教学面临的挑战与回应[J].复旦教育论坛,2010(2):16-20.

[91] 王洪泉.中国古代文学教学方法研究述评[J].福建论坛(社科教育版),2011(8):99-100.

[92] 王洪泉.中国古代文学教学方法研究述评[J].福建论坛,2011(8):99-100.

[93] 王金龙.危机与突围:从文学理论教学改革入手[J].南阳师范学院院报,2009(1):99-104.

[94] 王辽南.铺讲·讨论·研读——谈"比较文学"教学的三种方法[J].中国比较文学,2001(4):78-82.
[95] 王玲.论我国大学教学改革应突破的六个瓶颈[J].济南大学学报,2011(4):68-72.
[96] 王萍.生命视野中的高校教学:问题与对策[J].青海社会科学,2008(4):201-204.
[97] 王向远."宏观比较文学"与本科生比较文学课程内容的全面更新[J].中国大学教学,2009(12):55-60.
[98] 王孝成.比较文学教学中存在的问题及对策[J].河南工业大学学报(社会科学版),2007(4):122-123,126.
[99] 王占峰.建构主义视阈下的本科生比较文学教学模式改革[J].绥化学院学报,2006(5):158-160.
[100] 王占峰、连丽丽.文化语境下的比较文学教学研究[J].长春师范学院学报,2011(9):144-147.
[101] 王子淳.试谈提高当今大学生的写作能力[J].南京理工大学学报,2008(5):85-88.
[102] 韦建国.试论比较文学教学中的具有实践功能的可操作性——关于 21 世纪高校文学课教学改革的思考(之四)[J].伊犁师范学院学报,2002(2):51-53.
[103] 魏宝刚,刘理.从公共选修课考试方式探析高校教学问题[J].中国高教研究,2006(5):79-80.
[104] 魏瑞霞.公文写作教学改革应理顺三种关系[J].写作,2014(2):3-7.
[105] 吴春平.文学理论教学应面对学生的现实需要[J].安庆师范学院学报(社会科学版),2002(5):103-105.
[106] 吴家荣.比较文学教学的四个关键词[J].合肥师范学院学报,2011(1):116-118.
[107] 吴雪丽.思辨与感悟——关于美学教学的思考[J].西南民

族大学学报,2003(10):150-152.
[108] 肖川.教师做反思的实践者[M].重庆:西南大学出版社,2009.
[109] 肖建华.文学理论教学:困境与出路——教学手记之一[J].陕西教育学院学报,2010(1):19-22.
[110] 肖四新.浅谈外语院校的比较文学教学[J].广东外语外贸大学学报,2007(6):106-108.
[111] 谢雪梅.浅谈当前大学教学中存在的若干问题[J].中国电子教育,2007(1):40-42.
[112] 邢忠明.从鲁迅的比较方法谈中国文化概论的教学[J].铜陵学院学报,2002(4):78-81.
[113] 徐建芳.关于古代文学教学的思考[J].邢台学院学报,2011(2):77-79.
[114] 徐立昕.中国文化概论课程考核方式改革的探索[J].乐山师范学院学报,2011(11):118-121.
[115] 徐颖.国外研究性大学教学与科研互动经验及借鉴[J].技术经济与管理研究,2011(6):52-57.
[116] 阳小玲,张建育.试论现代启发式教学在大学教学中的运用[J].经济研究导刊,2010(29):233-234.
[117] 杨棣.信息网络化:高校应用写作教学的机遇、挑战与对策[J].高等农业教育,2006(1):55-57.
[118] 杨楼生.高职院校美学教学存在的问题及对策[J].潍坊教育学院学报,2009(3):47-48
[119] 杨晓塘.走出困惑:面对高校文学理论教学的荒原[J].商丘师范学院学报,1996(4):108-109.
[120] 杨晓英.多媒体技术对高校写作教学的影响[J].绍兴文理学报,2010(12):34-36.
[121] 姚电.地方高校传统文化教学改革的实践与思考[J].宜春

学院学报,2009(5):125-126.
[122] 姚红、崔霞.中国古代文学课程教学方法探讨[J].浙江师范大学学报,2011(1):104-107.
[123] 叶岗.《中国文化概论》课程的两种教法[J].绍兴文理学院学报,2004(11):26-28.
[124] 叶岗.让学生留在课程学习体系里——中国文化概论课程建设设想[J].绍兴文理学院学报,2011(11):5-7.
[125] 叶岗.中国文化概论课程的体系和重点探讨[J].台州学院学报,2004(2):64-66.
[126] 易新农.开拓学习和研究的新领域——谈比较文学教学[J].中山大学学报论丛,1999(1):44-46.
[127] 殷学明.《文学理论》教学中经典文本阅读与人文素质和创新能力培养[J].牡丹江大学学报,2008(10):129-131.
[128] 于德信.网络文学对大学生的影响[J].现代教育科学,2008(1):161-162.
[129] 余丹.中国古代文学课程研讨式教学模式的实践与思考[J].宁波大学学报,2011(3):86-89.
[130] 郁梅.中国文化教学:挑战与对策[J].山西广播电视大学学报,2009(1):65-66.
[131] 喻芳.寻找古代文学与现实人生的契合点——高校中国古代文学教学改革探索[J].乐山师范学院学报,2011(2):138-140.
[132] 袁辉珍.师生关系对大学教学的影响[J].科技信息,2008(29):69-70.
[133] 袁瑾.建构活的文化与活的魂灵——中国文化教学实践中的人文素质教育思考[J].高等教育研究,2008(3):84-86.
[134] 袁盛财.关于普通高校比较文学教学的几点思考[J].邵阳学院学报(社会科学版),2008(S1):22-23.

[135] 岳峰.高师比较文学教学改革与中学语文新课程改革的对接研究[J].教育探索,2008(8):22-23.
[136] 曾大兴.古代文学教学的五个目的与五种方法[J].广州大学学报,2004(2):82-86,96.
[137] 曾永成.关于马克思主义实践论人类学与文艺学建设的对话[J].文艺理论与批评,2007(3):21-31.
[138] 张昌红.当前高校古代文学教学误区举隅及反思[J].教育探索,2011(5):48-50.
[139] 张大良,王运来.郭秉文"四个平衡"的大学教学思想探微[J].中国大学教学,2007(10):8-12.
[140] 张金花.中国文化概论教学刍议[J].河北师范大学学报,1998(4):277-279.
[141] 张克锋.高校古代文学教学的困境与对策[J].龙岩学院学报,2011(1):70-73.
[142] 张丽红.还原文本的多重解读——多元文化语境下中国古代文学教学的新探讨[J].现代教育科学,2011(6):137-139.
[143] 张良丛.文学理论教学的反思——从教材编写谈起[J].黑龙江高教研究,2009(10):181-184.
[144] 张宁."知识"与"思想"的悖论——通识教育与文艺学教学改革[J].中州大学学报,2009(6):21-23.
[145] 张旭.香港比较文学教学之我见[J].中南大学学报(社会科学版),2004(4):517-519
[146] 张忠华,赵明星.现代大学教学方法存在问题与改革路径探析[J].湖北函授大学学报,2010(4):1-3.
[147] 张忠华.论影响我国大学教学模式变革的因素及对策[J].河北师范大学学报,2011(8):5-11.
[148] 章美锦.大学教学的乏味化及原因探析[J].黑龙江高教研

究,2011(8):35-37.
[149] 章启辉等.发掘中国传统文化教学资源,服务于大学生文化素质教育[J].大学教育科学,2004(4):41-44.
[150] 赵琼,陆建华,邢婧.教学型大学教学管埋中教学质量评价体系的研究[J].湖北经济学院学报,2011(5):128-129.
[151] 郑欢欢.改变写作教学困境的几点思考[J].中国大学教学,2005(7):34-35.
[152] 郑锡伟.关于大学教学的若干问题思考[J].高教论坛,2007(2):90-91.
[153] 周柳波.网络语境下高校写作教学的立体化培养模式探索[J].柳州师专学报,2010(5):100-103.
[154] 周美丽.大学教学同行评价的现状及对策分析[J].当代教育理论与实践,2011(9):55-57.
[155] 周仁成.试论比较文学教学的难题——从学习与学科谈起[J].四川教育学院学报,2008(7):22-24.
[156] 周兴杰.传媒时代文学理论教学的改进策略[J].当代教育理论与实践,2010(1):96-98.
[157] 周娅.生态文化视野下的文学理论教学创新[J].中国大学教学,2011(2):49-50.

后　记

我自幼在姑姑熏陶和带领下，热爱上了“教师”这门职业。在高考填报志愿时，三个批次的第一志愿全部是“师范”类，选择做一名大学教师则离不开求学路上遇到数位教师的教导和栽培，亦与自己的人生追求密不可分。也许“兴趣”就是最好的老师吧！正是青少年起就热爱师范、喜好教育，因此求学期间无论是三字一话的训练，还是平时读书的范围和重点，都有的放矢，方向和目标也比较明确。人生定位较早、较明确对一个人日后的职业发展是很有影响的。在本科与硕士七年的师范大学中接受高等教育便异常珍惜时间、机遇和资源，不仅大量研读“教育学”方面的理论著作和人物传记，也善于观察、分析和比较不同风格的教师的授课特点及其成败得失，时常琢磨如何将书本理论有效地转化到教学实践中去。这种良好的习惯一直延续到现在，并将受益终身。

本书稿写作先后历时十余年。难忘在山城酷暑中设计调研问卷进行回收和统计分析的忙碌身影，难忘在文昌蜗居申报教改后为结题奋笔疾书的孤寂岁月，难忘在学生课堂上师生为某个话题激烈争鸣的精彩互动，难忘在建院和徐师大图书馆某个角落敲打键盘的冷清时光……本书先后两次得到单位的教改项目资助(2013～2014)，是作者十余年来致力于教学改革的结晶，是不断在课堂上探索、实践的产物。因此，本书稿文字风格可能迥异于纯粹教育学方向的研究特点，作者不求有多深的理论性，只求适合自己，便于在课堂上有效展开教学，具有一定的操作性。书稿正是来自于多年教学实践并在教学一线反复检验，故很多操作方法具有一定的普适性，体现出作者的教学理念，如能供广大同仁借鉴和吸收，则聊可欣慰。

为提升书稿的学术含金量，每次写作绝不只是单纯写下操作步骤、教学流程和课堂感悟，基本按照学术研究的套路和方法进行，先大量浏览、研读关于此门课程教学的各类文献，结合自己的思考和想法，贯穿于课堂教学中，课后及时总结后写成较规范的文章。在最后参考文献附上该课程教学研究可查阅到且是作者研读过的相关资料，以给更多同仁带来便捷。

此外，就全校公选课展开的教学问卷及调研论文，也附录于后，希望能给广大读者些许启发。

为围绕主讲课程在自己的“责任田”里陆续浇水施肥，自2004年以来便有意识地搜集、整理和拜读大量相关文献，每上一门新课之前，都将网络和图书馆与该课程相关的前人发表的相关教改经验文章下载和收藏，至今已有近两尺高的各式文稿，有时从研读前贤文章中获得思路和启迪，有时借鉴其操作方法(如案例式教学、启发式教学等)在课堂上实践，然后及时总结和调整，前辈的研究成果给了自己很多启发和鼓舞，特选择部分论文作为“参考文献”附录于后。

需要特别说明的是，对于所有文献均不完全按时下“以刊物级别决定论文所谓质量”的标准(有些学者批判这是依赖刊物编辑的眼光来鉴别而丧失了学者应有之义)，而是切实本着启发性和质量第一的原则，尤其注重教研文献的实践性和操作性，均由作者本人鉴别、发现和取舍。有的文献虽关乎该门课程教学，但学理性极强不便于操作；有的文献虽发表于高水平刊物，但客观来说质量很一般，有的文献虽发表于普通省刊，但有的放矢、围绕一个小话题集中展开，只要给予作者很大启发和参照，均一视同仁地予以收录。

其次，文献乃精选而成，一般都经作者详细阅读和参照，未看过的也绝不“滥竽充数”。

在“项目化生存”占据当前高校的今天，这部教学研究的著作算不算是个“另类”呢？它既不能申报省部级课题，也拿不下高级别课题，然而作者为何会倾心十年来写作呢？这究竟有何意义和价值呢？作者认为并不是每次研究都是冲着招标课题，人总要为着本职工作和兴趣爱好活一回。这样想来，也许能心安理得。作者深知此著是现行高校体制与环境下的一个“怪胎”，一个绝对的“另类”。那就任由世人去评说吧！遥想当年读研时拜读到北京师范大学程正民先生的《中国现代文学理论知识体系的建构——文学理论教材与教学的历史沿革》（北京大学出版社 2005 年版），以及北京大学董学文先生等合著的《中国文艺理论百年教程》（广东高等教育出版社 2004 年版），前辈甚至在六十多岁的高龄依然从事“教学研究”，不为课题和项目去写稿、出书，这又是一种怎样的追求与情怀呢？正是前辈们以身作则，为作者的耕耘开了先锋，也提供了莫大的勉励。

毫无疑问，教学是一种“良心活儿”，是一门带有缺憾的艺术。本书只是一种初步的探索，但愿以此为开端，在今后数十年的园丁生涯中谨记教诲，不断革新，继续开拓。给自己的人生多一些纪念，给学生和同行更多的“分享”！

本书部分内容曾以论文形式发表于《中国大学教学》和《高等教育研究》等刊物，衷心感谢诸多编辑的赏识、鼓励以及宝贵的意见！书稿写作离不开两位导师多年来的栽培和关心，离不开所在单位教务处各种教学活动的影响，离不开在课堂上密切配合教改实施的汉语言文学数届学生，更离不开家人的辛劳付出。在此，一并致谢！为培养子女成才，父母双亲含辛茹苦，白发苍苍，一并将本书稿献给九泉之下的苦命的父亲和疾病缠身的母亲！献给膝下成长的乖巧女儿和辛苦付出的妻子！此外，出版社编辑郭玉和徐玮也为商洽出版、编辑本书付出不少心血，特致谢忱！

因学识有限，精力不济，书稿中关于各门所讲课程的教学思考，定有许多不太周全、谨严和不尽成熟之处，恳请各位专家同仁批评斧正！以便作者在今后教学和写作中不断改进，衷心期待你们的宝贵意见！

作者：邓心强

2017 年 2 月于中国矿大